U0565399

视 觉 历 史

血战太平洋

从突袭珍珠港到核爆广岛

THE PACIFIC WAR
FROM PEARL HARBOR TO HIROSHIMA

[英] 安德鲁·威斯特（Andrew Wiest） 著

西风 等 译

上海三联书店

图书在版编目（CIP）数据

血战太平洋: 从突袭珍珠港到核爆广岛 /（英）安德鲁·威斯特著; 西风等译 . —上海:
上海三联书店，2023.10 重印
（视觉历史）
ISBN 978-7-5426-7151-6

Ⅰ . ①血… Ⅱ . ①安… ②西… Ⅲ . ①太平洋战争—史料 Ⅳ . ①E195. 2

中国版本图书馆 CIP 数据核字（2020）第 167412 号

著作权合同登记号　图字：01-2020-601 号

血战太平洋
从突袭珍珠港到核爆广岛

著　　者 /［英］安德鲁·威斯特
译　　者 / 西　风　等

特约编辑 / 舒　沁
责任编辑 / 李　英
装帧设计 / 西风文化
监　　制 / 姚　军
责任校对 / 张大伟　王凌霄

出版发行 / 上海三联书店
　　　　　（200030）中国上海市漕溪北路 331 号 A 座 6 楼
邮购电话 / 021-22895540
印　　刷 / 固安兰星球彩色印刷有限公司

版　　次 / 2021 年 1 月第 1 版
印　　次 / 2023 年 10 月第 3 次印刷
开　　本 / 710×1000　1/16
字　　数 / 328 千字
印　　张 / 20
书　　号 / ISBN 978-7-5426-7151-6/E・13
定　　价 / 88.00 元

敬启读者，如发现本书有印装质量问题，请与印刷厂联系 0316-5925887

CONTENTS 目 录

日本的军事扩张　　　　　　　　　　1

日本的"武士道"精神和美国的"天定命运"观念必然会使这两大强国发生冲突，并最终导致世界大战。

偷袭珍珠港　　　　　　　　　　29

为了给美国在太平洋上的军事力量以致命打击，日本海军大将山本五十六决定偷袭珍珠港。

CONTENTS 目 录

3 THE PACIFIC WAR

4 THE PACIFIC WAR

盟军的反击　　　　　　　117

THE PACIFIC WAR

中途岛海战大捷之后，盟军在新几内亚进行了反击，接着又在太平洋偏远的小岛——瓜达尔卡纳尔岛上与日军进行了殊死搏杀，从而最终扭转了整个战局。

战略防御中的日本　　　　155

THE PACIFIC WAR

在经历了中途岛和瓜达尔卡纳尔岛战役的致命打击之后，日军又在缅甸、新几内亚和中太平洋地区遭到盟军的反攻。

CONTENTS 目 录

残酷的岛屿争夺战   249

当盟军部队进攻日军在菲律宾、硫磺岛和冲绳的基地时，日军如困兽般进行了疯狂的抵抗。

收获"旋风"   283

为了迫使日本投降，美国在广岛和长崎分别投下了一颗原子弹。

1

日本的军事扩张

日本的"武士道"精神和美国的"天定命运"
观念必然会使这两大强国发生冲突，并最终导致世
界大战。

第二次世界大战期间，远东地区冲突的发展轨迹与众所周知的欧洲
地区的冲突截然不同。虽然两个地区的冲突有一些联系，但在历史学家看
来，亚太地区的战争与同时发生在西方的战争完全不一样。有两大因素决
定着东方战事的爆发和进程：一是日本帝国的文化和军事野心；另一个是
美国向西扩张的计划。尽管包括澳大利亚和英国等几个国家也参加了在亚
太的争夺，但两个主要对手是美国和日本，它们都想独霸太平洋。

日本想称雄国际舞台，所以它首先在亚洲挑起战端。1931年，日本侵
占了经济要地中国东北地区，并意欲强化在此地的影响力。从那时起，战
争就逐渐升级，并最终演变成一系列残酷的、令人困惑的冲突。日本在亚
洲的战争有征服中国的强烈意图，但从另一方面看，它也是日本与欧洲列
强在太平洋地区进行的一场殖民战争。最重要的一点是，日美之间的战争
将决定谁是20世纪后半期的世界霸主。

东方战争与欧洲战争的区别在于战争的方式不同。尽管这是一场陆地
战争，但并没有进行强大的装甲力量的拼杀。实际上，日本也不曾拥有一
支真正的装甲部队。东方战争中陆军力量的较量经常发生在热带丛林中。
更重要的是大部分战事都发生在海上，动用了海军的空中力量，因此太平
洋战争的诱发因素和战争进程与欧洲发生的战事有很大的不同，在第二次

←←1939年，被炸掉
的一段铁路，一列日
本火车首次驶过重新
修建的临时铁路。这
段铁路于1931年在东
北地区的沈阳市附近
发生爆炸，从而引发
了太平洋地区的一系
列事件，最终导致
了二战

世界大战中它完全成为一场独立的战争。

日本的崛起

　　作为一个紧邻亚洲大陆的岛国，日本常常遭受暴风海浪的侵袭和战争的洗礼。因此，日本形成了它独特的文化：一方面与中国文化有联系；另一方面它也不得不努力保持自己的文化特性。日本是一个有着浓重尚武传统的国家，它一直担心受外国支配。直到20世纪初，当中国走向几近完全衰落的时候，日本走上了对外侵略之路。

　　近代以前，日本长期内乱，是一个军事封建制国家。掌管日本的是具有半神地位的天皇，天皇被认为是"太阳大帝"的后裔。但像大多数封建制国家一样，天皇并不具有多大实权。在日本真正掌权的是幕府将军或天皇的首席军事顾问。天皇的统治是脆弱的，因为在日本一些重要的家族为

↓4名身穿传统武士服装的日本武士。日本的"武士道"精神在武士阶层中代代相传，他们强调勇武，憎恶投降

攫取更大的权力和影响力，不断发动战争。大规模的封建割据导致了一个重要阶层的崛起，这就是武士阶层。这些武士严格遵守"武士道"精神，非常强调胆量、荣誉以及自我牺牲和蔑视死亡。对任何一名武士来说，投降是极大的耻辱，这远没有在战争中光荣地牺牲那样体面。武士效忠于距离他们遥远的天皇，他们都想通过自己的勇武之举来取得有利的地位。最初，武士和"武士道"的影响很小。但到了1939年，"武士道"的观念已经弥漫扩散至整个日本军界，并极大地影响了太平洋战争。

日本封建割据局面结束以后，随着1543年葡萄牙人的到来，国内形势变得更加错综复杂。葡萄牙人的通航不仅使日本对外贸易大增，而且给日本带来了巨大的破坏性影响，如火器枪支和基督教的传入。1600年，德川家族在一场关键的战争中取胜，从而结束了日本军阀混战的局面。之后，德川幕府认为外国的影响已经极大地扰乱了日本人的生活，于是决定执行闭关锁国的政策，更有甚者，日本把所有的外国人驱逐出境。政府认为火器枪支是破坏社会制度的东西，并宣布拥有枪支为非法行为。其后的250年，思想保守的德川幕府一直统治着日本，在政治上实行军事独裁制度。

变革年代

德川幕府统治时期，日本摆脱了一些封建的束缚，并努力统一成为一个民族国家。然而，长期实行闭关锁国制度的日本与科技更为先进的西方列强相比，仍很落后、弱小，这一点在1853年表现得尤为明显。当一支美国舰队在海军准将马修·佩里的率领下，驶进江户湾（即今东京湾）。这时，美国也正进入变革时代。由于坚信"美国例外论"，信奉"天定命运说"，美国人向北美大陆的西部大肆扩张。勇往直前的美国人并未就此止步，现在他们梦想着把他们的势力和"仁慈的统治"扩及整个太平洋乃至日本。当时日本人认识到自己在技术上的落后，于是面对美国的压力最终做出了让步，答应开国通商，甚至给予美国人特权和合法居留权。日本政府这一颇有争议的决定立即引发了一场席卷全国、声势浩大的反抗浪潮，并最终导致了19世纪60年代的一场人民武装起义。

1867年，幕府军被效忠于天皇的军队打败。接着，闻名于世的"明治维新"开始了。天皇重掌大权，而他的支持者也竭力想弄懂日本这个经长年锁国之后向外开放的社会到底是什么样的。与日本相反，中国拒绝接受西方的价值观念。日本经过明治维新认识到西方在器物方面的强大力量，从而接受了西方的思想观念、技术和制度。在政治上，天皇拥有全权，但人们认为他高高在上，高于政治，这才能与他半神的地位相符。日本人以德意志帝国的模式建立了自己的新政府，其政体包括经选举产生的议会，但议会并不真正具有权威性。地位十分显赫的内阁不必向议会负责，内阁成员只需对天皇负责。因为天皇不问政治，所以内阁就放手在国内施行独裁统治。在内阁里，军部拥有大权。内阁里的陆相和海相由军界选出，他们一旦辞职，就会导致任何一届军界不满意的内阁解散。

明治维新也使日本经济和军事实力发生了变化。日本政府认识到工业的巨大力量，于是着力在国内进行了一场有控制的产业革命。这场产业革命产生了令人称奇的结果，特别是日本的军火工业产量惊人，使日本一跃成为一个强国。另外日本也重建了军队。新的陆军以德国为模式，海军以英国为模式。到了20世纪初，日本已拥有一支世界一流的海陆军。实际上在日本，所有成年男性公民都必须参加军训。奇迹终于发生了，日本几乎

↓日本议会正在开会。根据日本宪法，议会并不握有实权，国家大权被内阁和军部把持。这种状况加速了太平洋战争的到来

完全变了样。

当西方还对日本的力量持怀疑态度时，日本却试图效仿西方，并想凭借自己的实力一跃成为一个殖民强国。许多日本的内阁成员都信奉这样一个道理，即任何一个现代民族国家都必须向外扩张，否则就只有死路一条。对日本来说，亚洲大陆就是日本最理想的扩张方向。日本殖民的目光首先盯住了朝鲜和中国东北，他们丝毫不怕地位已不断削弱的中国。对日本人来说，只有一个头疼的问题，那就是沙俄（即今俄罗斯）也对朝鲜和中国东北觊觎已久。

俄日之间的冲突一触即发。两国的和谈失败后，日本便决意以武力解决问题。日本海军偷袭了驻扎在旅顺港的俄国太平洋舰队。俄国人很不习惯这种不宣而战的方式，但这种奇袭战术是日本武士的一种军事传统。在偷袭成功后，日本对俄宣战了。继之发生在亚洲的陆地战——"日俄战争"打得很残酷、激烈，最后这场战争以日本胜利、俄国陷入革命而告

↓这是日本骑兵军官在旅顺港大捷后所拍的照片

终。战后日本得意忘形，因为这是有史以来一个亚洲国家第一次打败一个欧洲国家。这样在短短的50年里，日本就以自己的实力打败了西方，改变了以前屡屡惨败的境遇，取得了巨大的胜利。

日俄战争胜利后，日本开始逐步实现其帝国梦想。在美国总统西奥多·罗斯福的调停下，日俄实现了媾和，但日本获得的东西比它原先梦想得到的要少，加之本身已是殖民强国的美国似乎拒绝承认日本这次殖民所得，不久日本全国群情激愤，视美国为敌。情况其实恰恰相反，日本在朝鲜和中国东北地区取得了许多经济和政治特权。1909年，日本完成了对朝鲜的武装占领。美国尽管对事态的发展特别关注，但并未干涉。就这样，日本帝国诞生了。

此后，日本参加了第一次世界大战，并站在盟国一边。日本的军事行动主要是肃清德国在太平洋的势力，并取得德国在远东的基地，使它在战争胜利后迅速崛起成为亚洲最强大的军事大国。西方由于在第一次世界大战中遭受了巨大损失，因此"孤立主义"情绪有所上升，它们纷纷把注意力放在了集体安全和裁军问题上。尤其是美国已看清了对外战争的实质，于是决定在继续推进自己全球目标的同时，依靠协商谈判和国际联盟扩大

↓日俄战争后两国缔结了和约。该图为当时参加和谈的双方代表，虽然日本战胜了俄国，但他们并没有实现所有的领土目标，并把他们的失败归咎于美国

自己的影响。在战后这种谨慎的国际大环境下，日本也开始走上政治自由化的道路，军事上有所收敛。20世纪20年代，日本政府赋予男性公民选举权。日本也加入了国际联盟，并和美英签订了海军条约，从而缓和了太平洋的紧张局势。虽然这些举措很受日本政客的欢迎，但他们还是不能接受世界上有如此多的军事大国的现实。

　　日本军界首领们早就对国际条约中的限制条款感到不满，于是面对突然袭来的经济大萧条，他们开始了反击。军界的高级将领们都敦促日本再一次扩疆拓土，而这次扩张的目标就是侵略中国。侵略中国的原因一部分是出于对中国人的种族仇恨；另一部分是对华战争有利于日本在经济上实现自给自足。在日本军队下层，暴力盛行。日本军队中"下克上"的传统可以容许下级军官公开反对上司，只要他们认为自己所做的事业是正义的，一般来说高级军官就不会对这种顶撞行为进行惩罚，相反他们还会经常赞扬那些敢于反抗的下级军官"勇敢、有骨气"。20世纪30年代，日本军界或通过暴力，或通过和平方式，几乎完全控制了政府，他们决心实行一种可能会引发与美国的冲突的扩张政策。在迈向与美国冲突的过程中，日本这种"下克上"的传统起了重要的作用。

中国东北地区

　　长期以来，日本一直视中国为帝国扩张的目标。20世纪30年代初，日本终于等来了对华扩张的机会。当时，中国经过了20多年的战乱已被拖

↑ "由良"号是日本一艘威力强大的"名取"级巡洋舰。此舰参加了1937年日军进攻和占领中国港口城市——上海的行动，此举引起了国际社会的谴责

垮，国力衰竭。1911年清朝灭亡之后，中国的统一和强大似乎还有一线希望，但各地军阀为上台执政连年混战，国内局势一片混乱。到了1930年，蒋介石表面上控制了局势，于是开始着手巩固和强化自己的领导地位。对日本的军事领导层来说，一个强大的中国必是心头大患，尤其是这时蒋介石决心采取措施完全控制东北地区。

日本自从打败俄国后，便视中国东北地区为它的特殊保护区。日本人认为，从根本上讲，中国东北须成为日本非正式的殖民地。中国东北地区自然资源丰富，对日本这样一个矿产资源匮乏的小国来讲意义重大。甚至有些日本人把中国东北地区看作是理想的殖民地，他们认为一旦日本岛人口过于拥挤，可以让过剩的日本人迁居此地。但是日本人的这个如意算盘在1930年落空了，因为当时中国东北地区的领导人张学良将军承认了国民党政府对该地区的统治，而且事态的发展并未停止，接着在中国各地和中国东北地区又发生了抵制日货运动，这对日本来讲具有极大的潜在威胁。席卷全球的大萧条使日本也未能幸免。中国东北地区发生的这一系列事件让日本军事领导人忍无可忍，他们说什么也不能丢掉中国东北这块重

↓蓄势待发。一支日本海军陆战队和一辆小型坦克正准备到上海的外国租界区采取行动，镇压上海抵制日货运动

要的殖民地。

上海事变

    对于中国东北地区，日本政府决定采取一项双重计划。日本想在亚洲大陆驻守一支军队，其任务就是保护日本在中国东北地区和朝鲜的利益。著名的关东军是日本一支强大的、装备精良的部队，其中有许多日本一流的军官。这些具有极端民族主义情绪的军人继承了日本武士的传统。当中国视日本为愚昧的蛮夷之邦时，这些武士就静静地站在一旁，摩拳擦掌。日本政府和张学良的初次谈判无果而终之后，关东军的各级军官秉承纯粹的"下克上"的传统，决心采取行动。

    1931年9月18日夜，沈阳附近由日本占有的"南满铁路"一段发生了爆炸，关东军的首领们指控是背信弃义的中国人蓄意进行的破坏行动。日

↑ 为控制住上海市民并驯服他们，日军大施淫威。此图是一列日军"行刑队"正在街上行进。他们对不服从的人以斩首相威胁。请注意，图中一名日军刽子手手执大刀，耀武扬威地走在队伍中间

↑加固东京—柏林同盟关系。图中是希特勒青年团在对日本进行友好访问时，在东京的一个火车站列队游行

军决定先下手为强，于是沿"南满铁路"全线派出军队。实际上，关东军为在中国东北地区挑起战端，早就在铁路上安放了炸弹。东京政府被这一事件惊呆了，命令关东军的肇事者停止行动，但关东军的将领们拒绝就此罢手。这是一次彻头彻尾的军事挑衅行动。在没有接到上司命令的情况下，中国东北地区的关东军将领们要求驻朝日军前来增援。驻朝日军果然开赴中国东北。至此，日本政府不得不面对现实，其实它已无法再控制自己的军队了。日本政府左右为难，迟迟不同意对中国采取军事行动。关东军为证明自己的行动是正确的，很快在中国东北地区实行了军事统治。对于这次事件，蒋介石不仅采取了不抵抗政策，而且恳请外国前来调停，这样就使得关东军面临的境遇简单多了。1932年年初，日军竟然占领了东北全境。接着日本扶植了一个傀儡政府，并把中国东北地区重新定名为"满洲国"。

中国的反应是宣布再次抵制日货，重点是在中国的港口城市——上海。由于中国曾在国际贸易中做出过妥协，因此上海当时是城中有城，实际被一分为二，外国人住在市中他们管辖的地区，受他们自己的法律和军队保护，而中国人则住在所谓的"老城区"。为镇压抵制日货的运动，日军又制造一起事件，这次是借口一名中国人袭击了日本侨民。为了报复，1932年1月29日清晨，日军轰炸了上海老城区，日机投下的燃烧弹造成上海数千名妇女和儿童死亡，另外还有25万市民逃到上海的外国租界区寻求避难。陆地上，日军开进了老城区，与中国守军发生了交火，之后将老城夷为平地。在"上海事变"中，日军的侵略行动随着中国抵制日货的结束，于两个月后的3月份才停止。

　　"上海事变"中的一个事例形象地说明了日本"武士道"精神的实质。当时有一名日本下层军官在一次战斗中受了伤，他的部队撤走了，但一名认识他的中国军官发现了他，把他送到一家医院接受治疗。康复后这名日本军官觉得自己的军队未能取胜而感到非常耻辱，于是他又回到战场

↓"九一八"事变后，一队日本骑兵沿着石子路穿过一个东北村庄。村民们为了避免日军报复，被迫在房檐上插上日本国旗

上，坐在他受伤的地方，剖腹自杀了。他的故事像野火一样迅速蔓延到全军，他本人也被所有日本军人尊奉为日本武士的榜样。

日本入侵中国，完全和希特勒后来在欧洲的军事行动一样，以捏造罪名、挑起事端为幌子击溃了一个比自己落后的国家。和对待希特勒在欧洲采取的军事行动的态度相同，西方列强也并未对日本进行任何实际的惩罚。苏联当时虽对事态的发展非常关注，但由于它自身一度陷入了社会动荡之中，因此也未采取任何干预行动。英法控制的国际联盟花了数月时间商讨日本在中国东北地区的行动，最终谴责他们是国际侵略行为，但并未对日本采取任何军事惩罚措施和经济抵制。但即使是口头指责，日本人也怀恨在心。随着势态的发展，日本逐渐惊喜地发现，从军事上来说，日本丝毫不用怕这些欧洲的殖民大国，于是日本旋即退出国际联盟，以示日本不在意来自欧洲列强的任何威胁与恐吓。

令日本头疼的是它与美国的关系。由于美国在中国享有特殊的经济利益，长期以来美国一直奉行"门户开放"政策，因此它可以平等地开展对华贸易。美国国务卿亨利·史汀生主张对日采取强硬政策，但总统赫伯特·胡佛却不同意他的主张，所以美国对日本在中国东北的所作所为发表了一份措辞温和的谴责声明，日本对此很是惊讶。在日本看来，它毕竟只是干了一次西方已干了几个世纪的帝国主义勾当。有家日本报纸曾这样评论道："美国为自己的安全而控制巴拿马的命运与日本为帝国之安全控制中国东北地区相比来说有过之而无不及。"然而，西方没有对日本采取军事行动更让人惊讶，日本把西方的这种行为看作是软弱之举，于是大胆地在中国采取军事侵略活动，攫取了中国更多的领土。

日本走向战争

在西方各国只是对日本在中国东北的行动发表温和的批评之际，日本决定进一步扩大它在中国的影响。这时关东军的将领由于受到日本官方的支持变得更加肆无忌惮，他们从中国东北地区调集部队向南挺进，进入热河省。和中国东北事件一样，蒋介石的国民党军队仍未抵抗，于是日本不费吹灰之力就把热河并入了"满洲国"傀儡政府的版图。

1933年5月，关东军入侵北京附近的河北省，蒋介石希望保住自己的实力，这样就能彻底打败他的对手共产党，于是他决定与日媾和，而不是在河北作战。作为对日媾和的回报，蒋介石承认了日本占领中国东北地区

→→日军中将及川古志郎正在上海检阅军队，当时他参加了侵华战争

和热河的事实，并给予日本在河北的"独占权"。蒋介石希望通过这次对日妥协能使他有足够的时间和机会增强自己的军事实力，并最终打败共产党。

国际联盟对日本在中国继续进行的侵略行径并未进行阻拦，这已显示出它的软弱性。在美国，史汀生敦促胡佛总统采取行动制止日本的进一步扩张，其中包括向上海派遣一支海军力量。由于受到国内经济问题的牵制，加上富兰克林·罗斯福即将继任总统，因此胡佛并未对日本的侵略行为采取任何措施。十分沮丧的史汀生只能对日本进行含蓄的外交威胁，但他的这些做法却更加坚定了日本人的决心。由于西方在阻止日本侵略行动上无所作为，因此中国当时短暂的和平局面只维持了不到四年时间。在此期间，日本不断巩固自己的占领成果并准备在亚洲大陆重新发起军事进攻。

在中国，蒋介石和国民党军队利用和平的间隙，对毛泽东领导的驻江西根据地的共产党军队发起了规模最大的打击，企图一举消灭共产党。国民党的进攻终于奏效了，毛泽东和他领导的共产党军队被迫撤离江西，

↓在中国进行的旷日持久的消耗战给日军补给和后勤保障带来极大的困难。图中一辆日军坦克正通过一座摇摇晃晃的浮桥，开往华中地区

向边远的陕西省转移。在举世闻名的"万里长征"中，共产党军队行程共9 654千米。虽然数以万计的革命者都在转战途中牺牲了，但毛泽东并没有被国民党军队吓倒，终于抵达陕西。在那里，他开始重建自己的军队。对蒋介石来说，共产党的成功"逃窜"是他遭受的一大失败。这是比他预想的还要大的一次惨败，因为从那以后他失去了打败共产党的机会。

国民党内许多人都认为，蒋介石和共产党作战是一个错误。在这些国民党人看来，日本才是中国人真正的、共同的敌人。1936年，中国的局势发生了剧变，事态的发展似乎证明了这些国民党人的看法是正确的。蒋介石被一批支持民族主义的东北军将领捉住，为保证他们能安全释放自己，蒋介石被迫同意与共产党停战，共同抗日。此后，国共双方开始为不稳定的和平而努力。

1936年，日本对它在华的既得利益不再满足。1936年2月，一批日本少壮派军官由于对日本政府在中国的军事行动没有进展不满，发动了一场军事政变。政变策划者在效忠于政府的军队消灭他们之前，杀死了几名内阁成员，并占领了一些政府机构。虽然这次政变很快就被平息了，但它的

↓中国共产党的部队在长征途中正翻越大雪山，通过条件恶劣的高原区后，艰难跋涉9 650千米，终于保存了革命的火种

中岛Ki-27型战斗轰炸机

↑中岛Ki-27型飞机在1938年3月的华北作战中开始服役。在遇到速度更快的苏制"波利卡尔波夫"I-16型战斗机之前，它一直是空中霸王。二战开始时，中岛Ki-27s型参加了对缅甸、马来亚、荷属东印度群岛和菲律宾的战斗。此型飞机在被更为先进的机型替换前可作作战训练很有用。此图所展示的这架飞机是1942年3月基地设在泰国清迈的日军第3中队和第64航空战队所用的飞机

确为军界上台执政并对华采取新的侵略性的扩张政策铺平了道路。当时被军部把持的新内阁作出了一个十分具有挑衅性的决定，通过了名为"基本国策纲要"的计划。该计划要求日本建立一支强大的海陆军，向中国和印度支那地区扩张，并宣称要废除一切束缚日本手脚的条约。不足三个月后，日本为了巩固自己的国际地位与德国签订了针对苏联的《反共产国际协定》，已经建立起军事独裁体制的日本通过该协定与德国携起手来，平起平坐。这两个军国主义国家准备运用军事手段同主导国际事务的西方民主国家一决雌雄。

中国的战事

1937年7月7日夜，中日军队在距离北京只有32千米的马可·波罗桥[1]附近发生了交火。这次交火和"沈阳事件"[2]一样都是不宣而战。以入侵中国其他地区为目的的日军很快就占领了这一地区，并吹嘘说再需一个月就能占领中国。日本首相想派一名使者前往中国谈判，但这名使者还未离开日本就被日本军队逮捕了，日本军队又一次证明了自己的实力。日本迅速向中国派出增援部队开赴冲突地区，亚洲的战争开始了。

日本不断从本土派兵增援关东军。关东军很快就挫败了力量强大的国民党军队，并于8月中旬占领了北京。接着他们将进攻的矛头转向上海。上海，这个重要的贸易港口长期以来一直是国民党后方的中心城市，它曾数次抵制日货。日本人为了报复上海，包围了这座城市。经过长达7周的激战，上海最终投降了。之后日军沿长江长驱直入，兵锋直指国民党统治的心脏——南京。

[1] 指卢沟桥。——译者注

[2] 指"九一八"事变。——译者注

　　美国总统富兰克林·罗斯福对事态的发展感到非常震惊，他认为应该立即援助中国。美国的《中立法》规定，一旦战争爆发，美国必须对交战国实施武器禁运。但罗斯福认识到，由于中国弱于日本，只有靠美国的军事援助，中国才能继续抗战。实际上中日双方并未宣战，为此他决心对发生在中国的战事睁一只眼、闭一只眼，而继续容许中国赊购美国的军火。虽然美国国内的孤立主义势力对此有些不满，却也并未反对，毕竟罗斯福并没有违反《中立法》。罗斯福在10月份的一次讲话中威胁要对日本实施经济禁运，对此美国国内的孤立主义分子认为总统做得过头了，于是极力反对总统的禁运声明，以避免与日本发生冲突。此刻，罗斯福才认识到，他几乎对日本在远东的侵略行为无能为力。

日军的胜利与暴行

　　日本军方认为，上海的沦陷将会迫使中国停止抵抗。然而这次蒋介

↓上海一片混乱。当日军就要占领上海之际，租界中的外国人正在为日军占领后可能发生的不测做准备

石和他的手下却决心不管付出多大的代价，都要继续抗击日本，在保卫国土的战斗中国民党军队进行了英勇的抵抗。蒋介石已认识到，尽管他的军队人数众多，但在对阵中他们不是训练有素的日军的对手，因此他们采取了且战且退的战术，希望在消耗战中拖垮日军。日本对中国继续抵抗的政策感到震惊，于是决定攻占国民党的首都——南京。如果它倒下了，中国人会结束他们的抵抗吗？日军溯江而上，每前进一步都须付出惨重的伤亡。1937年12月，经过一场激战后，日军占领了南京。在战斗中，日军对中国人怀有的种族仇恨得到了宣泄。此时，日军攻进了国民党统治的心脏地区，对他们的敌人丝毫没有手软。整整一个月，日军在南京城内大肆奸淫、掳掠、屠杀，蹂躏了整个城市。一名日本士兵回忆道："中国人太多，对于我们一个小队的日本军人来说，用步枪都杀不过来，于是我们借来2挺重机枪和6挺轻机枪进行扫射。"这个日本士兵和他所在的小队用机枪残酷地杀死了500名中国平民。当南京城恢复秩序后，这个城市有1/3的人都被杀死了，有几十万男女老幼在这次暴行中被屠杀。日军暴行的恐怖程度连纳粹德国都自叹不如。"南京大屠杀"震惊了全世界，但欧洲的绥靖主义者和美国国内的孤立主义分子仍无动于衷。

←←日军坦克隆隆碾过华北村庄，表明日军在对华作战中拥有极强的军事优势。然而，中国的人口太多了，日军根本没有足够的人力来征服和占领整个中国

↓日军大炮在对华作战中轰击远处的目标，在中国战争期间获得的经验，对日本人在即将到来的与英国和美国的斗争中很有帮助

12月下旬，西方国家被日军的行动激怒了，决定采取行动。由于长期以来与中国有特惠协定，英美舰队都享有自由进出长江水域的权利，如今日本人控制了这条河流，英美决定澄清这一事实。然而，日本还在进一步扩大事态。12月中旬，日军截获了一艘英国炮舰。更具挑衅性的行动是，日军战机击沉了美国炮舰"帕奈"号。为此英美都提出了抗议，可惜美国的抗议明显表现得太过软弱。尽管有大量的证据显示日本击沉美国"帕奈"号炮舰是预先计划好的，但日方却宣称这一事件纯属意外的错误，并答应正式道歉和赔偿舰只的一切损失。日本的野心昭然若揭，他们向全世界发出了一个信息：日本已经占领并控制了中国。

即使面对日本如此明目张胆的威胁，英美仍然想避免和日本发生冲突。这就像欧洲国家对一系列的侵略行径要么不理不睬，要么执行绥靖政策一样。西方这种软弱的反应壮了日本人的胆，促使其继续进行更加冒险的军事行动。同时日本人坚信，西方不会干涉他们的行动，真正的日本武士也不会容忍这样的公然侮辱。假如西方真的选择与日作战，日本认为它

↓在进攻中国内地的战斗中，日军主要靠铁路运输军需物资。图中是1932年一列日军在东北使用的装甲列车。该车既配有强大的火力，又经久耐用，这种武器为维持日本帝国对中国的占领立了大功

也丝毫不用怕这群胆小如鼠之辈。

　　日本在中国攫取了它想得到的大部分东西后，开始谋求缔和。具有讽刺意味的是，纳粹德国毛遂自荐愿意充当和谈的调停人。在和谈中，日本明目张胆地提出条件，要求中国完全投降。蒋介石不愿接受这个条件，无奈之下他与其军队和政府被迫逃到了中国的边远内地城市——重庆。蒋介石梦想在重庆等到与日本旷日持久的消耗战结束，并想请求国际援助。

　　日本人对和谈提议遭到蒋介石的拒绝十分恼怒，于是决定继续进攻。结果到了1938年年底，日军占领了中国所有的重要港口城市，并完全控制了华北的大部分地区和东部沿海的所有港口。然而中国广大的内地及其庞大的人口仍未被日本控制。总的来说，日本没有足够的人力和物力来征服中国，因此日本在中国的战争不会取胜，而它也不愿意通过和谈结束对华战争，这样对华战争就仍在继续发展。国民党军队和共产党军队不时地对侵华日军发起攻击，对日战争打打停停，几乎没有几场大的战役。在此期间，中国人民遭受了日本沉重的压迫，还有内乱和经常的饥荒。日本人认

↓1935年，日军在进攻中国时使用的93型轻型坦克。在1939年与苏联的短暂战争中，日本人意识到他们在装甲技术和战术上远远落后于欧洲对手

为他们是可以征服中国的，因为它投入了将近160万军队。此刻他们扩张的目光盯住了亚洲的其他地方。

日本内阁中的扩张主义分子相信，如果日本要想达到辉煌的顶峰，那么还需继续采取军事行动，问题只不过是在何地而已。为此关东军又一次挑起边界冲突。1939年7月，日本关东军对苏联不宣而战，战斗持续了一个多月，最后苏军动用日本军火库缺乏的大规模坦克部队用于作战扭转了战局。在战斗中，日军第23师团全军覆没，日军伤亡率高达73%。关东军在屈辱中结束了战斗，双方缔结了和约。虽然军部有少数人渴望对苏施行报复，但大多数军部成员都开始把日本未来扩张的目标转到了其他地方。

美日关系恶化

日本在中国旷日持久的战争终于把美国也推向了战争之路，罗斯福决定继续给中国提供军事援助。美国援华物资主要是通过法属印度支那和缅

↓上海遭日本轰炸后的废墟。在占领中国城市的过程中，日军经常大肆杀戮中国平民，犯下了滔天罪行，但日本只受到国际社会的无声谴责

↑ 1934年，在东京的日比谷公园，日本海军正在举行军旗祭旗仪式

↓ 一列日军装甲列车开进中国。为打击日本侵略者，国民党和共产党部队常把铁路作为他们破坏的首选目标

甸运送，于是日本决心切断这条贸易路线。此外，美国政府开始考虑使用经济禁运手段来制止日本的侵略活动。与此同时，美国国内则开始激烈地辩论经济制裁可能给日本带来的影响。很多人认为，禁运，特别是石油禁运会向日本发出强烈的信号，有助于遏制它的侵略野心。但另一些人则警告说，禁运只会使日本军人铤而走险，他们将会以武力方式解决日本的经济问题。对于日本来说，它必须认真考虑美国发出的禁运威胁，因为这个小岛国主要依靠美国的原材料供应，特别是铁矿与石油。1939年7月，作为对日本的警告，罗斯福通知日本政府，美国将单方面终止《日美商业条约》，这是迈向经济制裁的第一步。然而，没过几个月，欧洲局势的发展却戏剧性地改变了远东的外交格局。

1940年春季，纳粹德国以"闪击战"席卷整个西欧。德国相继打垮了在太平洋上的两个欧洲殖民大国——荷兰和法国。此外，虽然英国未被德国征服，却在战场上接连惨败，并遭受德国疯狂的空袭。欧洲战事的发展对日本政府内的军国主义者来说可谓天赐良机。随着欧洲战争的铺开，这些欧洲强国都无暇顾及它们在太平洋上具有重要价值的殖民地。夺取欧洲列强在远东地区的殖民地，尤其是占领荷属东印度群岛和法属印度支那，可使日本不再依靠美国的原料进口，并可切断对中国具有重要价值的贸易

↓1941年，日军坦克驶过中国境内的一条河流。日军的装甲部队常常跟不上战事发展的步伐，因此日本更重视运用陆军和海军作战

供应线。不过日本军方也认识到，这样做可能会导致日美交战。这个行动虽有很大的诱惑力，但日本内阁里仍有很多温和派人士极力避免日美发生战争。日本军部决定悄悄行动，要求荷属东印度公司做出更多贸易让步，并坚持要法属印度支那中止与中国的贸易往来。对罗斯福来说，这些行动预示着日本有入侵东南亚的意图。为向日本表示抗议，罗斯福宣布对日销售的钢铁和石油实行限制。那些认识到美国的经济制裁会遏制住日本扩张野心的人这才如梦初醒，站到了总统一边。但日本对美国的这些贸易制裁泰然自若，依然我行我素，决心对那些欧洲在亚洲的殖民地继续施压。9月，日本政府迫使法国维希政府同意它在印度支那北部建立军事基地。华盛顿对此反应很坚决，立即对出口日本的钢铁实行全面禁运。

　　1940年9月，日本加强了外交攻势。日本认为德国和意大利必将主宰新的世界秩序，于是匆忙与这两个轴心国签订了《三国同盟条约》。条约规定：如缔约国一方受到目前未参与欧战或中日"冲突"的某一国之攻击时，该国将得到其他两国一切可能的政治、经济和军事援助。在当时的世界大国之中只有美、苏尚未参战，由于德国与苏联签有《互不侵犯协定》，很显然，《三国同盟条约》针对的就是美国。日本军方的一些温和派将领，包括联合舰队司令、海军大将山本五十六都认为这是个错误的条

↓这是一辆20世纪30年代初日军使用的89-A中型坦克。虽然这种型号的坦克在1929年就已设计出来，但直到1934年才被装备到部队。早期实地试验的结果是采用风冷柴油发动机作为日本坦克的标准，其中一些试验是冬天在东北进行的

↑在上海，日本的治安部队封锁了外国租界区。随着与西方的战争日益临近，日本对居住在上海的外国侨民采取了更具侵略性的行动

约，因为它会挑起与美国的战争。虽然在日本山本很有权势，但他也不敢公开反对该条约，他明白这么做只会让那些日本军国主义分子杀了自己。

虽然还未宣战，但《三国同盟条约》对美国来说是一个严重警示。现在很明显，美国不得不考虑对日作战的计划。太平洋战争的威胁加上欧洲的危局和《三国同盟条约》要求美国必须制定出一整套战略来。早在1939年年初，一个陆海联合军事委员会就为应付未来各种各样的突发事件制订了一个"彩虹计划"。1940年11月，罗斯福召见美国海军作战部部长哈罗德·斯塔克上将。斯塔克向总统建议，一旦参战，美国应当倾其大部分力量击败德国，同时在太平洋方面保持一种防御态势。该计划被称为"计划犬备忘录"。"计划犬备忘录"很快就获得乔治·马歇尔批准并成为美国的战时策略，不久它又成为美英密商未来欧洲战争的蓝本。此时美国的战略已定："欧洲优先"。

在东南亚，日本继续他们的侵略活动。1941年7月，日本又向法国维希政府要求得到在印度支那南部建立军事基地的权利，这一行动是把该地区变成日本殖民地的关键一步。法国政府向德、美求助，但无果而终，被迫向日本屈服。罗斯福感到，日本的军事扩张连连得手只会助长它的嚣张气焰。在他看来，日本将会利用在东南亚建立的军事基地在该地区发动更大规模的军事进攻。7月26日，在亚洲事务上陷入困境的总统决定采取致命的一招：冻结日本在美国的全部资产，并全面中止向日本出口石油。接着，英、荷立即效仿了美国的做法。

　　日本88%的石油供应依赖进口，其中绝大部分来自美国、英国和荷属东印度群岛。美国全面实行石油禁运不仅会影响日本人的日常生活，而且更重要的是，也会威胁到日本的战争机器，会迫使其停止运转。日本军部对此勃然大怒，宣称美国此举无异于"经济宣战"。昔日那些坚持日本必须夺取整个远东地区经济资源的内阁成员现在更加强硬了，他们认为，应该立即占领荷属东印度群岛，这样才能解决日本进口石油的所有问题。一时间，战争的阴云密布。

↓1937年，日军增援部队正从一列运兵专列上下车，尽管吹嘘一个月内征服中国，但中国军队在一场持久的消耗战中继续战斗，这被证明是对日本资源的严重消耗

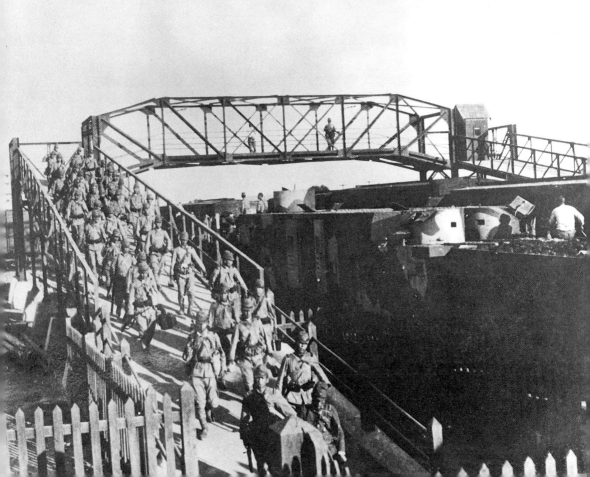

2

偷袭珍珠港

为了给美国在太平洋上的军事力量以致命打击，日本海军大将山本五十六决定偷袭珍珠港。

1941年7月，为了抗议日本侵占和蚕食荷属东印度群岛和法属印度支那，美国冻结了日本在美的全部资产，并对销售到日本的石油实行全面禁运。在此之前，美国已对日本停止出口铁矿和钢材。美国对严重依赖美国石油和钢铁进口的日本军事工业进行严厉的制裁，这是西方头一次为反击日本一连串侵略活动所采取的真正的惩罚性行动，也是对日本侵略中国和"南京大屠杀"所做出的反应。1941年以前，美国国内的孤立主义分子担心美国的制裁行动会挑起对日战争，所以一直不愿采取任何行动。然而随着欧洲战事的急转直下、法国政府的投降，罗斯福总统最终决定采取冒险行动。众所周知，罗斯福一直坚定地支持英国，因为他担心德国占领欧洲会产生可怕的后果。因此，到1941年年初，美英就美国参战的问题进行了一系列会谈。在远东地区，有可能威胁到美国并将其拖入战争从而引起全球性危机的各种因素最终汇到了一起。

毋庸置疑，罗斯福希望能够避免在太平洋发生战争，但他同时也相信，只有采取强硬措施才能遏制住日本称霸该地区的野心。他认为对出口到日本的重要原材料实行禁运可能会使日本回到谈判桌旁，并有助于支持日本国内温和派的掌权。然而，罗斯福并不只限于采取经济行动。他委任道格拉斯·麦克阿瑟将军执掌远东地区美国武装部队的帅印，其任务就是武装菲律宾人准备抗击日军入侵。麦克阿瑟此前一直任菲律宾政府的军事

←←日军战机轰炸了珍珠港附近的美军惠勒机场后，一名美军士兵正在检查被毁情况。惠勒机场并排整齐停放的美军飞机成了日本人空袭的最佳目标

顾问，而现在他的任务则是要指挥菲律宾军队和全部驻菲美军。麦克阿瑟非常满意总统派给自己的新差事，他夸口说，只要给他时间，就能击退日军的任何进攻。

战争一触即发

1941年8月，美国采取进一步行动，向中国派遣了一个租借使团。现在美国准备给国民党政府提供军事援助以抗击日军侵略的意图已大白于天下了。此外，美军还准许一些飞行员和陆军退役人员加入美国在中国的志愿军参加对日作战。绰号为"飞虎队"的美军志愿部队在克莱尔·陈纳德将军的率领下，使用比较过时的P-40型"战斧"式战斗机帮助中国的国民党军队抗击强大的日本空军。对罗斯福和大多数美国人来说，这些行动和经济禁运一样，是美国对日本在太平洋地区不断侵略的正当反应。

但是日本对美国的行动并不这么看，甚至连日本政府内的一些温和派分子也认为美国的这些行动显然表明，它正在干涉日本构建"大东亚共荣圈"的计划，这是日本对他们日益壮大的帝国的委婉说法。美国最近的一些行动，尤其是对日本的石油禁运，似乎是在侮辱趾高气扬的日本军人，这是每个日本武士都无法容忍的。由于日本手中储有的石油供应已很有限，因此它不得不在中国的战争机器停止运转之前尽快考虑出路。日本内阁当时面临三种选择方案：第一个方案是日本屈服于美国的压力，放弃对远东，包括对中国的占领野心。但是，这样做就意味着要日本承认失败，

→这是一艘日本袖珍潜艇，它正企图袭击珍珠港。当时虽然没有日本潜艇驶入港内的锚地，但美军"沃德"号驱逐舰还是发现了一艘日本潜艇，并向美国当局发出警报，但这一警报来得太晚了

← 1941 年 12 月 7 日
凌晨，日本飞行员准
备驾机起飞，对珍珠
港进行致命的打击，
虽然突袭机被雷达探
测到，但它们被误认
为是友军飞机，珍珠
港仍面临着逼近的
威胁

这是日本军人十分不愿看到的事情。第二个方案是和美国谈判达成妥协。
这样的解决方案意味着要恢复与美国的贸易往来，这样日本就将被迫中止
一些对外扩张的计划。最后一个方案一直被大多数好战的日本军国主义分
子所青睐，它就是要通过军事手段夺取欧洲国家在整个远东地区的殖民
地。如果实施第三套方案，日本将会在许多自然资源，包括石油方面实现
自给，从而不再依赖和美国的贸易。然而，大多数日本人都清楚，通过军
事手段占领欧洲在远东地区的殖民地将不可避免地导致与美国发生战争，
并且很容易使日军遭到驻扎在菲律宾的美国空军的袭击。因此，第三套方
案要求日本必须进攻美军在菲律宾的基地。

日本军部赞成对美开战，但是首相近卫文麿却想继续与美国人谈判。
虽然近卫仍坚决支持对亚洲的扩张政策，但他认为日本对美开战不利于日
本实现总体目标。在军部有条件地同意展开与美谈判后，近卫通过日本驻
美大使野村吉三郎向美国提出若干建议。野村为了和美国达成妥协，可谓
尽职尽责，因为他也想避免日美交战。然而，对日本在许多问题上的真正
态度，野村却一直被蒙在鼓里，他只是被用来当作一个幌子。在华盛顿方
面，主持对日谈判的是国务卿科德尔·赫尔。赫尔对与日方达成妥协表现
得也很真诚，但他很快就发现，双方在谈判立场上相去甚远。

正如我们如今知道的那样，日本政府内的军国主义分子为近卫与美
谈判打开了一扇极其有限的机会之窗，但这扇窗开得太小，根本不可能取
得真正的成功。9月3日，日本政府内的军国主义分子告诉近卫，他必须在

10月15日以前迫使美国就范，答应日本的条件，否则"我们将立即决定对美、英、荷处于战争状态"。近卫立即应对这一难题，他建议在结束对华战争后从印度支那撤走日本军队。虽然近卫拒绝继续让步，但他建议，由他和罗斯福在太平洋的某地举行一次首脑会议，商讨一项意义更深远的妥协方案。美国总统罗斯福起初还对可能举行的首脑会晤感兴趣，但国务卿赫尔和陆军部长亨利·史汀生都劝他说，两国之间的分歧太大了，不可能受私人外交影响。此外，史汀生认为，罗斯福出席由日本导演的这场首脑会谈，只能显露出美国的软弱，并且只会给日本的军国主义分子壮胆，使他们更加猖狂。因此，美国在10月2日的电报中回绝了举行首脑会谈的建议，并要求日本必须考虑从中国撤军的问题。

当近卫意识到他的外交试探已经失败后，便在军国主义分子所定的10月15日的最后期限日辞去了首相一职。取代近卫上台执政的是东条英机大将，他是日本国内一名重要的好战分子、战争的主要鼓吹者。东条英机绰号为"剃头刀"，是一位十分精明强干的日本军人。东条曾任过关东军旅

↓美国海军"凤凰城"号轻巡洋舰由于停泊在距战列舰编队很远的地方，在空袭中幸免于难。此图显示的是1941年12月7日日军第一波攻击后"凤凰城"号的剪影。在它后面，滚滚浓烟，直冲云霄

长，后来担任关东军参谋长。有些人认为他胆略过人、雄才伟略。他准备指挥日军在太平洋进行奇袭，然而在他采取行动之前裕仁天皇插手了。天皇被认为是高高在上、不问政治的，他这次的举动不同寻常——一些历史学家认为这证明了天皇对这场冲突的罪责——他要求政府应继续努力，寻求和美国进行谈判解决的可能。东条服从了天皇的旨意，但因为美国在几个重要问题上没有重大让步，因此日本已作出了进行战争的决定。

谈判失败

在新的外交解决方案中，日方把它与德国签订的《三国同盟条约》解释为防御性的，甚至为在华日军的地位问题提出了自己的立场。虽然日方的建议很重要，但同时内容也很含糊，这就预示着谈判将会很耗时。这个时间日本等不起，因为它的石油储存量很少，而且很快就会用光。日本必须尽快解决这一问题，否则就将诉诸战争。

在华盛顿，日本派来的特使来栖三郎参加了野村和赫尔的谈判。罗

↓ 遭日军战机偷袭时，珍珠港中威力强大的战舰没有一艘能对日军的袭击进行反击。日军战机第一波袭击后，灭火人员正在紧张地扑灭被毁战舰上熊熊燃烧的大火

斯福与赫尔虽然对日方的新方案非常不满，但他们决心继续与日方谈判。这其中有部分军事因素。陆军参谋长乔治·马歇尔将军和斯塔克上将提醒罗斯福，如果战端一开，美军力量特别是驻菲律宾的美军力量将会严重不足。若继续与日本谈判，那么他们会有望争取到时间改变目前的状况。赫尔提出一个强硬的方案，他通知野村，在美国恢复与日本的贸易前，日军必须撤出印度支那和中国。东条把美方这一提议看作是对日本明显的挑衅行为。11月25日，一支日军部队驶往珍珠港。正如一位日本的大将所说的那样，在12月1日正午前外交谈判若能取得进展，这支日军还有可能被召回；但如果过了这个时间，谈判还没有进展，"那么一切都只能听天由命了"。

在珍珠港遭袭前一天，日美华盛顿谈判还在进行中。野村和赫尔都未料到即将发生的攻击，还对谈判充满信心，两人也没有意识到他们在此谈

↓日机第一波袭击过后，被两枚鱼雷击中的"加利福尼亚"号遭受重创。当时该舰正准备起航执行侦察任务，所以被袭时，它的几个防水舱门全都被打开了

日军战机第二波攻击把火力集中在泊于干船坞内的"宾夕法尼亚"号战列舰上。日军战机投下的许多炸弹虽未击中目标，却摧毁了泊于"宾夕法尼亚"号两侧的"唐尼斯"号（左）和"卡森"号（右）驱逐舰

"威尔士亲王"号

判只是个幌子。其实美方并非对日本的意图全然不知。1941年秋，美国的密码分析人员破译了日本的外交联络密码，经常在野村还不知道日本政府发来的密电内容之前就获知了详情。此次密码破译行动的代号叫"魔术"行动，它使美国获得了情报上的优势，但它也确实有很大的弱点和不足。

↓日军袭击珍珠港结束后，美国水兵驾船快速通过燃烧着熊熊大火的"西弗吉尼亚"号和"宾夕法尼亚"号残骸

"魔术"行动的密码与当时欧洲的"紫码破译"行动不一样，它无法解读日本的军事密码，否则美国决策者就会获得更多这方面的情报。此外，自从日本政府决定让野村摸不清政府关于战争的决定和即将袭击的地点后，这些破译的文件对美国预测即将发生的事情具有很大的诱惑力。美国谈判者比较满意自己已经知道日本政府对谈判缺乏诚意以及日本已经作出了战

争的决定。罗斯福在看完最后一份解码的文件后才知道，11月29日是谈判成功与否的最后期限。过了这一期限，"自然会有事情发生"。一些历史学家认为，这一消息和其他通过解码截获的情报已提醒罗斯福，日本对美国在太平洋基地的进攻已迫在眉睫。他们得出的结论是，罗斯福不顾一切地加入欧洲冲突，站在英国一边，以至于他愿意在远东发动反击。

军力和计划

　　长期以来，美国一直认为远东有爆发战事的可能，于是早就制订了应急计划。对日作战的主计划代号为"橙色行动"或称"橙色计划"，该计划自第一次世界大战后一直存在，它预计美国战略中的主要难题是菲律宾。自美西战争后，菲律宾一直被美国所占有。菲律宾群岛极难防守，它和最近的美国夏威夷军事基地之间的距离有8 045千米。美国的战争决策者预计，日本只需一个月就可往菲律宾输送超过30万士兵，而美国增援部队则要花三个月才能穿过太平洋到达菲律宾。因此，战争一旦爆发，菲律宾最有可能成为日本首先袭击的目标，并肯定会陷于日本人之手。美国人不愿在外国威胁面前屈服而轻易放弃对菲律宾的统治权。"橙色计划"要

←←1941年底，英国依靠新加坡要塞防守远东，只有"反击"号和"威尔士亲王"号2艘主力舰被派往该地区。两舰于12月2日抵达新加坡，但只短短的8天以后就被日军鱼雷轰炸机炸沉了

↓虽然日本人对珍珠港的袭击相当成功，但只完成了一半。这里看到的几艘美军战列舰虽然已遭重创，但还有救。美国太平洋舰队并没有被彻底摧毁

求，在美国海军跨洋增援到来之前，美军必须守住马尼拉周围的地区。如果顺利的话，这将是最乐观的局面。

　　虽然在相继出现的"彩虹方案""计划犬备忘录""橙色计划"中重要性都相对降低，为了优先集中力量击败德国，美国高层决心先在远东采取守势。为了增援对德作战，美军太平洋舰队将部分舰艇抽调到了大西洋，投入到正如火如荼的"大西洋之战"中。实力已经遭到削弱的太平洋舰队当时以位于夏威夷群岛的珍珠港作为母港，下辖有3艘航空母舰，8艘战列舰，7艘重巡洋舰以及其他小型舰船。英国也因为身陷欧洲战事而在远东采取守势，主要凭借新加坡的要塞固守。英军在远东总共有约8.9万名士兵和150架老旧飞机做好了战斗准备，同时英国也向远东派出了2艘主力舰——"威尔士亲王"号和"反击"号。

　　已经感受到了日本扩张主义威胁的澳大利亚采取了更为积极的态度——虽然其海军实力过于弱小，难以对盟军的力量有太大帮助，且由于

↓日军的袭击使"西弗吉尼亚"号和"田纳西"号遭受重创。在袭击中，"亚利桑那"号的一个弹药库发生爆炸，船身断裂，造成1 500余人死亡。该图前景展现的是正在燃烧的"亚利桑那"号

澳大利亚士兵久负盛名的英勇顽强，澳军有3个师被派往北非参战。综上所述，虽然盟军在海军兵力方面面对日本仍有一战之力，但分别由距离遥远的三个不同国家司令部指挥而难以形成合力。但面对即将到来的日军侵略，盟军必须死守住菲律宾和新加坡。

趾高气扬的麦克阿瑟将军负责指挥所有部署在菲律宾的部队。包括美军和10个由他指挥的菲律宾师在内，拥有近20万兵力的麦克阿瑟相信他足以在滩头阻挡日军的所有登陆行动，而非据守马尼拉。但他大大高估了尚未接受充分训练的菲律宾士兵的战斗力。对菲军士兵的训练计划自1941年秋天开始实施，但直到12月日军发动侵略时仍有不少的菲军士兵甚至不知道如何摆弄他们手中的武器。一名美国军官回忆称，菲律宾士兵在他们短暂的军事训练中只学会了两件事：第一件事情是，见到长官立刻大声喊报到，然后立正敬礼；另一件事就是要求供应一日三餐。麦克阿瑟就打算用这支缺乏训练的军队和一个美军师打败身经百战的侵菲日军。

身处华盛顿的美军高层决策者们对于麦克阿瑟守住菲律宾的豪言大喜过望；而在此前根据实际情况制订的"计划犬备忘录"中，这些岛屿将被拱手让给日军。美国开始将大量现代化武器装备送往菲律宾：从105毫米榴弹炮到雷达都被装上了运输船支援麦克阿瑟的部队。而最重要的是，美军决定派出约300架B-17"飞行堡垒"进驻菲律宾。在美军看来，这些在高空作战的轰炸机不仅能够对日军登陆船队实施轰炸，也能打击整个远东范围内的日军目标。麦克阿瑟估计他的部队可以在1942年4月之前完成训练和换装，之后将足以抵挡住日军的入侵。但日军的登陆却早在12月便已到来，此时300架新型轰炸机中只有35架到位。

日军的军事计划要求快速夺取菲律宾、马来亚、中国香港和婆罗洲，随后转战荷属东印度群岛。这一计划得到了军队领导层中大多数人的热情支持，但联合舰队司令长官山本五十六对此表示了反对。曾在哈佛学习英语，并在美国进行了广泛游历的山本深知日本这一敌手的强大力量。他告诉所有日本的有识之士，日本的人力和资源都不足以在战争中击败美国。同时他认为在太平洋上进行大规模的占领行动会让他所深爱的联合舰队置身险地。如果时机成熟，美军将集结舰队向西出击，寻歼日本联合舰队，而舰队的战败将使日本夺占他国殖民地的行动化作徒劳。山本评价称："对如此强悍的对手主动宣战，或者迫于形势被迫参战——我都认为依靠常规战略我军没有任何胜算。"

↑这是一名美军上尉飞行员，他1941年12月时正在"企业"号航空母舰上服役。日军开始袭击珍珠港时，"企业"号正在夏威夷南部海域执行巡逻任务，但一支由18架飞机组成的侦察小队后来偶然发现了日本发动的第二波攻击，18架美国飞机中只有一半安全降落在珍珠港

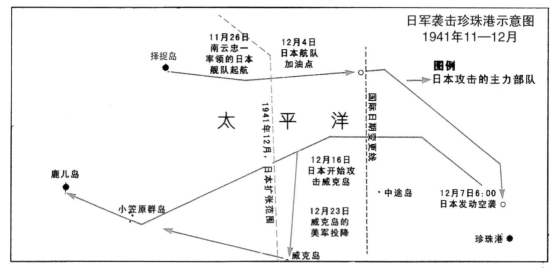

日军袭击珍珠港示意图
1941年11—12月

11月26日
南云忠一
率领的日本
舰队起航

12月4日
日本航队
加油点

择捉岛

图例
→ 日本攻击的主力部队

太　平　洋

1941年12月，日本扩张范围

国际日期变更线

12月16日
日本开始攻
击威克岛

12月23日
威克岛的
美军投降

·中途岛

12月7日6:00
日本发动空袭。

鹿儿岛

小笠原群岛

威克岛

珍珠港

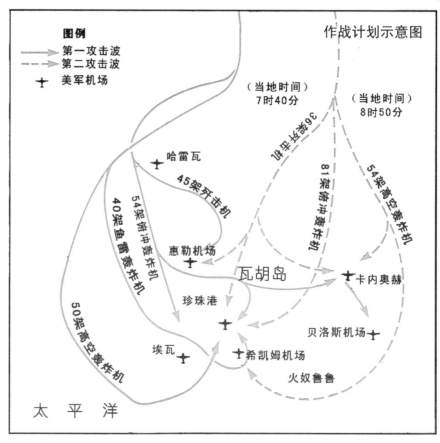

作战计划示意图

图例
→ 第一攻击波
⇢ 第二攻击波
✈ 美军机场

（当地时间）
7时40分

（当地时间）
8时50分

哈雷瓦

45架歼击机

36架歼击机

81架俯冲轰炸机

54架高空轰炸机

54架俯冲轰炸机

40架鱼雷轰炸机

惠勒机场

瓦胡岛

卡内奥赫

珍珠港

贝洛斯机场

50架高空轰炸机

埃瓦

希凯姆机场

火奴鲁鲁

太　平　洋

为了避免注定失败的全面战争，山本提出对驻扎在珍珠港的美军太平洋舰队发动突袭。他希望在重创这支美军的"重拳"后能为日军争取到6个月的时间免受美军干扰，然后趁此机会建立起"大东亚共荣圈"。除此之外他还希望在扩张的同时在日本本土周边建立起一道防卫圈，而太平洋舰队的全军覆没将足以令美国人认为不值得与日本发动全面战争。在山本看来，突袭珍珠港是日本唯一的希望，也是相对可行的方案。在认识到日本政府内的军国主义者已经对对美战争跃跃欲试后，面对这场极可能失败的战争——山本认为他的奇袭计划至少可以给他的祖国带来一个可以与敌人一决高下的机会。

山本之前较早就开始研究奇袭珍珠港的计划，并在1941年年初向日本海军提出了这一计划。许多海军军官提出反对，直言这一计划就是一场豪赌，但山本坚持己见。到1941年9月底，他已经准备好了递交海军总参谋部的详细计划，准备用6艘航空母舰对珍珠港发起袭击。虽然被打动，但军令部高层明白这一计划有着两大弱点。首先，偷袭舰队必须不被发现地前出5 631千米，他们认为这几乎是不可能的。其次，当时日军还没有可以

↓ 在日军开始攻击时，一艘美舰遭袭后冒起滚滚浓烟。"内华达"号正奋力通过珍珠港水域，前去保护泊在港内的其他舰只

在如珍珠港这样的浅水海湾内使用的鱼雷。山本的计划似乎会夭折在襁褓之中。

为了尽可能降低被发现的可能性，山本为他的舰队选择了比通常的航线更往北的航线。日军奇袭舰队将从千岛群岛出发，途经中途岛北面海域抵达夏威夷以北。1941年10月，日本邮轮"大鹰丸"号沿此航线探路，全程没被任何一艘船只发现。此外日本兵工专家发明了一种新型的鱼雷稳定装置，可以让机载空投鱼雷在水深仅12米的珍珠港内使用。最后，日本海军研制了一种将40厘米舰炮穿甲弹改造为一种可以同时用于高空俯冲轰炸和水平轰炸的穿甲炸弹。在很短时间内，山本就已经克服了他的偷袭计划中的最大困难。

但即便如此，在海军参谋部内部，包括海军参谋长永野修身大将在内的许多人依然反对实施这项冒险的计划。帝国海军战争大学随后进行了偷袭珍珠港的兵棋推演。在其中一次推演中，日军奇袭舰队因为在海上被发现而遭遇了灾难性的结果，其余推演中也只是收到了部分成功。随后山本采取了日本军队内部典型的威逼手段，以辞职相威胁不顾兵棋推演结果强行让计划获得通过。最终，永野修身批准了奇袭计划，让偷袭珍珠港在最后关头被添加进了日本的对美战争策略当中。

永远的耻辱之日

　　转眼11月已经过去，时间进入了12月。日本作战部队在南云忠一海军中将的指挥下起航向北太平洋进发。这支庞大的舰队包括6艘航空母舰、360架飞机以及2艘战列舰、3艘巡洋舰和8艘驱逐舰护航。日本舰队非常幸运，因为它们在恶劣的天气中航行时未遇到任何阻碍，这使得舰队很容易不断加油。它们只遭遇到一艘商船，而这艘船也并未向外报告它已发现日本舰队。当这支舰队冲向珍珠港时，传来的情报显示，美国舰队的所有战列舰和大部分巡洋舰都停泊在珍珠港内，但未发现美军的航空母舰。日本人怀疑美国拥有4艘航母，实际上美军只有"企业"号、"列克星敦"号和"萨拉托加"号3艘航母。当南云获悉这一情报后，他担心美国航母很可能就潜伏在附近，准备突然对正在航行的日本舰队发动攻击。然而，山本的命令非常明确：这次袭击珍珠港非常关键，不管遇到什么情况，都必须按计划执行奇袭任务。为此山本甚至甘愿牺牲掉6艘航母中的3艘去攻打珍珠港，这就意味着南云必须勇往直前、誓死一战，于是南云率领舰队继续向珍珠港前进。其实，他根本用不着担忧，因为"企业"号和"列克星敦"号2艘航母此刻正在夏威夷南部海域巡逻，而"萨拉托加"号正在维

↓在美军基地外围，从美军军官居住的山丘上俯瞰珍珠港的图景。距此地不远处住着美国太平洋舰队司令金梅尔上将。当时正是在这里，金梅尔目睹了"俄克拉荷马"号战列舰倾覆的全过程。从这张照片上可以看到"亚利桑那"号在遭袭后起火沉没

↑这幅照片抓拍了一艘美军战舰在珍珠港爆炸一刹那间的悲壮景象。美国海军驱逐舰"肖"号被击中弹药库后，立刻爆炸燃起巨大的火球。爆炸掀起的碎片飞到一英里远

修。因此在通往胜利的路上，根本没有什么力量可以阻挡日本人。

12月7日拂晓前，日本舰队距离确定的空袭目标只有320千米航程了。日军空勤人员早已准备就绪，正在吃早饭。黎明时分，183架战机，其中包括49架轰炸机、51架俯冲轰炸机、40架鱼雷轰炸机和43架战斗机机群在指挥官渊田美津雄的率领下，呼啸着冲上天空。渊田简直不敢相信自己会这么幸运，因为他的攻击机群竟然未被敌人发现，一切都平平安安。到达珍珠港上空后，在飞向美军舰队时，渊田惊喜地看到美军所有战列舰和巡洋舰紧紧地并列停泊在福特岛周围。这简直是天赐的绝好攻击目标。渊田本来希望先由鱼雷轰炸机发起首轮攻击，但整个编队的飞行员都太兴奋了，有几架不同型号的飞机已急不可耐地冲向轰炸目标。于是渊田下令发动全面攻击，每一架飞机都冲了出去准备大展雄风。当地时间7时53分，渊田向南云发出代号为"虎！虎！虎！"（日文音为"托拉"）的无线电报，这个暗号代表袭击开始。

此刻，驻扎在珍珠港内的美国太平洋舰队官兵刚刚从星期日清晨的睡梦中醒来，他们对即将迫近的危险全然不知。为防备日本在太平洋上发动进攻，美国太平洋舰队从1940年5月起就一直驻扎在珍珠港。美国海军内部有许多人认为，舰队驻扎在这里目标过于暴露了，因此主张太平洋舰队应驻扎在美国西海岸，然而他们的主张却没人听。尽管在美国海军内部也有人认为日本很有可能对珍珠港发动偷袭，但美国没有采取任何其他预防措施来保护自己的舰队。一些历史学家甚至怀疑，舰队缺乏保护可能是美国参加第二次世界大战计策的一个组成部分。毋庸置疑，罗斯福对站在英国一边参战非常感兴趣，但他的努力却一直受到政府内和民众中孤立主义分子的抵制和诘难。虽然据"魔术"行动截获的外交渠道的情报显示，日

本即将开战，但谁也搞不清战火会在什么地方燃起。大多数人推测，日本若要攻击，袭击的目标肯定会在菲律宾。此外，密码破译专家破译了一部分日本海军密码，但只获得了零零星星有价值的情报，而这些情报中没有一个能准确地说明日军袭击的目标就是珍珠港。因此，尽管没有翔实的证据，但这毕竟是历史的不公，罗斯福有可能为了迫使他的国家参战而牺牲掉珍珠港内许多勇敢的同胞的生命。由于太平洋舰队司令赫斯本德·金梅尔上将和夏威夷陆军部队司令沃尔特·肖特将军都相信，珍珠港会安然无恙，不会遭到日军袭击，因此没有做任何布防。美国舰队的船只都两艘两艘地紧紧排列，停泊在福特岛周围，根本没有采取任何保护措施以防鱼雷袭击。甚至有人认为，如果有所保护，舰队要迅速离开反而会妨碍行动。在陆上，防空高射炮手也没有炮弹，美国空军基地在该地区的机场主要有惠勒机场和希凯姆机场，共有几百架作战飞机。为防止有人破坏，这些飞机都紧紧地停靠在一起。这么多成排的飞机此时正好成为日军战机攻击的最佳目标，而这些美军飞机却需近4个小时才能整装起飞。

奇袭和灾难

12月7日早晨，美军只有一支空中巡逻机中队从珍珠港起飞后向西侦察。美军在8月份新建了一个雷达系统专门来监视可能的攻击，但是这个系统却由一个没有经验的军官抽空来管。那天位于奥帕纳的这个雷达站本应该在7时就关闭，但它却未按时关闭。7时2分，雷达站发现远在209千米之外的日军攻击机群。雷达操作员向瓦胡岛上的上司发出警报，但上司却告诉他，雷达发现的只是按计划即将飞来的美军B-17型飞机，并说"别为此担忧"。6时53分，正在珍珠港入口处巡逻的"沃德"号驱逐舰上传来消息说，该舰已经遭遇并攻击了一艘潜艇。雷达站上一名海军中尉收到这条消息时正值7时，他立刻向其上司做了汇报，但上司命令他继续静候从"沃德"号发来的进一步消息。然而，此后却再也没有传来任何消息，此刻日本的攻击部队已近在咫尺。对珍珠港的美军来说，原本有两次机会可武装起来抵抗日军攻击，但这两次机会都被白白地错过了。因此美国在太平洋上最大的基地，在毫无准备的情况下即将面临灭顶之灾，而金梅尔和肖特将军也因他们所犯的错误而丢掉了乌纱帽。

此刻在珍珠港上空，日军攻击机群分成两组。一组俯冲轰炸机和歼击机出发去轰炸附近的美国空军基地；另一组鱼雷轰炸机、俯冲轰炸机和高

日军第二波攻击珍珠港的全景。从图中可以看到美军的防空炮火，美军对第二次攻击的准备要充分得多，并以冰雹般的火力迎接攻击者空袭炸机开始轰炸美军战舰。海军中尉罗纳德·布鲁克斯登上"西弗吉尼亚"号战列舰，空袭发生时他把日本的第一轮轰炸当成是舰上的锅炉房发生了爆炸，于是赶快派灭火队去调查情况。"内华达"号上的军乐队正准备升旗，8时整，日军鱼雷轰炸机进行低空轰炸时，该舰上的"星条旗"被撕裂了，一架日军战机开始用机枪向"内华达"号上的这支军乐队扫射，军乐队士兵立即四散躲避。日军对珍珠港的疯狂攻击开始了。

这时，日本人发现了在福特岛周围停泊着的美军战列舰编队，这些舰只正好成为他们最好的猎杀目标。此刻日军战机投下的鱼雷开始冲向美舰。6枚鱼雷击中了"西弗吉尼亚"号，5枚击中"俄克拉荷马"号，另有两枚鱼雷分别击中"亚利桑那"号和"加利福尼亚"号。刹那间，整个美军舰队一片混乱。起初许多船员以为这场混乱是实战演习，当鱼雷和炸弹在他们周围纷纷爆炸时，他们才如梦初醒。许多舰上的主要军官，包括4艘战列舰上的舰长当时都上岸去度周末了，这就加剧了突袭造成的巨大混乱。一些下级军官立刻登上被袭的舰艇，力图控制住局势并进行防守。随着美军人员陆续到达各自的作战位置，高射炮和小型炮立刻迎击日军战机。然而，由于所有舰艇一直都只是处于"三级战备状态"，这就意味着每艘战舰上只有一个舰载高射炮组能够反击，因此日军战机几乎是在没有任何干扰的情况下对美国太平洋舰队连续发动攻击。

当日军战机的鱼雷猛烈地击中"西弗吉尼亚"号战列舰时，海水迅速涌进船舱，这艘受了重创的战舰面临倾覆的危险。海军少校哈伯敏捷的反应和镇定的指挥挽救了这艘战舰。虽然整个船上的通信系统已经全部损坏，他仍指挥船员抗击涌进船舱的海水，保持了船体的平衡。对哈伯来说，下达封闭船舱的命令极难做出，因为他知道这样做会困住并溺死在甲板下面的几位战友。然而，他别无选择，他下达了封闭船舱的命令后，"西弗吉尼亚"号慢慢地搁浅在珍珠港的浅滩上，他的大部分船员得救了。"加利福尼亚"号被水中的两枚鱼雷炸穿后，也处于极度的危险中。船员还想再检查一下该舰受损情况，然而却发现船上的几个密封舱门全部大开，海水顿时冲了进来，弥漫了全船。

不尽完美的日军胜利

日机有5枚鱼雷连续快速地击中"俄克拉荷马"号战列舰，使得该舰不可能再组织船员抗击涌进船里的海水。这艘遭受重创的战列舰很快就开始倾覆。福特岛上的一名侦察员目睹了这只庞大的舰只倾覆的全过程。"'俄克拉荷马'号慢慢地、沉稳地沉没了，它好像是太累了，需要好好休息。"在马卡拉帕山顶上住着许多高级军官，金梅尔上将急速地冲出屋子，看着他的舰队就这样悲惨地覆灭了。当"俄克拉荷马"号倾覆时，他惊愕地、呆呆地注视着发生在眼前的灾难。他的一位受惊的同事的妻子说："看起来他们击沉了'俄克拉荷马'号。"金梅尔只答道："是的，我看见了。"当第一枚鱼雷击中"俄克拉荷马"号要害部位时，这只庞然大物就开始翻沉，它的船底在水上出现了8分钟后，船体上层就一头扎进了珍珠港海底的泥浆里。沉船上的士兵要么被淹死，要么就设法跳进充气救生艇中求生，等待救援人员到来。甲板上的人只能随着船体慢慢倾斜爬上船底，但随着又一轮日机冲过来扫射，他们就命丧黄泉了。"俄克拉荷

↓等待第三波攻击。几名美军士兵正在防空炮台旁仰望天空，搜寻将要来袭的日本战机，南云上将犯了一个严重的错误，没有下令发动第三次攻击——珍珠港的胜利充其量是有缺陷的

↑ 1941 年，一名日本海军上尉，身穿典型的飞行制服。相对于盟军来说，这些经过严格训练的飞行员和他们性能优越的战机为日本在太平洋战争中赢得了绝对优势

马"号上有400多人死亡，幸存者只好跳入飘着浮油的海水里。此刻，一场更加严重的灾难降临到美国舰队头上。

"亚利桑那"号遭到两枚鱼雷攻击后，航行状况良好，但它的塔楼又遭到日本俯冲式轰炸机的轰炸后，船立刻就报废了。炸弹穿透了"亚利桑那"号厚厚的甲板后爆炸，接着引爆了前舱的火药库，并立刻燃起了巨大的火球和浓烟，火焰猛然蹿起152米高。这次爆炸威力巨大，不但炸飞了附近的"内华达"号上的人，冲击波还冲到了正在上空盘旋的渊田指挥官的座机。巨大的火焰霎时就吞没了"亚利桑那"号，它很快就变成了一个燃烧着的残骸，不久就消失在水下了。幸存者中包括海军陆战队少校艾伦·夏普里，船被炸后，他们全部落入水中。他们奋力游过漂着浮油的火海到达了一个安全地带。然而，"亚利桑那"号上的1 500名船员中有80%都牺牲了，这是美国海军史上经历的最严重的灾难之一。

在日军战机对珍珠港进行轰炸的同时，其他日军战机则连续轰炸了附近的美军机场。在第二波攻击中，位于卡内奥赫湾附近的所有"卡特琳娜飞船"式水上飞机全被炸毁。更严重的是，日军轰炸机和战斗机袭击了陆军航空部队的贝洛斯、惠勒和希凯姆机场，担负着保护太平洋舰队任务的所有战斗机都停在这几个机场。美军的高射炮火力仍很微弱，这就是说日本人可以从容地炸毁成排成排的美军战机。此外，日军还把注意力集中在机场的飞机库上，因为那里躲藏着许多美军士兵。

当美军雷达操作员突然发现计划中飞来的B-17飞机编队残杀起自己人时，一下子蒙了。许多B-17飞机的飞行员由于事先没有接到任何警报，因此都错把日军机群当成了美军担任欢迎任务的机群。但是，即使这些飞行员提前得到通报，也一样无济于事，因为他们的飞机燃油不足，并且没有装填炮弹。他们也顾不得形势危急，只好着陆。剩下的美机纷纷起飞成三三两两一组冲向夏威夷的所有机场，有一架甚至降落在一个高尔夫球场上，最终大多数B-17型飞机都安全着陆了。这是那天早晨美国人取得的仅有的一次成功。日军飞行员志贺由雄中尉惊奇地看到这些大型美军轰炸机恢复了元气。当他看到一架B-17型飞机降落在一群"零"式战斗机正在袭击的希凯姆机场上时，他头脑里立刻闪出一个念头：这些美军轰炸机日后定会成为他们难缠的对手。

8时30分，第一波日军攻击战机燃油不足，必须返回航母，战斗随之暂停了一段时间。在这次偷袭中，渊田飞行中队只遭受了很小的损失：共损失鱼雷轰炸机5架、俯冲轰炸机1架、战斗机3架。珍珠港内遭受袭击的美军防卫部队开始重新集结，并准备迎击日军新一轮的攻击。他们并没有等多长时间，第二波攻击在9时整又来了，共有80架俯冲轰炸机、54架高空轰炸机和36架战斗机前来再次袭击珍珠港。这次日军飞行员就没有第一波攻击时那么幸运了，他们遭到了反击。少得可怜的美军战机在短暂的喘息后挣扎着起飞迎敌。尽管美机数量可能只有14架，但美军飞行员拼命抵抗。维尔奇和泰勒两名中尉飞行员驾机迎击日军战机，一举击落5架敌机。此外，高射炮的火力在日军发动第二波袭击时也更加猛烈了，美军共击落6架日军战斗机和14架俯冲轰炸机。但是，有一支美军机群这时莽撞地飞临珍珠港，这是18架从遥远的"企业"号航母上起飞前来执行搜索救援任务的飞机编队。当这支美军机群想找机场着陆时，它们遭遇到自己一方防空炮火的攻击，只有一半飞机安全着陆。

　　日军第二波攻击的重点仍是美军机场，同时这次主要袭击的还有珍珠港内那些尚未完全炸毁的美军战舰。停泊在干船坞的"宾夕法尼亚"号

↓从日军袭击中幸存下来的美军士兵看到他们的机场遭到破坏后的情景。这里的380架美军战机只有少数几架升空与日军战机作战，310架飞机被摧毁或损坏

战列舰（美军旗舰）成了日军袭击的理想目标。和这艘威力强大的战列舰泊在一起的还有"唐尼斯"号和"卡森"号驱逐舰。"宾夕法尼亚"号只遭受了轻微的损伤，因为几乎每颗未击中它的炸弹都扔到了"唐尼斯"号和"卡森"号上，最后，这2艘驱逐舰都被炸毁了。在它们西边不远处，"肖"号驱逐舰正泊在一个浮动的干船坞内。刚过9时30分，一枚炮弹直接命中它的弹药舱，立刻引起巨大的爆炸。刹那间，炮火大作，尸体到处乱飞，远在800米之外的福特岛上的一名观测者也差点被飞起的弹片击中。到了10点钟，最后一批日军战机在珍珠港上空盘旋一圈后扬长而去。袭击终于结束了。

　　此时，珍珠港内的6艘战列舰已全部沉没，另有18艘战舰遭到损坏。这次偷袭的确是对美国太平洋舰队沉重的打击。在这次袭击中，美军共有3 600人伤亡。附近机场的情况就更惨了，当时在该地区的380架飞机中，有180架被完全炸毁，另外有130架损坏。整个岛上的男男女女都赶来照顾

↓惠勒机场上残留的3号机库和一座兵营。当时许多人冲进这些房子以求躲避轰炸，但不幸的是，在第二波袭击中当日军战机集中火力轰炸这些建筑物时，他们无一幸免

伤员——或从燃烧的油海中，或从倾覆的船壳内抢救受伤人员。

第二波攻击之后，指挥官渊田驾机返回日军航母"赤城"号上汇报战况。他告诉南云：美军有4艘战列舰已经沉没，另4艘遭到重创，另外还对美军机场造成了重大破坏。然后他补充说：在第二波攻击过程中，美军的防空炮火还很厉害，于是他建议下一波攻击应当瞄准油轮、维修设施和武器库这些目标。他的建议得到这次作战任务的策划者之一——源田实指挥官的支持。日本舰队的全部飞行员都表示了要再次起飞并彻底摧毁美国舰队的愿望。接着，南云向渊田提出一个很重要的问题：美国舰队是不是会在至少6个月内丧失战斗力？渊田做了肯定的回答，但他又说，应当尽快实施新一轮攻击。

南云对此另有想法。由于他本来就从未完全支持过对珍珠港进行袭击的冒险计划，因此在他看来，这次袭击已经取得成功，现在到了该撤出战斗的时候了。他认为，日军这次袭击的目的是想把美国太平洋舰队削弱到

↓这些宝贵的"空中飞船"在日军第一波攻击中就成为轰炸目标。日军非常害怕这种飞机无可比拟的高空侦察能力。在袭击时有几架飞机未受任何损伤

"爱知" D3A型俯冲轰炸机

↑日军的"爱知"D3A 型俯冲轰炸机。该型 轰炸机是日本于1936 年专为航空母舰设计 的舰载飞机，它有很 高的精确轰炸能力， 是日本袭击珍珠港时 的主要武器之一。尽 管这种轰炸机很快就 被淘汰了，但它所击 沉的盟军舰只数量比 任何一种轴心国的战 机都要多

令其无法干涉日本未来在远东的军事扩张的程度，而渊田美津 雄证实，这次袭击已达到了这个目标，南云认为这就足够了。

此刻萦绕在南云心头的问题是：失踪的美军航母极有可能从什么地 方冒出来袭击日本舰队。如果美军航母出现的同时，他的飞机编队正要出 动；或者甚至更糟的情况是，他的飞机编队已经出动前去对珍珠港发起第 三波攻击……无论怎样，其结果都将是灾难性的。在得知美军战舰将在数 月之内不会干扰日本的扩张行动时，他认为最保险的办法是让他珍爱的舰 队安然无恙地撤出战斗。因此一小时后，舰队接到掉转船头、返航日本的 命令。渊田和其他人都愤愤不平。虽然他们已取得了大胜，但他们认为只 完成了一半任务。

在获知日本舰队正准备返航东京的消息后，有几名海军军官恳求山 本命令南云返回夏威夷，继续发动攻击。此刻夏威夷的美国人也在纳闷， 为什么日军飞机没有再回来袭击他们。虽然美国舰队已完全瘫痪，不堪一 击，但日本人的袭击确实还未获得完全成功。然而山本仍旧拒绝给南云下 达继续进攻的命令。他认为，如果南云被迫率队返回，他一定是担心舰队 在发动袭击时会遭遇意外打击而得不偿失。日本舰队非常自信地认为他们 已大败美国人，于是继续朝本土驶去。

细枝末节

在华盛顿，日本大使野村一直准备和科德尔·赫尔国务卿进行最后关 头的谈判。野村正忙着对日本政府的来电进行解码工作。该来电是日本对 赫尔最新的谈判立场所制订的14点反应方案。华盛顿时间13时，野村应当 向赫尔转交日本政府来电的最后一部分。这份电报表明，谈判似乎已到了 尽头，但是由于野村缺乏人手，这就意味着他会晚于这个时间向赫尔递交 电报内容。在会谈开始之前，赫尔已经知道珍珠港遭到了日本袭击，于是

会谈开始后他草草地念了一下野村提交的文件，然后对野村说，在他担任公职这么多年里，他还从未见过如此厚颜无耻、虚伪和颠倒黑白的文件，这简直到了无以复加的程度。"我至今难以想象，在这个星球上，竟然有编造出这等弥天大谎的国家。"然后他示意野村可以走了。

12月8日正午刚过，罗斯福总统来到了参众两院的联席会议上。他在演讲中说："昨天，1941年12月7日，永远是个耻辱的日子。这一天，美国突然遭到日本帝国海军和空军的蓄意袭击。"他没有要求国会立刻宣战，因为他觉得没这个必要。他只想提请国会注意，由于日本袭击珍珠港，战争状态已经"突然降临到美国人头上"。接着，在短短的程序过后，国会通过了向日本宣战的决议，只有一票反对。美国就这样参加了第二次世界大战。

罗斯福没有请求国会向德、意宣战，但是几天之后的12月11日，希特勒犯了一个开战以来最大的错误。虽然《三国同盟条约》没有要求德国对美宣战，但既然日本已经是冲突中的侵略者，于是德国在这一天决定对美宣战。这样罗斯福就可以放手实施他的"欧洲优先"的战略了。

在日本，裕仁天皇也宣布他的国家与美、英进入战争状态。他在宣战

↓美国在太平洋的空中力量在珍珠港袭击中遭受巨大损失，但是对于这个工业强国来说，它在袭击中所损失的飞机两天内就能弥补上

声明中狡辩说，由于美、英、中三国政府没能认识到日本的和平诚意才把日本逼到了战争的边缘。他接着说："目前的形势是，我们日本帝国为了生存和自卫没有其他出路，只能诉诸武力并摧毁一切前进中的障碍。"然后东条首相通告全国："胜利的关键在于必胜的信念，只要有此信念，有忠诚爱国的伟大精神，我们将毫无畏惧。"

但是东条错了，他的国家有很多令人担忧的事情。正像渊田坚持的那样，尽管袭击珍珠港取得了戏剧性的胜利，但它并没有达到袭击的主要目标。事态完全有可能这样发展：即使日本不袭击珍珠港，美国的太平洋舰队也不会在6个月内干涉日本的扩张行动，因此日本用不着急着吹响战争的号角。日本袭击珍珠港事件对美国人产生了极大的刺激作用。山本相信，美国不会咽下遭受如此之大的损失和牺牲的苦果，它会立刻突破日本周围的防卫圈进攻日本本土，而袭击珍珠港正好给美国提供了它本来就需要的东西。

尽管珍珠港内6艘战列舰被摧毁的损失是巨大的，但是大多数遭损的船舰都已破旧，有两艘还可修复使用。此外，在空袭中，美国的重型巡洋

↓珍珠港事件标志着美国长期、艰苦作战的开始。从图中可以看到，日军袭击刚刚结束，众志成城的美军水兵已经开始重新装备，准备迎敌

舰和潜艇并未遭受损失，重要的是当时那里没有一艘航空母舰。日本没有对珍珠港的美军基地设施进行进一步打击也是个致命的错误，那些军事设施若被摧毁，将会迫使美国太平洋舰队撤到加利福尼亚海岸去，果真如此的话，那么太平洋战争就更难打了。空袭珍珠港是外伤型的打击，它没能使美国舰队完全瘫痪，也未能摧垮美国人的作战能力。美国拥有的航母毫发未损，况且美国还拥有无与伦比的强大的工业生产能力，它的飞机制造厂只需两天就能制造出损失掉的飞机。因此美国很快就恢复了元气，补充了珍珠港遭受的损失。

　　从许多方面看，日本袭击珍珠港并没有取得压倒性胜利，它导致了日本必败的命运。山本早已知道这些危险，同时他还知道，日本不能和美国打持久战，他希望袭击珍珠港所产生的巨大破坏力和日本随之进行的扩张行动能逼迫美国不与日本作战。但事情并非如此简单，美国最终还是选择了参与战争。虽然在战争初期美国和它的战时盟友不得不眼睁睁地看着一段时间内日本连续不断地取得胜利，但处于防守状态的美国已经开动了它庞大的工业生产机器进行大规模的军火生产。

↓卡内奥赫湾空军基地的美军士兵正在为死难者举行入葬仪式。山本五十六原以为日军的胜利会使美国人认为美国不该与日本发生战争，然而正像这里表现的那样，这次袭击前所未有地振奋了全体美国人的斗志

3

日军的疯狂进攻

在珍珠港袭击成功后，日军接着又在整个太平洋上取得了一个接一个令人震惊的胜利，并轻易地征服了被大肆吹嘘的驻守在新加坡和菲律宾的盟军部队。

虽然山本知道日本在珍珠港袭击美国取得的胜利是有缺陷的，但日本的军事领导层已经选择了战争路线。日本的作战计划要求几乎在马来亚和菲律宾两条主要战线上同时推进。辅助的作战步骤将是夺取香港和盟军在太平洋上占据的小岛，最后日本再进入荷属东印度群岛。如此一连串的进攻行动会给日本陆、海、空军后勤补给造成极大的困难，因此速度是最关键的因素，日本必须在被打蒙了的美国人可能发动反击并调集主力部队防守太平洋之前完成上述进攻行动。事实上美日双方在南线战役中投入的部队数量大抵相当。盟军在南线战役中共有11个师，其中在缅甸和香港各驻有一个师，在荷属东印度群岛驻有2个师，在马来亚有3个师，在菲律宾有4个师。为了对抗盟军部队，日本不得不撤走在中国的大部分部队，调往南线战场，这样日军总共凑齐了11个师，全部由寺内寿一大将指挥。虽然双方军队数量相当，但盟军却处于不利地位。盟军部队为了防守，必须原地待命，他们根本无法对日军形成一条统一的防线，而寺内所率日军却能凭借突袭和机动作战的优势使盟军处于弱势防守的状态。此外，日本人在该地区还具有强大的海、空优势。即便如此，日军也须严格按照作战时间表向前推进，并抓住时机取得全胜。因此，日军不得不在几次力量处于劣

←←数以千计的盟军俘虏等待着日军决定他们的命运。俘获他们的日本士兵非常憎恶投降的观念，所以他们凶残地对待这些俘虏

弱的战役中拼死作战才能获得胜利。

日军初战告捷

　　日军在南线作战的第一步是在入侵马来亚之前，于1月8日成功地在泰国的克拉地峡完成两栖登陆行动。在这次登陆行动中日军只有9人死亡，他们还使英国人初尝了被奇袭的滋味。接着他们计划兵进泰国。尽管日本的第一步行动进展顺利，但已经在该地区执行防卫任务的强大的"威尔士亲王"号和"反击"号率领下的英国"Z"舰队仍是日本人的心头大患。这支英国舰队力量强大，拥有1艘战列舰和1艘战列巡洋舰，并有3艘驱逐舰护航。有它存在，会对日军将来的一切登陆行动造成威胁，而在该地区日本却没有一艘可以对付英国"Z"舰队的主力舰。如果"威尔士亲王"号和"反击"号一旦攻击满载日军的船只，那么对日军来说其后果将会是灾难性的。日本海军一些人对此一筹莫展，但是山本大将又一次找到了退敌良策。当一艘日本潜艇发现英国舰队驶离印度支那后，这位极力主张

↓日本"最上"号重巡洋舰1935年在丰后水道下水试航。1942年，日本接连取得胜利。日军舰队的绝对优势在战争中起了非常关键的作用

←日本军队在吉隆坡突破了盟军最后一道防线。他们在马来亚闪电般的推进使驻守新加坡要塞的英军处境危险

海战的将军立刻下令该地区的日本陆基战机出击摧毁英国战舰。12月10日早晨，日本84架高空轰炸机和鱼雷轰炸机按时到位，袭击了英国"Z"舰队。英国战舰只进行了一阵防空射击。这场力量悬殊的战斗只进行了不到1个小时就结束了。"反击"号除遭到10枚鱼雷袭击外，一枚250千克炸弹还直接击中了它，"反击"号几分钟后就沉没了。"威尔士亲王"号总共遭到7枚鱼雷和2枚500千克炸弹的攻击，大约一个小时后也沉没了。这些日军未来登陆行动的障碍终于被拔掉了，而英国在太平洋上的海军力量至此也被摧毁了。长期以来一直争论着的飞机能否击沉战列舰的问题终于尘埃落定，日军这次行动表明，未来太平洋战争的较量将在空中。

美国远东空军是一把撒手锏，它有277架战机，其中有35架重型轰炸机和100架新型战斗机，这支空军力量主要驻扎在马尼拉附近的克拉克机场。由于该空军基地处于日本陆基轰炸机的打击范围以内，因此一直存在着很大的争议。人们认为在和日本的战争打响之后，菲律宾肯定会遭到日军进攻，不把这些飞机转移到安全的地方，简直就不可饶恕。12月8日清晨，驻菲美军得到珍珠港遭袭的消息后，麦克阿瑟麾下的空军司令路易斯·布里尔顿将军立刻请求让他的空军对驻扎在台湾的日军进行空袭，但是直到正午之前上级才批准他的轰炸决定。布里尔顿率领的飞机正在预热发动机的时候，54架日本轰炸机和36架"零"式战斗机已经飞临头顶。日军飞行员发现，和他们在袭击珍珠港时遇到的情况一样，美军飞机紧紧地停靠在一起，正好成为他们理想的靶子。几分钟之内，日本人就以损失7架飞机的微小代价，摧毁了美国在菲律宾一半以上的飞机。这对美国人来说，不啻是一场巨大的灾难，其实这一灾难对麦克阿瑟和布里尔顿来说完全可以避免，而对日本人来说，这一胜利则使他们赢得了在该地区的制空权。事后证明这对日本占领菲律宾相当关键，因为日本人将来登陆菲律宾时，美国的空军力量将会无能为力。

此刻在太平洋上，日本海军中将井上成美率领的第4舰队正奉命攻占关岛和威克岛。日本几乎没放一枪就攻占了关岛，但要占领威克岛就没那么容易了。威克岛位于中途岛东面1 600千米处，它是美军防守的重要前哨，岛上有美军新建的防御工事。此外，金梅尔上将已经制订了计划，准备在该岛遭受日军袭击时派遣航母舰队前去增援。

↑日本军队在马来亚战役中攻占了吉隆坡。日军在行军中经常骑着自行车沿着丛林小道快速进军，总是比防守的盟军部队抢先一步

第一波攻击珍珠港刚过，日军飞机就从夸贾林群岛的小岛起飞，攻击威克岛。然而日军损失惨重，在防御碉堡中的450名美国海军陆战队士兵并不是吃素的，他们很难对付，日军进攻部队很快就尝到了苦头。12月11日，日军攻击部队在3艘轻型巡洋舰和6艘驱逐舰的掩护下对威克岛发起猛攻，装备了127毫米口径的岸基火炮和防空 高炮的美国海军陆战队士兵们正严阵以待。当日本攻击舰队靠近距岸 4 572米的射程之内时，他们开火了。日军遭受的损失惨重：2艘驱 逐舰被击沉，所有的巡洋舰遭受重创。当日本攻击舰队企图掉头逃 跑时，威克岛上幸存的4架美军战机立刻起飞攻击，重创日军一艘运兵船。

金梅尔希望能解救威克岛上的美军并伏击一日本舰队的战舰，于是命令"萨拉托加"号舰母编队赶往威克岛。但是金梅尔在珍珠港遭袭之后就已失宠，随后他被解除了指挥权。令人难以置信的是，在新任太平洋舰队司令切斯特·尼米兹上将到达珍珠港之前这次增援行动就已经开始执行了，这次增援解救任务由威廉·佩伊中将临时指挥。在指挥官空缺的情况下，"萨拉托加"号向威克岛进发。如果这支航母编队快速航行的话，它就可以击垮日本舰队，并有可能解救威克岛上的美国守军。由于佩伊不想在他临时任职期间冒此风险，因此美国3艘航母全部未能及时赶到该岛。这时一支新来的强大的日本攻击舰队赶到了战场，这支舰队包括袭击珍珠港后准备返航的"飞龙"号和"苍龙"号航空母舰。即使如此，美国联合特遣舰队本来也可以保住威克岛，但他们却从近在眼前的战斗中退却了。虽然守岛的美国海军陆战队进行了顽强抵抗，但威克岛还是难逃厄运，终于在12月23日落入日本人之手。至此日本完全控制了中部太平洋，这样连接美国和菲律宾之间的交通线也就被日军切断了。

英军兵败马来亚

在远东地区，新加坡岛一直是大英帝国王冠上的一颗宝石。它的首府新加坡城，是一个非常重要的港口，仅有一条水道和堤坝连接马来亚。担任守卫新加坡任务的有3个师，包括英国、澳大利亚和印度部队。新加坡岛上布满了海岸防御工事。这些防御工事中火力强大的大炮是为了保卫

↑这是一名美军第1守备营的海军陆战队士兵。这支只有450人的部队当时担负着保卫威克岛的任务。1941年12月8日，日本第一次两栖攻击被击退，但两个星期后，当日本人带着1 000名士兵返回时，他们很快就包围了小型海军陆战队。毫无希望，守军被迫投降

↑马来士兵和英、印、澳部队一起参加了马来亚防卫战。照片中，一名马来士兵正在他们的多沼泽地的国土上执行警戒任务，英国军队希望丛林地形能帮助他们进行防御，但事实证明日本人是丛林战的高手

新加坡免遭来自海上的进攻而部署的，但若是从北面的陆上发起突击，那么要保住该岛，这些大炮就无用武之地了。英国希望这个"东方的直布罗陀"能够抵挡住日本的联合攻击，而美国的决策者则认识到如果日军从陆上攻打该岛，那该岛就不堪一击了，因为新加坡的守军力量远远不够。为了保卫新加坡，英军没有为防守北面的马来亚做准备，它一直计划着把军队开进泰国。但英国人却完全没有料到，日本人会抢先一步占领泰国。

日军在12月8日开始攻打泰国。日军的作战行动非常大胆，它只派了一个师前去攻打泰国。事实上，在整个战斗中，日军在地面部队数量上并不占优势，它与盟军人数比例为1：2，但日军以快速行军和海空优势弥补了自己兵力不足的劣势。日本第25军团在泰国成功登陆后，兵分两路向南推进，同时攻打吉打和北大年。驻守该地的英军主力为第11印度师，他们马上发现面对快速推进的日军自己难以支撑。然而他们驻守该地非常关键，因为英国不想把马来亚北部的这一重要粮仓拱手让与日本人，此外一旦日本占领了这一地区的空军基地也将使新加坡处境危险。结果在这一漫长而又脆弱的供给线尽头，英国在马来亚北部的守军就处在日军正面进攻的方向。

这些英国守军本来希望这一地区茂密的热带丛林会对他们的防守有利，但他们很快就发现，轻型武装的日本陆军部队实际上很擅长丛林作战。日本陆军士兵骑着携带的自行车很轻松地就穿过了丛林中的小道。驻在木中附近粗陋的防御工事里的英军对日军的前进速度感到很吃惊，他们发现自己侧翼遭到攻击，于是被迫撤退。12月14至15日，第11印度师在吉特拉附近的战斗中遭遇了日军第5师团。由于这支印度部队有许多新招募的士兵和新来的英国军官，对于丛林作战都缺乏训练，加上部队又不团结，他们根本就无法挡住训练有素的日军的猛烈进攻。和木中守军一样，他们也对日军的前进速度很吃惊，并经常处于被日军包围的危险之中。第11印度师很快就开始溃败。在费尽千辛万苦和损失了两个旅后，他们终于撤了出来，并向南且战且退。对英军来说，在马来亚前线上的这些战斗是灾难性的。当日军照例机动制胜了被他们打蒙了的对手时，英国人这时发现他们同时输掉了这两场战役。英军在撤到霹雳河畔后，开始在那里原地待命，并希望在那里组织防守。

英军想依靠霹雳河这一天堑，在半岛上发起一场阻击战，然后再慢慢撤到修好的防御工事里，进而把马来亚战争变成日本人打不起的一场消耗战。然而，英军发现在丛林地带作战对他们并不利，因为他们要分兵把守每条大小道路、河道水汊，这样防线过长兵力就显得单薄了。而日军在

↓日军正在进攻香港的英军阵地。尽管英、加部队进行了顽强抵抗，但这座城市还是于1941年圣诞节那天陷入日本人之手

进行了几次试探性攻击后，已经非常接近英印军阵地了，然后日军包抄前进，甚至抵达了盟军的下一道防线。此外，由于日本人随军携带了攻击船，这样日军在占有海空优势的情况下，就可以在英军防守阵地后面随意进行两栖登陆。当英军发现自己在陆海两个侧翼都受到日军包围时，他们慢慢开始且战且退，勇敢的殿后部队奋力拼杀，试图突破日军的包围圈。

处境最危险的英国部队是被四面围困的第11印度师，该师想走大道通过马来亚，所以不得不拼命进行殿后作战。战区指挥官英国人阿瑟·帕西瓦尔将军派遣第9印度师前去增援第11印度师，当时第9师发现驻守马来亚东线并无战事。但帕西瓦尔犯了一个大错，他的这一增援命令下达得太晚了。1月7日，由于接连败退，第11印度师已疲惫至极，供给不足，士气低落，接着又遭受了灾难性的大败。日军又一次从侧翼包围了印度师。

↓酒井隆将军和新见政一大将在被占领的香港城内检阅日本部队。与此同时，许多日军士兵则在这座被攻陷的城市里大肆破坏，无恶不作

在沿斯利姆河一线双方发生了一场激战，日军一举歼灭了第11印度师的两个旅。

日本兵进新加坡

英国想拼命保住他们的"东方直布罗陀"——新加坡，于是又加派了两个师以增强新加坡守军的力量，但这支部队直到1月3日才到达。在此之前，由于英军在马来亚接连败退，已使驻守新加坡的英军面临的形势越来越危险。斯利姆河大败和继续面临日军登陆的危险迫使英军撤至柔佛中部的阵地。现在不堪一击的新加坡防线紧临北面的马来省。日军在斯利姆河大捷后乘胜追击。1月14日，日军已进入柔佛，他们往前直逼驻防在金马士的澳大利亚第8师的坚固工事。日军料想不会碰到劲敌，结果却使他们

↓驻守香港的英军投降被俘后，正在日军的押解下向战俘营走去。许多战俘将在那里经受长达四年的残酷虐待

大吃一惊。受过充分训练并一心想打仗的澳大利亚人这次进行了顽强的抵抗，并大败日军第5步兵师团。该支日军自从在马来亚登陆以来，接连胜利。假如全部盟军部队都有如此顽强抵抗的素质，那么新加坡保卫战的情况就会大不一样。

澳军第8师虽然在金马士进行了顽强的抵抗，但他们很快就发现自己侧翼受到日军猛攻。一支日军整编大队在澳军背后的海滩登陆后，日军近卫师团突破了英军西部防线。这时，日军机动先头部队又一次转败为胜，而盟军部队则发现自己有覆没的危险，只好且战且退。澳军第8师在皮拉多科附近负责殿后，他们进行了英勇的抵抗，甚至进行了残酷的肉搏战。第8师竭力突围，并向南面撤退。

1月15日以前，日军以令人称奇的速度，就像德国在欧洲的闪击战一样，向南急行军达643千米。日军第25军团加速行军，此时距新加坡只剩下160千米。经过10天的激战，日军逼迫盟军向南败退。日军在盟军两侧急行军并在盟军背后开始登陆。全部英、印、澳部队被迫在1月31日前撤离马来亚，躲进新加坡城。马来英军最后一支殿后部队用风笛吹奏着《第

↓新加坡城的水供应被日军切断后，1942年2月15日傍晚，英军司令帕西瓦尔将军肩扛英国国旗徒步向日军阵地走去，准备让他所率的驻新加坡军队投降。在大英帝国军事上，这是最大的一次惨败——13万人的英军向人数不及自己一半的日本部队缴械投降。"东方直布罗陀"至此陷入日军之手

←这张照片刊登在上海出版的日本宣传杂志《自由》上。图中日军中尉松田正向香港附近一座拘留营中的英军战俘宣读新加坡失陷的消息

二个安吉尔》和《高原之子》的曲子通过了马来亚和新加坡之间的石堤退到新加坡境内。"东方直布罗陀"的命运只好听由上天来安排了。

正当英军撤向新加坡的时候,有两大灾难降临到他们远东帝国的头上。一支英国正规部队和加拿大国民自卫队在顽强的抵抗后最终失败,香港于圣诞节这天陷入日本人之手。香港城内顿时一片大乱,其情形又让人回想起"南京大屠杀"。胜利后的日军横行霸道,无恶不作。日本士兵冲进圣斯蒂芬学院内的一个医院,用刺刀把躺在病床上的伤员一一刺死。任何试图干预的医生和护士都遭遇同样的对待,残杀过后,日本士兵拆坏所有的家具,堆在这些伤员尸体上付之一炬。受惊的护士全部被日军士兵赶进一间屋子,监禁了起来。日军士兵连续两天不断强奸这些护士,以至于这些受害者都不记得她们被蹂躏了多少次。

英国的第二大灾难就是日军进攻英属婆罗洲(今加里曼丹岛)。对日本来说,这个小岛可以给他们提供急需的石油。在三支日军登陆部队包围了驻守该岛的一小支英军部队后,1月21日,一支日军部队又在巴厘巴板湾成功登陆,占领了巴厘巴板城内未遭破坏的炼油厂。盟军仅存的最后一支海军只剩下4艘驱逐舰,该部在美国人格拉斯福德少将的指挥下驻守在该岛附近的帝汶岛。格拉斯福德将军试图避开日军的锋芒,于是率领这支力量弱小的军队袭击了巴厘巴板湾外容易攻打的日军运输船。1月24日夜，这些美军舰只进行了美国海军在第二次世界大战中的第一场战役。美军驱逐舰在未被发觉的情况下，悄悄驶进日军运输船队中间，用鱼雷和船上127毫米口径的大炮击沉了4艘日军运输船后，未伤一兵一卒撤出战斗。在盟军一连串的惨败中这只是一次小胜，盟军在婆罗洲的所有抵抗艰难支撑到1月底就结束了。

投降的代价

现在，驻扎在新加坡的盟军部队大约有45个营准备迎击日军第25军的31个营。帕西瓦尔率领下的英军至少应当能抵抗一阵日军，特别是他们在部队人数上拥有相当大的优势。但日本人在海空力量上又一次占有很大的优势，这为他们在战斗中赢得了主动。新加坡岛北部的海岸距离马来亚大陆只有1.6千米，该地有一条48千米长的薄弱地带。帕西瓦尔料想日军会在这一地带的任何一处发动攻击，于是他被迫把英国防守部队分布在该线阻击日军进攻，但纵深只驻守了一个营的薄弱兵力；剩下的部队被安排在一个机动部队准备随时赶到交战的地方抗击日军进攻。2月8日，日军集中大部分兵力越过柔佛海峡，袭击了只有6个营的澳大利亚防守部队。澳军面对日军的优势兵力，进行了顽强的抵抗，但最终还是被迫撤退。尽管驻岛中部的增援英军赶来抵挡日军，却无法把来犯的日军赶到海里去。处于劣势的日军又一次以速度和大胆的行动赢得了优势，取得大胜。

盟军现在完全处于守势，在撤往新加坡的过程中，只好进行殿后防卫作战。2月15日，英军指挥部面临一个意想不到的灾难：日军攻占了向新加坡城供水的几个水库。这座大城市现在面临断水的危险，帕西瓦尔不得不考虑可能会有大批的平民死亡。他意识到末日将近，他不想成为该城覆灭的罪人，于是决定向日军投降。2月15日晚，他扛着一面英国国旗徒步向日军阵地走去，他的一名随从军官打着一面白旗。视投降为最大耻辱的日军士兵吃惊地看着帕西瓦尔走近他们的防线。帕西瓦尔指挥的13万英军向人数只及自己一半的日军投降了，这是英国军事史上最大的一次惨败。

新加坡这个"东方直布罗陀"未经一仗就这样完全陷落了。帕西瓦尔和他的部队带着永久的耻辱束手就擒，成了日本人的俘虏。近卫师团的指挥官们积极怂恿士兵的暴行。日军士兵恶习不改，肆无忌惮地残害被打败的盟军俘虏。英、印、澳被俘部队被日军赶进临时搭建的战俘营，他们在被日军决定命运之前就住在条件恶劣的战俘营里。以和日军一起抗击英国在印度的殖民统治为名，许多印军俘虏从暗无天日的战俘营里被释放出来，加入了印度国民军。东条英机大将现在已在日本国内成为实际上的统治者，他立刻对那些剩下的英军战俘的命运做出判决：让他们去服战争劳役。

日本为了把他们新建的帝国连接起来，决定修建一条横穿泰国并进入缅甸的铁路线。这几乎是一项无法完成的工程，因为这条铁路必须穿过雾气蒸腾的热带丛林和高山激流。正是这么一条铁路，要强迫这些盟军的战俘去修建。这些战俘在日军的监管下，横遭殴打，营养不足，疾病缠身，在这条铁路线上他们被从一个营地驱赶到另一个营地，进行艰苦的劳动。令人难以置信的是，在付出了惨痛的代价之后，他们竟建成了这条铁路。在修路过程中，至少有16 000名盟军战俘和6万多名当地劳工死亡。曾一度骄傲的驻新加坡英军就这样在第二次世界大战最残酷的战争中被彻底摧毁了。

ABDA军（美英荷澳联军）

日军在攻占马来亚、婆罗洲和后来的菲律宾后，很快就盯住了荷属东

↓新的殖民统治者控制了新加坡。为了炫耀军力，日军正在新加坡城里的巴特利大街列队行进。离此不远，就是以前英国殖民统治者的大本营——莱佛士饭店

印度群岛上丰富的自然资源。在12月16日攻占婆罗洲之前，日本还未采取行动向东印度群岛进军。他们想在打败盟军、确保北面的交通线畅通无阻后，再动手占领东印度群岛。此外，日军大本营认识到驻守新加坡和菲律宾的美英部队是他们的大敌。只有打败他们，日军日后才能扫荡在东印度群岛上的荷兰守军。而东印度群岛一旦失陷，就会对澳大利亚造成极大的威胁，因为澳大利亚基本上没有设防，它的大部分军队都已被派往欧洲帮助盟军作战。在东印度群岛的盟军部队分散驻守在令人头疼的岛链上的广阔地区，为了有效防守和统一指挥，盟军仓促拼凑了一支ABDA（美英荷澳）联军。1942年1月10日，阿奇博尔德·韦维尔将军抵达爪哇，来指挥这支部队。但这一切都已太晚了。

　　从表面上看，这支包括澳大利亚本土部队和荷军的美英荷澳联军拥有雄厚的实力。可是这支联军尽管人员数量庞大，但它的士兵却都未受过正规的军事训练，其中还有漫不经心的荷属本地士兵。由于这支部队几乎没有任何空中支援，又无法有效地团结起来，加上他们又是被杂乱地布防在整个东印度群岛上，徒劳地试图保卫一切。但是美英荷澳联军拥有一支力量比较强大的海军，包括11艘巡洋舰、27艘驱逐舰和40艘潜艇，这也是美英荷澳太平洋舰队仅存的全部家当了。为了对付这支杂牌军队，日军计划动用它最精锐的两个师团，并配以强大的海空军支持，以神速和奇袭战术击败这群乌合之众。日军的作战计划要求从两边对整个东印度岛链发起攻击，最终使爪哇成为一座孤岛。仍然沉浸在珍珠港胜利之中的日本舰队此刻正布防在南线，准备对盟军主力发动攻击。

东印度群岛的陷落

　　1月11日，日军开始进攻西里伯斯岛（今苏拉威西岛）。在穆纳多岛（今万鸦老岛）上的日军登陆部队进展顺利，他们上岸后为参加攻击的第一批伞兵部队草草建起了一个着陆点。日军第334空降兵大队的士兵由于跳伞高度太高，降落时遍布整个小岛，致使他们的前进部队一片混乱。尽管如此，日军还是很快就击溃了只有1 500人的荷兰守军。北面西里伯斯岛上的空军机场现在正好为日军所用。日军随后在该岛的三个地方进行两栖登陆，并很快就击败了剩下的力量薄弱的荷属印军。为了切断东印度群岛和澳大利亚之间的交通线，日军继续向东进军并攻占了安汶岛和帝汶岛。在这两个岛上，日军遇到了顽强的抵抗。美英荷澳联军在这两个岛上掺杂着一些美、澳军队，他们进行了顽强的抵抗，特别是澳军认识到日军的下一个目标就是最终占领他们的国土，因此作战十分顽强。

澳大利亚人担心自己的国土遭到日军攻占完全是有道理的，因为日本人十分清楚澳大利亚最北端的达尔文港既是美英荷澳联军的重要供给基地，同时也是盟军的一个海军基地。于是日本海军部下令南云的航母编队扫除这一威胁。2月19日10时，188架日本战机猛扑达尔文港。曾参加过袭击珍珠港的4艘日本航母构成了这次袭击队伍的主力阵容。轰炸机编队又把这次首先袭击的目标锁定在港内的海军战舰上。在摧毁达尔文港周围的军事设施之前，日军战机共炸沉了8艘盟军舰只。但与袭击珍珠港时的情形不同，这次日军战机轰炸了达尔文城，城内燃起大火，大批市民逃亡。日军在炸毁达尔文港的海军基地时只损失了两架战机。

澳大利亚军队虽然在安汶岛和帝汶岛血战了一场，但这两岛最终在2月底也落入日军之手。这时，日军进攻的铁钳已逼近爪哇。2月底，日军计划让第48师团的守军在该岛登陆并对荷属东印度群岛进行毁灭性打击。

↓ 1942年2月15日晚上7时，在具有历史意义的、气氛紧张的会谈中，脸色严肃的日军指挥官山下奉文将军向驻新加坡的英军司令帕西瓦尔将军当面口述英军投降的条件

→ 1945 年 8 月，日本战败以后，胜利了的麦克阿瑟将军两臂拥抱着帕西瓦尔将军（左）和温赖特将军（右）。帕西瓦尔在新加坡向日军投降；温赖特在科雷希多岛被日军攻陷后投降。从他们两人的脸上，可以明显地看到曾长期遭受监禁的迹象

但是，2月24日，美军巡逻侦察机在爪哇海中的巴韦安岛附近发现了进攻的日军舰队。该支日军舰队有4艘巡洋舰和14艘驱逐舰，指挥官是高木武雄少将。一支拥有5艘巡洋舰和12艘驱逐舰的美英荷澳联军的海军部队在卡雷尔·多尔曼上将的指挥下，从苏腊巴亚（今泗水）基地出海迎击这支日本舰队，试图攻击并阻止日军的两栖登陆部队。盟军舰队经过近3天的海上搜寻终于发现了目标。爪哇海海战进行了一个小时远距离的炮战较量。起初双方的炮击都不大精确，未能命中对方目标，后来日舰使用了穿甲弹进行炮击，重创英国巡洋舰"埃克塞特"号。多尔曼将军为了保护这艘遭受重创的战舰，中止与日舰交火，想指挥舰队掉头撤退，日本驱逐舰立即全速跟进，并发射鱼雷袭击英舰。最后日舰击沉了一艘荷兰驱逐舰，但多尔曼指挥剩余舰只成功地撤出了战斗。

虽然多尔曼不得不派他的大部分驱逐舰回港加油，但他还是决心重新在夜间对日本舰队发动攻击，并希望从打击日军力量薄弱的运输船下手突破日军进攻。当天晚上10时30分刚过，多尔曼的舰队再次遭遇日本舰队，这时他的舰队只有4艘巡洋舰和一艘驱逐舰了。而专门受过夜战训练的日本海军对英军的这次夜袭一点也不感到害怕。日本舰队在距英军舰队7 315

米处接连发动鱼雷攻击，他们的战法很快就奏效了，2艘荷兰巡洋舰"德鲁伊特尔"号和"爪哇"号被先后击沉，多尔曼将军也葬身大海。另外一艘巡洋舰"休斯敦"号和澳大利亚的"珀斯"号逃走了，但高木少将命令日舰全速跟进，追击盟军遭袭舰只。第二天晚上，日舰追上了这两艘巡洋舰。"休斯敦"号和"珀斯"号与比它们力量强大的日本舰队进行了数小时激战，直到它们打尽了船上的所有弹药。最后两艘巡洋舰只好借助炮火的照明向敌舰撞去。它们如愿以偿，共撞沉和损坏6艘日舰，但它们最终还是被日舰击沉。爪哇海战结束了，美英荷澳联军试图战胜日军的希望也随之破灭。尽管联军付出了惨重的代价，但他们的牺牲却只迟滞了日军进攻爪哇一天。随着联军在海上被击溃，他们在陆上覆灭的命运也在所难免。日军第48师团在3月1日登上爪哇岛，只遇到一次轻微的抵抗。一些荷兰正规军进行了勇敢的抵抗，但他们的本地士兵作战却并不怎样。许多东印度群岛的人非常不满荷兰人的统治，他们都把日本人视为救星，后来他们在日本统治期间成为积极的走狗。荷军认识到会有全军覆没的危险，于是3月2日在巴达维亚（现在的雅加达）向日军投降。接着，3月12日，该地区的全部盟军部队也都向日军投降。从此就再也没有美英荷澳联军了。此时在东南亚只剩下两个地区还在继续抵抗日军的进攻，那就是缅甸和菲律宾。

缅甸的陷落

英国的殖民地缅甸地处日本前锋部队和英国最重要的殖民地印度之间，因而在东南亚具有十分重要的战略位置。缅甸还是中国的主要运输补给线。这条补给线始于缅甸首都仰光和重要港口，北至腊戌，中间有长约965千米的铁路贯穿。从腊戌经缅甸公路，物资可以直接运往中国。自1886年成为英国的殖民地后，缅甸人一直不满英国人的统治，有几个主要的反对人士甚至跑到日本接受训练，准备抵抗英国殖民当局的统治。大部分殖民地区的当地缅甸人都和唯一的一支英国师之间存在着高度的紧张关系。1941年1月，战区司令英国人韦维尔将军命令第17印度师进入缅甸以加强那里的防守。派往缅甸的其他盟军部队的任务也都一样，其中中国的第66军驻防北部的缅甸公路，绰号为"刻薄乔"的史迪威将军指挥的另外两个中国师则负责保护中缅边境。在空中方面，盟军部队只有一个英国飞行中队和"飞虎队"。但该地区的英军在日军攻占马来亚之前，一直不相

↑这是缅甸第20步枪队的一名军官。在缅甸，当地人和英国殖民者之间存在着十分严重的紧张关系。缅甸沦陷后，许多当地士兵在返回莫帕尔的漫长撤退中死在丛林中

信日本会进攻缅甸。英军认为他们还有时间备战，于是就派第17师开赴萨尔温江畔构筑防线，但饭田祥二郎大将率领的日军第15军却无心等待。1月16日，拥有两个精锐师团的日军第15军在300架飞机的空中支援下发动了进攻。

盟军部队，特别是"飞虎队"虽然在仰光保卫战中进行了英勇抗击，但很快就被打败，这使日本在该地区赢得了制空权。2月初，日军利用速度和分进合击的战术摧垮了盟军在萨尔温江上的防线，迫使第17印度师退至锡当河一线保卫仰光。在撤退过程中，日军从侧翼袭击第17师并对锡当河上唯一的一座大桥发动了攻击。慌乱中，英军指挥官下令炸掉了这座大桥，希望把日军挡在河对岸。令人遗憾的是，此时第17印度师仍在河对岸。他们奋力拼杀，冲出了日军的包围圈；但当他们来到被炸的大桥边时，才发现面临着巨大的灾难。由于这是他们唯一的逃生路线，士兵们绝望至极。他们扔掉身上的武器，泅水渡过湍急的河流。虽然有3 300名士兵到达了河对岸，但他们大多数的武器都没了。此刻，整支部队元气大伤，

↓这是一张罕见的照片，日军进攻部队正向菲律宾林加延湾的海滩靠近，麦克阿瑟错误地试图在海滩上击败入侵的日军，但导致了巴丹的灾难

士气低落。

正是在这种绝境下，哈罗德·亚历山大将军临危受命，前来指挥这支七零八落的盟军部队。亚历山大于3月5日抵达仰光后，很快就发现这座城市岌岌可危，因为日军已从北面包围了该城，并几乎封死了进出仰光的全部道路。为了成功撤离，盟军又派来了一个装甲旅以增强兵力。现在仰光只剩下最后一条向北的通道，它可通往北面的卑谬。日军进入仰光后进行了短暂的休整，这时日军部队又加入了第18师团和第56师团，另外还来了100架飞机。日军第15军经过补充，力量大增，他们继续追击溃退的盟军，并一直追到伊洛瓦底江河谷。亚历山大希望在曼德勒南面坚守，因为到了那里可以与一个中国师会师，但当他发现两翼急行军的日军时，他才知道计划泡汤了。3月24日，盟军在卑谬和东吁一线大败而退。真是祸不单行，这时日军又在缅甸北部打败了中国军队。4月底，日军已做好了攻打曼德勒的准备。

盟军部队士气低落，弹尽粮绝，已无力抵抗，于是只好撤退，放弃缅甸。国民党军队沿缅甸公路撤到北方，其他的中国部队跟随史迪威沿伊洛瓦底江北上，翻越了重重大山才抵达安全地带。亚历山大率领英军向缅甸西北的葛礼瓦进发，他希望这么做会有利于防守现在已岌岌可危的东方战线的前沿——印度。然而，英军的撤退路线要穿过荒无人烟的热带丛林。和英军一起撤退的还有好几千名缅甸平民，他们撤往印度和安全地带时行进缓慢，常常受到急行前进的日军的冲击，有几天还受到提前到来的季风雨的困阻。在这次大撤退中，有许多当地士兵开小差逃走了，还有数千人死在了热带丛林中。5月17日，英军残余部队到达印度的英帕尔。这时的英军人数只剩下17 000人，而战役开始时共有3万名。缅甸陷落后，日军兵临印度的东大门。

菲律宾的陷落

日军在南线进军中最关键的战役发生在菲律宾。盟军原本希望麦克阿瑟指挥下的强大的美军能抵挡住日本进攻数月之久，这样就能让美国有时间调兵遣将。日本一直把麦克阿瑟的军队看作"眼中钉""肉中刺"。一名美国记者这样概括当时流行的一个说法："如果日本能进占菲律宾，日军定会敲锣打鼓欢庆胜利。"驻菲美军貌似强大，实际上却是外强中干。美军作战部队共有16 000人，还有一支庞大的菲律宾军队。但菲军训练不足，装备不好，也从来没有准备打仗。更糟的是，12月8日，珍珠港遭袭10小时后，麦克阿瑟就损失掉了他的大部分空军力量。相反，由本间雅晴中将率领的日本进攻部队则拥有两个精锐师团——第16和第48师团，这两支部队由曾经在中国打过仗的老兵组成。本间的作战部队还有3支庞大的舰队支援，这3支舰队共拥有2艘航空母舰、2艘战列舰、13艘巡洋舰和31艘驱逐舰。另外，日军还可以出动台湾岛上的陆基飞机前来支援，以补充航母上飞机的不足。

日军主力部队在登陆之后，于12月22日在菲律宾的主要岛屿吕宋岛上的林加延湾一线发动攻击。麦克阿瑟非常相信他所率军队的力量，于是放弃了原先的"橙色计划"。本来根据"橙色计划"，麦克阿瑟的部队一旦遭遇日军攻击，应当退往首都马尼拉附近崎岖不平的巴丹半岛上，然后依

↓日军正准备接受菲律宾部队的投降。麦克阿瑟曾过分依赖他麾下的这支缺乏训练、装备低劣的菲律宾部队

靠贮存在那里的军需供给和早已修好的防御工事坚守不出，等待救援部队到来。12月之前，麦克阿瑟还认为他的军队力量很强大，面对日军进攻完全可以守住整个吕宋岛。因而，他制定了新的作战方案，要求在海滩上迎击并打败来犯日军，防守部队的给养相应地也要重新布置。

到日军进攻那天，麦克阿瑟犯了一个明显的错误。未经充分训练、装备很差、战线又过长的两个菲律宾师在林加延湾的海滩上同本间指挥的两个能征善战的师团遭遇了。在双方第一天的激战中，菲军遭到日军陆、海、空部队的联合进攻。在日军的猛烈攻击下，菲军开始溃败。指挥美军北吕宋部队的乔纳森·温赖特将军派遣他最精锐的一支部队——训练有素的侦察兵前往交火地带试图稳住日益恶化的形势。450名菲律宾侦察兵在缺乏反坦克武器的情况下，顽强地抗击一支日军装甲兵大队达两个小时之久，这为其他菲律宾军队撤向南方赢得了宝贵的时间。

当菲律宾人在日军进攻中仓皇溃逃时，麦克阿瑟很快发现了自己所犯的错误。麦克阿瑟看着这支溃不成军的北吕宋部队，这才认识到他所青睐的击退从北部进犯马尼拉的日军的计划根本不可能实现。他有点犹豫不决，但他最终还是回到了固守巴丹半岛的想法上来。如今他的军队必须打回到巴丹半岛去，其间距离240千米之遥，此外还要通过一段崎岖不平的山地。而且糟糕的是，美菲士兵在逃往南方的过程中，丢掉了他们急需的大部分军需给养。更严峻的事态还在后头，另一支7 000人的日军在马尼拉南面的拉蒙湾登陆后，开始逼近菲律宾首都马尼拉。然而美军主力部队并没有完全损失。此刻，本间将军在战役中犯了一个严重错误，他下令日军立即占领马尼拉，他料想美军一定会在此进行最后的防守。他根本没想到美军实际上正在向巴丹方向撤退，本间没有立刻在这个方向上压向美军以夺取优势，致使美军主力逃走了。本间指挥的日军于1月2日成功占领了马尼拉。

美菲部队在纳蒂布山布置了防线，但他们的军需给养严重不足，面临的形势日渐恶化。驻守士兵每天只有一半的粮食供给，仅有2 000卡热量的食物，他们没有鲜肉和水果，所带的大米只能够维持20天。为了寻找食物，骑兵部队杀死并分吃完他们的马匹之后，又去猎杀水牛。更糟糕的是，各种药品严重不足。在营养不良和热带气候条件下，包括疟疾、坏血病、脚气和痢疾等疾病蔓延全军。到了3月底，医院每天只能收治500位患疟疾的病人。温赖特后来写道："持续的饥饿，夜以继日的热蒸气，令人望而生畏的疟疾和伤病员不断的呻吟声残酷地折磨着我们。"虽然有几名大胆的潜艇指挥官突破了日军封锁，但由于日本海军拥有制海权，因此军需给养根本无法运到被四面围困的巴丹守军手中。麦克阿瑟只好向华盛顿求援，但他未收到任何音讯。进行救援远征行动需要花很长时间，并会使仅存的美国舰队处境危险，所以罗斯福不愿意冒这个风险。菲律宾的美国守军只能自己救自己了。

巴丹灾难

1月初，本间所率的日军开始攻打纳蒂布山附近的美军防线。刚开始，日军的进攻付出了惨重的伤亡，遭到美军十分猛烈的炮火攻击。然而，一支日军大队做了一件美国人认为根本不可能完成的任务：他们穿插渗透，通过了纳蒂布山最崎岖陡峭的一段山路出现在美军的防线背后。美菲军发现有被切断退路的危险，于是仓皇向南撤退，不得不撇下大部分大炮。1月26日，他们又一次在巴加克—奥里翁一线构筑了坚固的防线。现在有83 000名守军和26 000名难民挤在一块面积只有16平方千米的狭小地带。军民都沿着巴加克—奥里翁防线住着。虽然美菲守军的力量已严重削弱，但同样的，日军也遭受了重大损失，并被给养不足和疾病困扰着。只不过日本人有望得到给养补充和援军帮助。这样巴丹的陷落也就只是个时间问题了。

麦克阿瑟已在守卫菲律宾的过程中犯了几次严重错误，他的部下也不喜欢他，为了讽刺他经常躲在防线后面，士兵们还送给他一个绰号，叫"防空洞里的道格"。但在美国国内，麦克阿瑟却被当成英雄受到称颂。相对于当时全世界不战而退的大失败来说，只有巴丹保卫战是一个亮点。因此各大报纸都以红头标题，连篇累牍地称赞美国在巴丹的防卫战和指挥这些英勇守军、声名赫赫的麦克阿瑟将军。麦克阿瑟在失败中——大多都是他本人铸成的错，成为美国在第二次世界大战中的第一位英雄，为此他得到一枚国会荣誉勋章，菲律宾总统还奖励他50万美元。菲律宾的陷落在所难免，罗斯福认为，麦克阿瑟这位国家英雄太有价值了，不能牺牲在那里。3月12日，麦克阿瑟奉罗斯福的命令乘舰离开菲律宾，他走时向留守巴丹的部队发誓："我还要回来！"他的这些话尽管后来在战争中极大地激励了美国守军的斗志，但对于1942年3月这支疲惫不堪的美菲部队来说却毫无意义，因为这些守军十分清楚，他们的这位司令官逃跑了。

现在巴丹岛上美菲部队的指挥权落在了温赖特将军手里,他虽然知道末日已为时不远,但还是决心战斗到最后一刻。美菲守军在南面击退了几次日军登陆行动后,又一次面临着巨大的灾祸。本间尽管对在菲律宾战事的缓慢进展不满,但他对等到增援部队后再发起新的进攻而感到高兴。4月初,由于东南亚其他地区的胜利,日军的两个新来师团终于到达菲律宾。4月3日,日军向巴丹守军发动了最后的总攻,妄图一举全歼美菲军。

麦克阿瑟现在身处澳大利亚的安全地方,又远离战场,他下达了全线反攻的命令,但他的部队不可能服从他这种异想天开的命令。巴丹守军每天只能吃进不到1 000卡热量的食物,身体就是不动也难以维持生命。前线部队中有近80%的人患了疟疾,75%的人得了痢疾,35%的人染上了脚气。前线已彻底崩溃了。温赖特已把他的指挥部搬到了马尼拉湾中防守严密的科雷希多岛上,他明白投降是巴丹岛上人们的唯一选择,他向他们送

↓在菲律宾,一群日本士兵押解着一名美军俘虏前行。起初日军押解的战俘还不算多,但随着巴丹半岛上的战斗日趋激烈,他们很快就发现在他们的队伍中满是美军俘虏

去一句祝福："愿上帝帮助你们所有在岛上的人吧！" 4月9日清早，剩下的吕宋美菲军队全部投降。现在在日本人和全胜之间仅剩下一座布防的科雷希多岛了。

为了抵抗来自海上的日军进攻，美菲守军在科雷希多岛上布满了大炮。此外，这个石岛上的很多守军还可以躲进坑道，免受日本炮火的袭击。但驻岛军队明显地处于不利的地位，他们所有的供给都严重不足，特别是水。这支杂牌军在缺粮少弹、衣衫褴褛的情况下，还备受病魔的煎熬。本间决心给南线战役画上一个完美的句号，于是他动用100门大炮包围了小小的科雷希多岛，并接连进行毁灭性炮击达三个多星期之久。仅5月4日一天，在日军进攻之前，就有将近16 000发炮弹倾泻到岛上。美军海军陆战队配备的海岸大炮几乎未动，当日军靠岸时，美军给侵略者造成重大伤亡。但是战斗很快就结束了，日军立刻运送步兵和坦克上了岸。

末日已经来临。10时的时候，温赖特向华盛顿发了最后一份电报，他这样写道："请告诉全国，我的部队和我本人已经完成了所有能够做的一

↓美军在巴丹的各种补给都很缺乏，部分是由于日军的封锁。有些船确实试图穿越十面埋伏，但大多数失败了。图中的美军舰只沉没在科雷希多岛附近

切，我们捍卫了美利坚合众国和她的军队的优秀传统……我带着深深的遗憾和对我顽强的军队的无限自豪去见日军指挥官了。"随后，科雷希多的守军向日军投降了。

巴丹岛上的死亡行军

　　胜利后的日军现在又驱赶着他们新抓来的俘虏上路了。他们既没有料到会带着如此众多的俘虏，更没料到他们的境况会如此恶劣。日军原计划分阶段行军，并希望能随队带4万名俘虏的给养，但他们根本无法做到这些。"巴丹死亡行军"从一开始就没有车辆，没有补给，特别是弄不到医疗物资。虽然有一些日本官兵待他们的俘虏比较尊重，但许多日本士兵都非常鄙视这些美国人和菲律宾人，并对他们犯下了滔天罪行。那些跟不上行军队伍，或从那些好心的平民那里接受了水或者食物的人都被杀死了，并且是用武士刀劈死的。而这些被打败了的、病魔缠身并饥肠辘辘的美国人和菲律宾人还需走很长的路才能到达遥远的战俘营。名叫科默特·雷的

↓盟军部队在巴丹半岛上大溃败。在这次败退行军中，有数百人丧生

一脸色苍白、备受疾病折磨的盟军战俘。这是美军战俘在臭名昭著的"巴丹死亡行军"途中，徒步转移到遥远的甲万那端战俘营时所拍的照片。请注意，每个战俘的双手都被捆在身后

美军少尉是一名日军战俘，他事后回忆起那场梦魇般的行军时这样写道：

在我们的队伍中，有一位名叫米勒的骑兵上尉，他的老家在堪萨斯城，我是在马尼拉大战前认识他的，我过去和他处得不错。米勒被俘时还穿着马靴。在行军途中，他的靴子太沉了，残忍的日兵就用刀刺破他脚上的水疱。他还患上了痢疾，病得很重。一名前任宪兵连长和我竭力想带他一起走。我们在他两边架着他走，但向前行进相当艰难，我们开始掉队，并越来越靠后。最后，一个殿后并一直保护我们的人向我们大喊，说一名日本兵就要来了。正当我们拖着米勒向前走着的时候，日本兵跑到我们跟前，用刺刀一下戳透了米勒上尉的身体。没办法，我们只好撇下他，赶了上去，走在行进的队伍中间。这是一次死亡行军，还有更多的死亡行军在等着我们。

随着菲律宾的陷落，日本在南线战役取得了彻底的胜利。日本人凭借

空中和海上优势，以神速和集中兵力歼敌的战法取得了一连串令人难以置信的胜利。力量强大的美英澳荷部队未能有效地团结作战，并且这支联军还过分依赖不大忠诚的当地人作战。盟军本应在两个地方——新加坡和菲律宾防守更长的时间，但严重的指挥失误导致了两次大败，这两次军事失败真是人间悲剧。欧洲国家在亚太的老牌殖民地都被日军占领了。美英荷澳联军似乎已成了遥远的回忆，被困的澳大利亚成了西方在太平洋上最后的一个前沿阵地。正如山本原先计划的那样，日本成功地攫取了关键的资源并在它的本土周围建起了一座防御屏障。现在山本希望，这座屏障足以让美国人相信：和日本开战不值。这时轮到盟军来决定是否要踏上收复菲律宾和新加坡的漫漫征程并夺回胜利果实了。

↓最后一支美菲守军在科雷希多岛上的堡垒外面向日军投降。至此，日本在南线战役中取得全胜

4

决战中途岛

1942年4—6月，盟军和日军在一系列海战中发生激烈交锋，其中在中途岛进行的大海战是一次决定性的较量。

日本在袭击珍珠港和攻陷缅甸及菲律宾的战役中，取得了一连串的胜利，几乎毫无阻碍。日本至此已经建立了一个幅员辽阔的帝国，并几乎实现了所有自然资源的自给。此外，围绕日本本土周围形成的防卫圈也似乎到了坚不可摧的程度。在战争胜利的鼓舞下，包括首相东条英机和珍珠港大捷后地位显赫的山本五十六在内的日本军国主义者得意扬扬、趾高气扬，他们要求建立更加伟大的海战军事功勋。现在的问题是，日本应当集中力量进攻什么地方？军部许多人认为日本下一步应当进攻苏联或印度，而更多倾向海军的人士则认为日本应当进攻英国控制的锡兰（今斯里兰卡）和澳大利亚的莫尔斯比港，或者是攻占美国的中途岛。

在下一步战争的方向还未确定之前，日军就向南面的澳大利亚出击了。1942年1月，日军占领了新不列颠岛，并把拉包尔建成了日军一个重要的海空军基地。这一新的基地连同日军在特鲁克的庞大基地一起成为日军在南太平洋的力量中枢。令日本人不安的是，这些基地都离澳大利亚和盟军在新几内亚的基地太近。虽然日本军部否定了征服澳大利亚的计划，却支持占领新几内亚剩余岛屿的行动，目标是击垮盟军的任何反攻。于是，1942年3月8日，日军在新几内亚岛东部的巴布亚半岛上的莱城和萨拉莫亚附近的村庄登陆。这支日本进攻部队的先头部队由井上成美海军中将指挥，目标是赶走岛上残余的少量澳大利亚守军。

←←航空母舰越来越主宰太平洋战争。该照片是从美军航母"突击队"号的甲板上所拍摄的。图中是1938年威力强大的航母"列克星敦"号。它在后来的珊瑚海海战中被击沉

战争计划

　　此时日军的整个战略进攻计划还在激烈的争论中，仍未尘埃落定。1942年3月和4月间，拥有5艘航空母舰的日军主力进攻部队在南云忠一海军中将的指挥下驶入印度洋，重创了那里的英国商船，仅在孟加拉湾就击沉了英国100万吨的舰船，接着日本舰队又对英国在锡兰的科伦坡和亭可马里的海军基地发动攻击。拥有两艘航母、力量占优势地位的英国舰队未敢与日本舰队进行夜战就逃向东非的安全地点，这样日本就控制了大部分印度洋的制海权。但这一胜利的意义不大，因为日军并未对英国舰队造成重大损失。由于山本坚信对日本霸权的真正威胁是美国在太平洋的军事力量，因此他渴望完成他在珍珠港已经开始的战争计划：彻底摧毁美国舰队。对锡兰或新几内亚的军事行动是否会引诱美国舰队出来公开决战？山本对此深有疑虑。因此当他的海军部队正在印度洋激战和结束了在新几内

↓1942年2月在孟加拉湾，英国航空母舰"竞技神"号与日本舰队交战后，起火沉没

亚的战斗时，他一直在忙着制订与美国人在中途岛进行大决战的计划。

正当日本在策划下一步行动计划时，太平洋上的盟军部队也正开始集结，准备对日军发动进攻。为此盟军设立了两个指挥机构：太平洋战争由美国来打，东南亚的战争由英国来打。人们可以理解，当澳大利亚发现一场关乎自己国家存亡的战争落入外国人控制之下时，他们那种不安的心理。为了安抚澳大利亚，美国特意设立了一个太平洋战争指导委员会。该委员会由澳大利亚、英国、加拿大、中国、荷兰、新西兰和美国的代表组成。虽然这个委员会可以对涉及太平洋战争的进程问题提出自己的建议，但实际上它一直由美国人完全控制。

由于美国被迫在东西半球两个战场同时作战，因此它很快就被供给问题所困扰。为了争取到有限的人力和物力，各战区指挥官和诸兵种之间常常争吵不休。这种军兵种间的争吵屡见不鲜，并渐渐地严重影响了太平洋战争。尽管美国谨遵"欧洲优先"的战略，但刚开始阶段盟军在太平洋上的惨败已使这一战略不可能实现了。美澳之间的交通线几乎已被日本切断，而且美国在陆海军力量方面已远远落后于日本。面对这种情况，为了加强盟军在西南太平洋上的防卫力量，美国在1942年向该地区派遣了将近

↑1942年，一支由道格拉斯"无畏"式俯冲轰炸机组成的美军机群出发前去袭击日本舰队。轰炸精确的"无畏"式战机是美军航母舰队中最有威力的武器之一

↑美国海军参谋长、抗击日军的海战总设计师欧内斯特·金上将

8万的兵力。这一数字大致相当于同期派往欧洲作战人数的4倍。美国这样做，也是希望能够减轻堪培拉方面对日本进攻的担心，并消除澳方从欧洲撤回军队来保卫自己国土的打算。解决了这一问题后，美国陆军和海军又围绕到底由谁来领导对日作战的问题展开了激烈的辩论。因为对日作战涉及和海军陆战队联合作战的问题，所以哪个兵种也不相信另外一方能独立完成这一任务。最后乔治·马歇尔将军和欧内斯特·金这两位美国陆海军的最高首领决定采取一个折中的解决方案，即把太平洋战区一分为二。由道格拉斯·麦克阿瑟将军负责指挥西南太平洋战区的作战，其区域包括澳大利亚、菲律宾、所罗门群岛和荷属东印度地区；剩下的太平洋中部地区由太平洋舰队司令切斯特·尼米兹上将负责指挥。在对日作战期间，他们两人为争取到军事供应和作战指挥权，常常弄得关系紧张。

处于劣势的美军

相对于日军来说，尼米兹和麦克阿瑟所率的美军明显处于劣势。美军航母舰队被一分为二后，现在的太平洋舰队只有4艘航母，力量还不及日本舰队的一半。此外，不管从哪方面说，日军的战机和飞行员都比美军有优势。日军的飞行员都是经验丰富的老兵，而美军飞行员皆为新手。日军的"零"式战机既机动灵活，又有实施致命打击的能力。另外，舰载鱼雷轰炸机和俯冲轰炸机是日军作战的"撒手锏"，而美国海军普通的格鲁曼"野猫"式战斗机根本无法与"零"式战机相抗衡。美国的道格拉斯"毁灭者"式鱼雷轰炸机速度太慢，还常常投不准鱼雷，因为它携带的鱼雷设计有缺陷，几乎没有太大作用。美国最精良的武器当属"无畏"式俯冲轰炸机，它能精确命中并致敌于死地。但是美国人对航母作战的战术技巧仍是初学，所以在打击敌方海军时，最初过分强调鱼雷轰炸，而常把俯冲轰炸作为事后的战术补充。

由于美军力量十分有限，遵照美军舰队总司令欧内斯特·金上将的指示，尼米兹命令美军进攻日军目标时采取"打了就跑"的战术。3月10日，从"约克城"号和"列克星敦"号航母上起飞的美军飞机对驻守新几内亚岛的莱城和萨拉莫亚的日军发动了一次空袭。这次空袭很成功，尽管美军鱼雷不够，但还是击沉了日军4艘舰只，并炸坏了9艘其他舰只。井上中将对美军的袭击感到非常震惊，所以他推迟了对新几内亚岛的进攻行动。井上认为他的部队急需几艘航母，但他必须等待这一支援行动，因为那些日本战舰正要去印度洋作战。

日军决定推迟进攻新几内亚的行动，筛选考虑他们的作战计划。最后，山本赞成先引出美国舰队在中途岛较量之后，再对新几内亚岛发动攻击。东京的海军参谋本部和陆军部都对中途岛战役的意义提出质疑，因为日本距离中途岛太远，无法补给军需。由于事态的发展有利于山本实施自己的计划，因此海军参谋本部决定，一定要进行这场太平洋战争的关键一仗。

↓1942年4月18日，詹姆斯·杜立特率领的一支B-25轰炸机中队正从"大黄蜂"号航母的甲板上起飞，前去空袭东京，这次突袭造成的损失很小，但却间接使日本在中途岛战败

杜立特空袭

几乎就在珍珠港事件刚过，华盛顿的军事决策者们就开始考虑对日本本土实施一次空袭行动。詹姆斯·杜立特中校提出了一个大胆的计划：美军可以从距离日本本土804千米的航母上派B-25型轰炸机空袭日本，飞机轰炸东京后在友邦中国的机场降落。虽然马歇尔和尼米兹知道这次空袭没有多大的军事意义，但他们还是希望它能振奋和激励危急时刻美国人的士气。

经过短暂的训练后，执行空袭任务的飞行员和16架中程轰炸机搭上了"大黄蜂"号航空母舰驶离旧金山。然而在抵达中途岛北面的海面时，美军遭遇了几艘日军侦察船，舰队司令威廉·哈尔西上将不愿冒险与日本航母发生交战，所以下令B-25轰炸机立即起飞。这是一场真正的赌博，因为此刻他们距离要空袭的目标还有1 045千米，飞机在空袭完东京后飞抵友邦中国的领土之前有燃料耗尽的危险，但是杜立特执意要坚持空袭，结果完全出人意料。4月18日，美国的轰炸机飞临东京上空，完成任务后继续飞行，当飞机燃油耗尽时，16架飞机中有15架飞机的飞行员迫降在中国或者跳伞，另外有1架飞机降落在苏联境内。

最后杜立特空袭中队有8人落入了日本人手中，其中有3人被日军处死。日军对其他空袭美军的逃生非常恼怒，他们又在中国制造了暴行，残杀了所有他们认为有可能帮助或收留美军飞行员的中国平民。

杜立特空袭达到了目的，它极大地鼓舞了美国国内一直低迷的士气。空袭中，美军飞机共炸毁了90座房屋和建筑，炸死了50个日本平民，虽然并没有造成真正的大破坏，但美国的普通民众觉得这多少报了在珍珠港被袭的一箭之仇。日本对这次空袭反应强烈。东条和山本对发生这种事感到

↓著名的三菱A6M型战斗机，就是众所周知的日本"零"式飞机。它具有令人称奇的机动作战和经久耐用的性能。在太平洋战争初期，盟军飞行员都非常害怕它。中途岛海战中，"零"式飞机大展威风。但它与后来美国制造的"野猫"式和"闪电"式战机相比，就大大逊色了

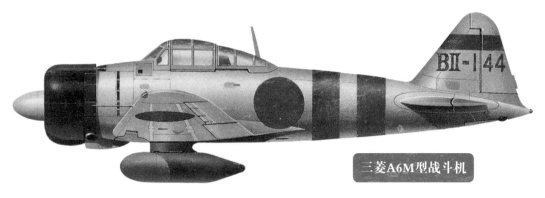

三菱A6M型战斗机

很难堪，因为天皇的生命受到威胁。日本人认为这样的空袭事件再也不能
发生第二次，为此日本必须把自己的防线扩展至太平洋的深处，并彻底摧
毁美国舰队。日本人要想同时实现这两个目标，只有攻占中途岛了。

　　山本仍然坚信他的想法：为保护南线日军重要的侧翼不受进攻，就必
须进攻新几内亚岛。然而要推行这一作战部署，就有可能失去日本海军的
支援，因为这时日军主力舰队正准备在中途岛和美国海军舰队一决雌雄。

MO作战计划

　　1942年4月，在日军正为挺进中途岛积极备战时，井上成美海军中将
准备实施MO计划——攻占莫尔斯比港。他有严格的时间表，因为攻击中
途岛需要几艘专门攻击MO的船舰。井上只有"祥凤"号、"祥鹤"号和
"瑞鹤"号航母，这比他希望得到的要少，因为山本要留下其他航母在即
将到来的与美国太平洋舰队的厮杀中派上用场。山本认为3艘航母已足够

↓美国航母"列克星敦"号、"突击队员"号、"约克城"号和"企业"号编队行进

井上作战所用。日本获得的情报显示：有3艘美国航母参与了空袭东京的行动，此刻已返回夏威夷。情报还显示，已有一艘日本潜艇击沉了美国航母"列克星敦"号（这个情报是错误的），所以美国海军即使还有其他航母，但数量肯定不会很多，再说在MO计划中，美国海军还要参加珊瑚海战斗。

井上把他强大的作战部队分成三支：第一支拥有一艘"祥凤"号轻型航母和各式巡洋舰和驱逐舰，该支舰队的任务是在莫尔斯比港登陆；第二支规模较小，目标是夺取图拉吉岛；考虑到防守是个问题，井上把他的大部分海军力量集中于第三支攻击部队中，其中包括"祥鹤"号和"瑞鹤"号，该支部队的任务是执行整个MO作战计划，并伺机击垮随时出现的美

↓在珊瑚海海战中，日军战舰呈"Z"字形高速行驶，想躲过美军战机的轰炸。美军飞行员在战斗中表现得非常勇敢，日军舰只的这种战法可谓黔驴技穷

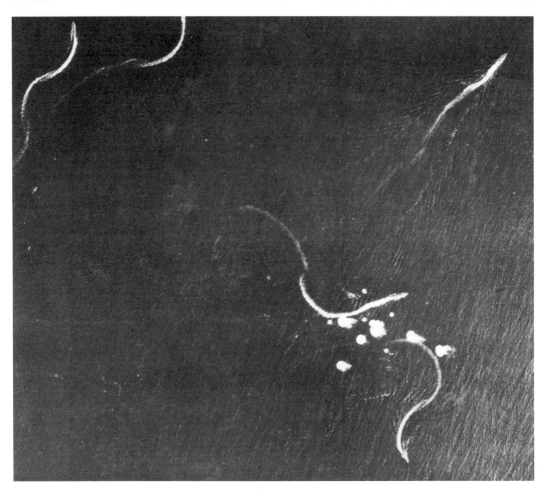

国海军。根据这一计划，日军须于5月3日攻下图拉吉，然后由攻击部队驶入珊瑚海，对莫尔斯比港的登陆部队实施掩护。

美军的解码员一直试图破译日本海军的电报密码，却没有成功。然而在杜立特空袭后，几乎每艘日本舰只都未能搜索到美军航母攻击编队的踪影。结果慌乱中，日本无线电系统送给美军解码员一大堆情报。在珍珠港由约瑟夫·罗彻福特少校领导的作战情报小组成功地破译了代号为"JN25"的日本海军情报的一大部分内容。因为日本要花很长时间才能让新的密码本送达帝国幅员辽阔的疆界，所以日本新的密码从1942年4月一直推迟到6月才开始使用。这就意味着在4月中旬之前，美国的情报解码员都能够通知尼米兹，日军已向井上派遣了航母前去攻取莫尔斯比港。

尼米兹只剩下两个星期时间了，在与他的参谋人员和金上将商量后，他决定阻止日军即将攻占莫尔斯比港的行动。他命令在夏威夷的"列克星敦"号航母前来和"约克城"号在珊瑚海会合。此外完成了空袭东京任务后返航的哈尔西舰队也被派往珊瑚海。这是一场大赌博，因为现在尼米兹的所有航母都驶离了夏威夷，该地区美军力量薄弱，极易受到日军攻击，但尼米兹对自己的决定非常自信，因为据情报显示，日军还会马上攻击中途岛和夏威夷。他也明白，在哈尔西的舰队抵达珊瑚海之前，若在两地同时开战，会对美军极其不利，但他准备冒一次险。

5月1日，"列克星敦"号和"约克城"号两舰会合组成美军第17特混舰队，由弗兰克·弗莱彻将军全权指挥。紧接着，由于澳大利亚岸基瞭望分队的努力，弗莱彻获悉第一支日军登陆部队此时正在图拉吉。于是5月4日，"约克城"号上的飞机对该地的日军登陆部队突然发动了空袭，虽然未能协调好攻击行动，但美军还是成功地炸沉了4艘日舰，并把日军逼回到了拉包尔。井上现在才发现在这一地区至少有一艘美军航母在阻止日军实施MO计划，但他认为日军仍占有优势，于是他命令高木武雄中将指挥他的攻击部队前去清除美军的这一大威胁。

珊瑚海战斗

5月6日，美第17特混舰队驶进珊瑚海，美军希望能在此伏击从乔巴德水道驶过的日本进攻舰队。这时由澳大利亚人克雷斯上将指挥的一支拥有3艘巡洋舰和2艘驱逐舰的舰队也加入了美第17特混舰队。在东北方向的海面上，高木正准备战斗。双方舰队都知道对方在这一海面上，但谁也不知道对方的确切位置。第二天拂晓，弗莱彻命令克雷斯的舰队停在乔巴德水道旁监视即将到来的敌舰行踪，与此同时，美军航母驶离这一海面准备伏击日本舰队。日美舰队都派出侦察机疯狂地寻找并确定对方航母的位置。

　　日军舰队首先接到侦察报告。拂晓刚过，有一架侦察机就发来电报说，它已发现美军一艘航母和一艘巡洋舰。高木立刻下令攻击，"瑞鹤"号和"祥鹤"号的飞机全部起飞，冲上天空。但攻击的日军飞行员懊恼地发现美舰实际上只是"尼奥肖"号油轮和护卫船"西姆斯"号驱逐舰，这两舰已脱离了美军主力舰队要驶往安全地带。日军飞行员怒火中烧，很快就击沉了这两艘船，却在战斗中损失了6架十分珍贵的战机。

　　5月7日，弗莱彻又遇到和前一天一样的问题，但这次他的运气要比对手好。拂晓过后两小时，一架美军空中巡逻机发现一支由巡洋舰和驱逐

↓在珊瑚海海战中，美军航母"列克星敦"号在遭到两枚鱼雷和一颗炸弹袭击后撤出了战场。刚开始，该舰成功地控制住了受损的灾情，所以看上去这艘庞大的战舰似乎还能幸存下来

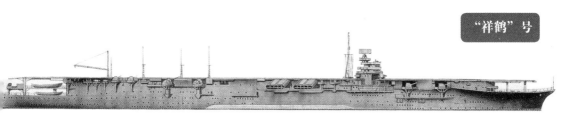

"祥鹤"号

舰组成的日军正驶向莫尔斯比港。由于信号错误，侦察报告为两艘航空母舰。弗莱彻情急之下为了抢占先机，下令"列克星敦"号和"约克城"号上的飞机全部起飞发起攻击。结果这支强大的机群起飞去攻击一个错误的目标。但侥幸的是，美机在攻击途中撞上了保护在莫尔斯比港登陆部队的日本轻型航母"祥凤"号。有超过90%的美军战机转而轰炸事先未被发现的这艘日军航母和它的护卫舰。"祥凤"号行驶速度缓慢，很容易成为美机的靶子，美机鱼雷和炸弹倾泻在这艘航母上。美军战机还击落了几架从航母上起飞前来迎战的日本"零"式飞机。有几颗炸弹直接命中"祥凤"号，这艘航母很快就变成了一个大火球。40分钟后，这艘日军航母便沉入海底，近700名船员殒命大海。美国人第一次在航母大战中取胜。

兴高采烈的美军飞行员返回航母，报告了他们大胜的喜讯。在这天的较量中，日本的陆基战机袭击了乔巴德水道外的克雷斯将军率领的舰队。美舰上的船员凭着高超的驾驶技术，躲过了日机的轰炸，避免了重大损失，同时也躲过了几架美军B-26轰炸机的轰炸，当时这些美军飞机把克雷斯的舰队当成了日本舰队。弗莱彻和高木都知道对方的航母舰队就在附近，虽然双方距离不到320千米，但就是找不着对方舰队。由于海面上有大雾，双方的侦察机都无法确定敌方舰队的位置，直到傍晚时分，双方的空战才结束。有意思的是，日落时日军最终发现了"约克城"号的位置，有几架迷失了方向的日军飞机还试图降落在这艘美军航母上。

翌日清晨，美日两支舰队的侦察机几乎是同时发现了对方，但美国人首先发动了空袭。从"约克城"号和"列克星敦"号起飞的美军战机袭击了"祥鹤"号航母，在暴风雨中"祥鹤"号失去了和"瑞鹤"号的通信联系。这次袭击的结果与袭击"祥凤"号的情况完全不同。处于防卫状态的日本"零"式战机为打击即将到来的美军飞机做好了充分准备，它们猛击了驾着性能低劣的飞机的、训练不足的美军飞行员。在接下来的两波攻击中，美军战机犯了大错，鱼雷轰炸机投下的炸弹离它们袭击的目标太远，

↑ 在珊瑚海海战中，"祥鹤"号遭到美军"约克城"号航母上战机的轰炸，受到重创。它被炸起火，费了很大劲才被抢救下来，并被迫返航日本去修理。该航母上损失掉许多架飞机和飞行员，这就意味着它将不能参加日后进行的中途岛海战了

日本人发觉他们的战舰都能躲开缓慢袭来的美军鱼雷。几架美军俯冲式轰炸机炸裂了运输日军物资的船只的盖子。经过几次轰炸才击伤了"祥鹤"号航母，但"祥鹤"号仍浮在水中并缓慢地向北驶去。

打成平手

　　与此同时，一支日军攻击部队对"约克城"号和"列克星敦"号发动了袭击。缺乏经验的美国人在空中没有一架战斗机能截击日机，更有甚者，美军飞机飞得太低，几乎没有任何实际用处。日军的鱼雷轰炸机和俯冲轰炸机立即升空作战，重点是轰炸船体稍大但行驶缓慢的"列克星敦"号。有11枚鱼雷攻向这艘庞大的航母，其中有2枚命中目标，另有1枚炸弹在主甲板上爆炸。"列克星敦"号航母上的锅炉房损坏很严重，医护人员

↓在救生艇上的"列克星敦"号航母的幸存者正在靠近旁边的救援船。在这次海战中，该舰上有216人死亡，但另有2 735人和一条狗（船长的斯科克猎犬）登上了救生艇，没有一个人溺水而亡

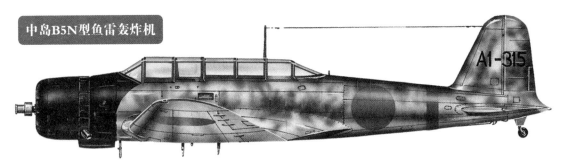

中岛B5N型鱼雷轰炸机

慌忙赶来救助那些被烧得"皮肤几乎都能从身体上掉下来"的船员。船身较小、掉舵灵活的"约克城"号虽然躲过了所有袭来的鱼雷，却遭到一枚重达362千克的炸弹的袭击。炸弹穿透了船身，直达第四层甲板。

　　将近中午，日军的攻击才结束，此时两艘美军航母都遭到损坏，但仍然能行驶。"约克城"号情况相对较好。12时45分，"列克星敦"号报告，船上的大火已得到控制。然而，一切都还没有完。这艘巨舰不久便随着一连串大爆炸剧烈地震荡起来。大爆炸是由闷火引燃汽油和燃气引起的。"列克星敦"号现在已无法再维修了，美军指挥官只好下令弃船。当晚，美军用自己的驱逐舰把这艘遭到重创的航母击沉了。

　　"列克星敦"号的损失迫使弗莱彻必须重新考虑他的行动计划。现在由于还要继续战斗，又处于不利形势，他决定撤退。在美军舰队北面，日军指挥官高木和井上也在考虑他们的作战计划。井上决定推迟对莫尔斯比港的进攻，但高木决定把舰队撤回到特鲁克去。高木有他的理由，因为"祥鹤"号航母已经遭到重创，另据日军飞行员报告，他们已炸沉了两艘美军航母。当山本得知高木要撤退，他气得脸色铁青，下令让这位极不情愿的中将立即返回参加战斗。但一切都太晚了，此时美军特遣部队已经离开这块海域。珊瑚海战斗终于结束了。从技术上讲，双方打成平手。日军损失飞机77架，1 074名士兵死亡，另外还损失了一艘轻型航母"祥凤"号。美军损失飞机66架，543名士兵死亡，另外损失了"列克星敦"号航母。但这次战斗对美国来说不啻为一场胜利，因为美军挫败了日军进攻莫尔斯比港的企图，打破了日本不可战胜的神话，对大多数美国人来说取得了心理上的胜利。更重要的是，日军"瑞鹤"号和"祥鹤"号航母损失了许多架飞机，使它们无法再参加即将到来的中途岛海战。经过这场关键性的海战后，胜利的天平将最终倒向美国一边。

↑毫无疑问，日本制造的中岛B5N型鱼雷轰炸机是当时世界上最先进的舰载鱼雷轰炸机。此种型号的战机曾经击沉过美军"大黄蜂"号、"列克星敦"号和"约克城"号航母，但是到了1944年，这种令人胆战心惊的鱼雷轰炸机已过时了

↓ "列克星敦"号航母大难临头。虽然该舰在珊瑚海战斗中遭到日军打击幸存了下来，但当舰上的一个汽油库起火后，剧烈的大爆炸震得船身直晃。当拍摄这张照片时，舰长谢尔曼和其他军官仍在船上。"列克星敦"号一直漂浮在海面上，直到最后，一艘美军驱逐舰把它击沉了

作战计划和情报

　　山本对珊瑚海战斗的结果很不满意，尽管如此他仍然认为没有必要为和美国太平洋舰队在中途岛海战的结果担心。"瑞鹤"号和"祥鹤"号航母虽然不能再参加这次海战了，但日本人认为，他们在珊瑚海已击沉了两艘美军航母，这样就海空军力量而言，胜利的砝码仍在他们一边。山本大将的作战计划非常周密，他要求几乎每艘日本特混舰队的舰只都要参加这次海战。这支日军舰队共有11艘战列舰、8艘航母、22艘巡洋舰、65艘驱逐舰、21艘潜艇和200多架飞机。这支规模庞大的日本舰队兵分16支，进行了一系列令人眼花缭乱的佯攻行动，这些佯动行动到攻占中途岛时达到高潮。攻占中途岛将使日本的防卫警戒圈向外扩展到很远的地方，并可阻止美军任何新的对日本本土的空中轰炸行动。更重要的是，受到袭击的

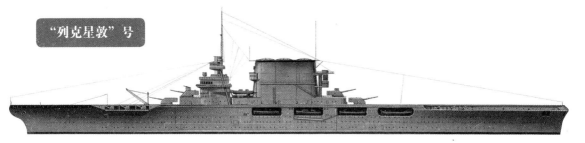

"列克星敦"号

美军会对令人震惊的损失做出强烈反应，他们会立即从珍珠港赶到作战海域。由于无法辨明日军多次进攻的真实意图，美军舰队势必分散兵力，那样的话，美国人的小命就落在了此刻正整装待发的日军航母编队手中。夺取中途岛将最终实现山本梦寐以求的海战大捷。

　　日本动用了一支拥有两艘航空母舰力量的舰队，首先向阿拉斯加-阿留申群岛中的阿图岛和基斯卡岛发动攻击。日本人希望这次进攻会把此地的美国空军拴在那里，并给日军进攻中途岛制造佯攻的假象。然后第二天，在南云大将指挥下的拥有4艘航母的主力舰队就可对中途岛发动空袭。在削弱了美军的抵抗力和士气之后，再由另一支攻击舰队从西南海域靠近该岛。由山本大将本人亲自指挥主力部队，带领3艘战列舰和1艘航母，向东航行480多千米，停泊在中途岛和驻有美军的阿留申群岛之间，等待机会和美国舰队的普通船只进行一场传统的海战。虽然山本的部队被分成了几支，处境危险，但他仍然坚信可以凭借突袭而出奇制胜。日本舰队虽离夏威夷很远，但联合舰队极有可能暴露。在攻陷阿留申群岛和中途岛以后，这支庞大的日本舰队才可能集中兵力歼灭美军。天上有海上飞机侦察巡逻，水下有夏威夷周围的潜艇掩护，山本确信，此刻这支美军太平洋舰队已起锚出海，这样日军就能为即将到来的战斗作充分的准备。

　　然而，奇袭中途岛对日本方面并不利。因为新的密码本迟迟不能送到日军各支部队手里，所以美军解码人员仍有时间破译日本海军的许多电报。迅速积累起来的大量中途岛作战行动的无线电报这下可忙坏了美军的密码分析员。这些情报都清楚地显示，日本正准备进行一次重大的行动，但问题是：日军进攻的地点在哪里？整个美军基地都在猜测，是中途岛、新几内亚岛，或者是夏威夷岛？大多数来自美国军方解码人员认为，日军电报中代号为"AF"的焦点地区指的就是中途岛。但尼米兹和其他人都百思不解：日本为何要倾其全部舰队力量去夺取这样一个面积狭小、似乎

↑ "列克星敦"号航母在它短暂的战争生涯中，没有给敌方造成重大破坏，其主要原因一是由于它的飞行员缺乏作战经验，二是美国海军错误的作战理论所致。这艘巨舰的损失是美军为珊瑚海战斗胜利付出的一个沉重代价

又不太重要的岛屿？因此他们不能确定日军的攻击目标是不是中途岛。这时解码小组的主要成员、指挥官罗彻福特少校灵机一动，想出了一个揭开"AF"岛面纱的惑敌之策。中途岛的美军司令部为给日军设一个陷阱，向外发报说：岛上的蒸馏水厂机器坏了，此刻岛上缺乏淡水供应。第二天，日军情报部门报告称"AF"岛的供水出现了问题，报告"AF"岛缺乏淡水的消息。尼米兹和金将军现在确信，日本准备进攻的目标就是中途岛。到5月24日，罗彻福特少校已凭直觉推断出，日军将于6月3日进攻阿留申群岛，另外他还准确地预测出日本进攻中途岛的确切时间，以及日军进攻部队的组成情况。

金上将和尼米兹认识到，现在突袭对自己一方有利，他们决定动用部署在该地区的大部分美军守卫中途岛。美军"大黄蜂"号和"企业"号航空母舰此刻已经重新加满了油，准备出发。这2艘航母的指挥官哈尔西中

↓1942年6月，在日军袭击前，中途岛上的简易飞机跑道

将因患了严重的皮炎已离开该舰队，雷蒙德·斯普鲁恩斯少将——这位航母大战的新手被派来指挥这支美军舰队。另外，尼米兹还派弗莱彻将军全权指挥整个这支舰队。除了"大黄蜂"号和"企业"号这两艘航母，美军另外还有一艘航母——"约克城"号。该舰在珊瑚海战斗中曾遭到损坏，于5月22日驶进港口，停泊在干船坞内。

尼米兹亲自去视察了"约克城"号的受损情况，因为在即将到来的海战中，他还需要该舰参加战斗。虽然修复该舰受损的发动机需要90天时间，但尼米兹命令修理人员必须在3天之内修好"约克城"号。1 400多名工作人员匆匆聚集到该舰上，不分昼夜地工作，修理被炸弹炸坏的船身。修理人员用钢板修补了船侧的大洞，有几百名工人还撑起整个船身。他们终于在3天之内修好了"约克城"号。最后，"约克城"号航母从珍珠港起航，加入了"大黄蜂"号和"企业"号航母编队。这3艘航母将停泊在

↓"列克星敦"号的舰长下达了弃船的命令后，舰员为了活命，不顾一切地跳进大海。所有落水的人都被附近的驱逐舰救了起来

距离中途岛480多千米的东北海面上等待日军舰队的到来，加上中途岛上的陆基飞机，美军现在与南云忠一所率的日本进攻部队力量已经大抵相当了。

日军的情报失误

到了6月1日，整个日军进攻部队在海上完成了集结行动，并不知不觉地驶入了美国人所设的圈套。山本大将对即将来临的巨大危险仍全然没有察觉。日本人原计划对珍珠港实施空中侦察，并在燕鸥岛一处被称为"法国护卫舰浅滩"的海面为远程海上飞机进行加油。但携带燃油的日军潜艇却发现美舰已占领了这一海域，因此该项行动计划被取消了。山本如果实施这一步行动，那么他就会获悉美军航母已经出海了。日本潜艇迅速冲向珍珠港，以作为美国舰队行动的早期预警，但现在美国航母已经离开。现在山本仍坚信他的周密计划一定会成功，一定能一举摧毁美国的太平洋舰队。

中途岛：两支海军舰队相遇

6月3日早晨，日军舰载飞机空袭了美国在阿留申群岛的"荷兰港"。这次空袭尽管非常成功，却没有在日军进攻的实际目标（中途岛）上搞晕美国人。也就是在同一天，美军远程侦察机发现了日本的进攻舰队。虽然从中途岛上起飞的B-17型高空轰炸机袭击了日本舰队，但并未给日军造成大的损失。山本和南云两人现在也已知道他们的舰队被敌方发现了，但仍不知道美军航母就在附近。6月4日清晨，南云按计划准备攻击中途岛。为了谨慎起见，他下令从他的巡洋舰上先派出几架侦察机前往附近海面巡逻。但"利根"

→→一艘受袭的美军航母上的幸存者们在附近舰只的救援下，奋力爬出水面。中途岛海战证明，日军航母比美军航母更加不堪一击

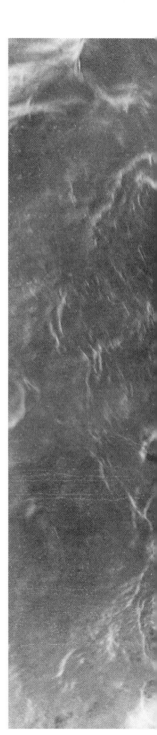

号巡洋舰上的飞机弹射装置出了故障，延误了飞机起飞。这是一个非常致命的问题，因为这架飞机要去美军航母停泊的东面海域执行搜索任务。

刚过黎明时分，日本有一半飞机已经起飞前去轰炸中途岛，剩下的一半战机待命作为后备力量以应付在该海域出现的美军舰队。过了一会儿，一架美军侦察机就发现了这些日本航母，它用电报向自己一方原地待命的航母和中途岛的陆基飞机报告了日本舰队的位置。斯普鲁恩斯将军率领他的航空母舰出发，赶往毫无防备的日军舰队的海域。中途岛上的美军也早有准备，每架能起飞的战机都迅速升空，一部分是保护中途岛；另一部分是去袭击日本航母。

7时之前，日本飞机对中途岛发起攻击。美军飞行员虽然经过殊死搏杀，但面对性能优越的日本"零"式战机，他们还是遭到重大损失。在美军强大的地面防空炮火的打击下，日军的空袭收效不大，没能摧毁美军机场。这时日军空袭的指挥官友永向南云发报，要求进行第二次空袭，以使

↓1942年6月3日，日军战机轰炸了"荷兰港"的马库欣湾。日军袭击阿留申群岛是想转移中途岛上美军的视线，但由于美军情报部门的优势越来越大，日军的这一企图未能得逞

日军进攻舰队到来时，摧垮该岛的防卫力量。

日本人难下决心

中途岛上的美军给日军进攻造成的威胁已很明显。7时刚过，该岛上的陆基飞机就袭击了南云的航母编队。美军空袭的飞机编队只有10架飞机，因此这次打击的收效甚微。这次袭击又一次证明了这些速度缓慢的美军鱼雷轰炸机没有多大的攻击力。最后在日军的打击下，美军损失了3架飞机。但这已足以使南云相信，日军必须对中途岛发动第二波空袭。此时，他手中只有93架战机了，这些飞机都已装上了攻击美军舰队的鱼雷和穿甲弹。7时15分，在这一海域还没有美军舰只出现，南云命令飞机到甲板下面重新装上高爆炸弹前去轰炸中途岛。15分钟后，"利根"号上的侦察机发来一个令人头痛的电报：它已发现在该海域有一些美国军舰，但没有航母。这时南云乘坐的旗舰"赤城"号上突然警报大鸣。如果他们附近海域有美军航母，那么日本舰队就将有灭顶之灾。尽管换装炸弹已经过半，但南云命令停止装弹，他要等待进一步情况。与此同时，从中途岛上起飞的美军飞机又来进行第二波攻击，面对这种局面南云真是骑虎难下。

洛夫顿·亨德森少校指挥的这次空袭共有16架俯冲式轰炸机参战。他的轰炸机中队没有战斗机的护航，又缺乏俯冲轰炸的技巧，加上攻击高度又低，所以很容易成为日本"零"式战斗机的打击对象。在战斗中，美军轰炸机中队共有一半飞机被击落，其中就有亨德森少校驾驶的飞机。这次袭击连一艘日本舰队的战舰都未击中。接着，美军又派出了高空轰炸机和鱼雷机连续发动了两次攻击，但日本舰队又毫发未损地逃脱了。在混战中，"利根"号上的侦察机又向南云报告，美军舰队至少有一艘航母。南云现在进退两难，他有一半攻击机都已装弹准备去轰炸中途岛，而另一半飞机正在装弹，准备袭击美军舰队。更糟糕的是，第一波轰炸中途岛的飞机几分钟前刚刚返航，此刻它们的燃料不足。如果南云对美舰发动攻击，他将只能看着这些飞机由于燃油耗尽而葬身大海；如果他允许这些飞机降落在航母上，他就要冒可能被美军战机轰炸的危险，因为此刻他的航母上已经挤满了准备加油和装弹的飞机。这时"飞龙"号和"苍龙"号航母上的指挥官建议立即对美国舰队发动攻击，但南云决意要让这些飞机降落。因此，准备进行第二波攻击的飞机又被迫降到甲板下重新装弹，而这时已有许多飞机在甲板上准备起飞。为了尽快地重新装弹，从飞机上卸下的炮弹被乱糟糟地扔在一边，堆在弹药库里。

此时，大约在240多千米外的海面上，美军航母的指挥官决心实施一项非常大胆、冒险的行动。斯普鲁恩斯原计划9时从距日军舰队160多千米的地方发起攻击，这样的距离会使他的一些短程飞机能有充足的燃油返回航母。但很快事情就变得明朗了：假如早一点发动攻击，美军就有可能撞上日军航母；而当他们在中途岛的攻击飞机降落时，就极易受到日军攻击。斯普鲁恩斯决心抓住这一天赐良机。于是过了7时，当日本舰队进入美军飞机的打击范围以后，斯普鲁恩斯便下令发动攻击。由于美军攻击飞机集结还需一段时间，因此到7时45分，攻击飞机才起飞。这时弗莱彻将军已把美国舰队的殿后部队调到了前线，他自己也登上最后才发动空袭的"约克城"号，并保留了一半飞机作为预备队。此时，美军总共约有155架飞机扑向日本航母编队。

日本"零"式战机大逞威风

当美军攻击飞机飞临最后一个预计打击的日军舰队海域上空时，什么也没发现。从"大黄蜂"号上起飞的俯冲式轰炸机和战斗机没有发现日本人的确切位置，不得不空手而归。在返航途中，大多数美军攻击机终于发现了日军航母，于是立即请求对日舰发动进攻。美军飞行员几乎不敢相信自己的好运，他们发现日军航母上挤满了飞机，燃油管线和炮弹扔得到处都是。从"大黄蜂"号上起飞的15架鱼雷机首先对日军发动了袭击，但都

↓20世纪30年代末期，"赤城"号和"加贺"号航空母舰进行了改建，其前部按照更常规的思路进行了改造。日本"赤城"号航母，在遭到"企业"号战舰的勇敢攻击后，在中途岛沉没

遭到蜂拥而起的日本"零"式战斗机和防空炮火猛烈的打击。美军没有一架鱼雷机命中目标，所有15架美军战机全被击毁。

由于燃料不足，战斗机的覆盖面极小。"企业"号和"约克城"号航母又派出两个鱼雷机中队重新发动攻击。空战开始后，"零"式飞机升空后避开了美军一小支6架战斗机的护航机群，径直冲进数量占优的美军鱼雷机机群中，制造混乱。这样日军航母就安然逃脱了。南云登上"赤城"号航母，美滋滋地观看着日机如何大展神威，摧垮这支美军空中力量。美军飞行员虽然表现得非常勇敢，但他们在作战技巧上还不够老练，他们的飞机性能又很低劣。对南云来说，他好像还有时间给飞机重新装弹，对现在已经暴露目标又不堪一击的美军航母舰队再发动一次毁灭性的打击。那样的话，南云将取得大胜。

美军俯冲式轰炸机的致命打击

对美国人来说，他们的鱼雷机为这次攻击付出了高昂的代价：他们共损失飞机41架，飞行员80人。但是美军战机虽没有击中一艘日舰，却吸引了防守的日本"零"式战机的注意力。这样，日军战斗机就无法再去打击突然出现的美军俯冲式轰炸机。从"企业"号起飞的全部37架飞机，在克拉伦斯·麦克拉斯基中尉的率领下，尾随一艘日本驱逐舰，希望它能把他们引向日军航母。就在日本"零"式战机挫败美军鱼雷机的最后一波攻击时，麦克拉斯基的机群也终于发现了目标。

一名鱼雷机飞行员这样回忆当时的情景："我看见太阳耀眼的光芒下白茫茫一片，这种景象看上去像是一幅美丽的银白瀑布：这是俯冲式轰炸机机群冲了下来。"南云让轰炸中途岛归来的战机降落在航母上，这是一个灾难性的决定，因为此时日本航母已没有一架战斗机护航，甲板上又堆满了飞机、燃油和弹药。前来袭击的美军俯冲式轰炸机如获至宝，它们立刻发动了一场只有在书本上才能见到的完美攻击。美军飞机这一次也让日本人尝到了痛苦的滋味，讨还了血债。

有两枚炸弹几乎同时击中了南云乘坐的旗舰——"赤城"号。炸弹立即引燃了燃油罐，爆炸引爆了这时零乱堆放在飞行甲板上的鱼雷和炸弹。南云的旗舰被一阵大火吞没了，很快就沉入水中。当时在"赤城"号上、曾指挥战机空袭珍珠港的渊田回忆道：

↑1942年5月，日本联合舰队的一名海军士兵。他身穿负责清洁工作的白色制服我首先听到俯冲式轰炸机令人毛骨悚然的轰鸣声，接着就是炸弹命中时的爆炸声。这时，我眼前亮光一闪，什么也看不见了。第二次爆炸声比第一次更大。我被灼热的气浪冲得直晃……我爬了起来，仰望天空。敌机这时已从视野中消失了……我被几秒钟内造成的这种巨大破坏惊得目瞪口呆。我发现就在船的中部，升降机后面的飞行甲板上有一个大洞。升降机本身像熔化的玻璃一样烧得变了形，弯曲下垂已倒向机库。甲板上的钢板由于剧烈的燃烧，已卷了起来。飞机尾部朝上，冒着青灰色大火和油黑的浓烟。我看着火势不断蔓延，眼泪止不住地顺着脸颊往下流。我很害怕，不敢想象诱发爆炸的后果。它会完全毁掉整艘航母！

↓在一艘航空母舰的飞行甲板上，身穿他们独特的绿色运动衫和带有黑色条纹的绿色帽子的美军维修人员正在检查舰载机的起落架故障

格鲁曼F4F"野猫"式战斗机

附近的"加贺"号航母中了4枚炸弹，其中有一枚在舰桥旁边爆炸，当场炸死了该舰舰长和大多数指挥人员。另有一枚炸弹穿透得很深，直达船体内部，引燃了储存在那里的炸弹和鱼雷。"加贺"号被大爆炸撕裂，并被熊熊大火吞没了，开始慢慢下沉。从"约克城"号起飞的俯冲式轰炸机现在也赶来参战了，它们对"苍龙"号发动了一次惩罚性的攻击。有2枚炸弹直接命中该舰，爆炸把"苍龙"号的升降机掀出了船外，使它顶在了舰桥上。另有1枚炸弹在飞机库发生爆炸，引燃了机库内的燃料和弹药。熊熊大火很快就烧毁了"苍龙"号，日军被迫弃船。日本的两艘航母"苍龙"号和"加贺"号都沉没了。这时"赤城"号摇摇晃晃地在海上飘荡着。傍晚时，"赤城"号被抛弃了。

这次袭击仅仅持续了6分钟，美军俯冲式轰炸机就摧毁了日本舰队的主力。得知南云的航母编队遭此大劫，山本非常震惊。他立刻要求战线漫长的日本舰队马上集结，希望能转败为胜。南云此时只剩下唯一的一艘完好无损的航母："飞龙"号。该舰在混战正酣时，脱离了其他航母，才幸免于难。这时南云命令"飞龙"号向美军航母发动攻击。

日本舰队的反击

在两轮攻击中，"飞龙"号上所有的飞机都飞去攻击"约克城"号了。弗莱彻的这艘旗舰仍然带着珊瑚海战斗中所留下的伤痕，他利用舰载雷达侦察发现了即将到来的袭击，并立刻让舰载机起飞组织防守。中午之前，日本俯冲式轰炸机在"零"式战斗机的护航下，前来袭击这艘美军航母。这次美军飞行员表现得非常出色，他们在日机飞临"约克城"号上

↑与日本的"零"式战机相比，格鲁曼F4F"野猫"式战机尽管航速不快，机动性差，但它是战争初期美国海军装备中最先进的飞机。实战证明，在更为先进的战斗机服役之前，英勇的美军飞行员驾驶下的"野猫"式战机毫不逊色于其他类型的战机

空之前击落了3架"零"式战斗机和6架轰炸机。但有3枚炸弹击中了这艘美军航母，一枚掉进了烟囱，另一枚穿透船体在到达第四层甲板后发生爆炸。日军航母也曾经遭此厄运。弗莱彻命令灭火队扑灭了大火。"约克城"号仍能航行。下午2时刚过，日本"零"式战斗机和中岛B5N型鱼雷轰炸机又返回来袭击"约克城"号。然而这一次，日军攻击飞机遭受了严重损失，但有4架中岛B5N型鱼雷轰炸机冲破了炮火的袭击，在距离"约克城"号457米远的水面上投放了一些致命的鱼雷。有2枚鱼雷击中了"约克城"号，刚修补好的前次海战中所毁大洞的钢板这次出了问题。下午3时，"约克城"号上的舰长艰难地做出了弃船的决定。这次日军虽然挽回了一些面子，却付出了高昂的代价，许多有经验的老飞行员在战斗中都阵亡了。最后，美国人发现了企图逃窜的日军航母"飞龙"号。

下午2时45分，一架美军侦察机发现了最后仅存的一艘日本航母——"飞龙"号。"企业"号的24架轰炸机在年轻的美国小伙子威尔默·加拉赫上尉的率领下立即升空。加拉赫已参加过击沉"加贺"号航母的行动，他对能有机会再次摧毁一艘日本航母而喜出望外。下午5时零3分，正当"飞龙"号上的船员们坐下来吃饭时，船上不断传来警报声："敌方俯冲式轰炸机就在头顶！"美军"无畏"式俯冲轰炸机呼啸着冲下来时，日军已没有时间做出反应了。4枚炸弹击中了该舰。有一枚炸断了前面的升降机，另有一枚炸弹穿到底下的机库里。几分钟之后，战斗就结束了。遗憾的是只有3架美军战机安全返回到"企业"号上。美机扔下的炸弹有一枚在日军航母的弹药库里引发二次大爆炸。"飞龙"号像一个漂浮在海面上的大火把一样照亮了附近夜空。深夜时分，该舰也被抛弃了。这次，日军舰队完全战败了。

↓1939年4月，刚竣工不久的"飞龙"号航空母舰正在进行海上试航

最后一击

山本想不顾一切地挽救他钟爱的作战计划。他带领战列舰和巡洋舰急忙赶到交火的海域，希望能在夜战中击垮美军航母编队。斯普鲁恩斯知道夜战的危险性，决定向东部海域撤退。山本被夺走了最后胜利的机会，只好取消中途岛作战方案。几个月以来在没有任何阻挡的接连胜利后，山本和他的参谋人员现在只能面对失败。他的一些幕僚问他："我们到底如何为这次失败向天皇谢罪？"山本像往常一样回答道："由我一个人向天皇陛下谢罪好了。"于是这次失败成为他一个人的责任。

对美日双方来说，损失仍未结束。当天夜里，美军潜艇"坦博尔"号发现了日本巡洋舰中队的位置。尽管这艘美军潜艇不能发射鱼雷，但它给日军造成了很大的恐慌。日军所有的巡洋舰都开始以最快的速度做规避航行，只有"最上"号例外，该舰由于没能收到这项命令，所以仍破浪前行，结果一头撞上了日军"三隈"号巡洋舰。两船都遭到严重损坏，不得不减速艰难地行驶在撤退舰队的后面。美军航母上的侦察机在天亮时返回西面的海面上进行搜索侦察，在第二天早晨发现了日军这两艘受损的巡洋舰。"企业"号上的美军轰炸机急忙升空前去轰炸。在一团大火中，"三隈"号葬身海底。"最上"号巡洋舰遭受重创后，艰难地返回到特鲁克岛，在当年的海战中再也没有参战。

在那天早晨，美国人惊奇地发现了被弃的"约克城"号，该舰仍漫无目标地飘在海面上。很显然，弃船的命令下得过早了。直到今天，当人们说起美军在中途岛海战中所取得的胜利时，这仍是一个存有争议的问题。美军驱逐舰迅速赶到"约克城"号漂浮的海面，想把这艘严重受损的航母拖回去。到傍晚的时候，该船才被正平，看来似乎需要一个拖船编队才能把这艘航母拖回到珍珠港修理。然而，该航母并没那么幸运。几乎在抢救该舰的同时，日本I-168型潜艇向这艘航母连续发射了一阵鱼雷，摧毁了一艘美军驱逐舰，并击沉了"约克城"号。这艘巨型航母经过日军两次袭击后，最终沉入海底。

结局

对日本人来说，中途岛海战的失败是灾难性的。他们共损失了4艘航母和1艘巡洋舰，这些是他们称霸海上的核心力量。更糟糕的是，日本损

→切斯特·尼米兹上将当时是美国太平洋舰队的司令。他是中途岛海战大捷和"跳岛"战术的设计者

失了322架飞机和富有经验的飞行员。这些经过严格训练的飞行员能力超群，曾一度使日本占据了空中优势。但在这以后，日本飞行员的训练就很差了，日本的空中优势逐渐地让位给美国人。美国开始让他们有战斗经验的飞行员做教练，培养了一大批新飞行员。日本在中途岛的失败非常令人震惊，因为山本和南云指挥的联合舰队在此次海战开始时，占尽了一切有利条件。由于此前日本人轻易地取得了一系列胜利，开始过分迷信自己的力量而走上了毁灭的道路。山本相信美国人会按照预料的那样做出反应，所以分散了他的海军力量，导致了在中途岛海战中双方力量相当，这是他所犯的一个大错。而南云的错误则是，在动用空中力量时粗心大意，并迷信自己的想法：美国人很笨，不会抓住他提供的机会。山本和南云都清楚地认识到，这次中途岛惨败的后果是严重的。中途岛海战后，日本的报道宣称：山本已经在太平洋上巩固了日本海军的优势地位。海军部极力掩盖日本这支珍贵的舰队在此次海战中所遭受的真实损失。"赤城"号、"飞龙"号、"加贺"号和"苍龙"号上的幸存者被软禁在太平洋上偏远的日军基地里，不许讲述他们的故事和经历。这次战斗中的伤员也被隔离安置在一个秘密的地方，不许他们的家人探望。

正当日本人反思他们所犯的错误时，美军却沉浸在开战以来第一次大捷的喜悦中。尽管他们也在战斗中犯了许多错误，并差一点酿成重大灾祸，但幸运的是，美军俯冲式轰炸机及时发动攻击，避免了更大错误的发生。也就在这时，尼米兹和他的下属从错误中吸取教训，成为航母大战的胜者。在中途岛海战中，聪明的美军情报部门给他们这样一支没有多少海战经验的航母舰队提供了一次难得的机会，他们提供的情报差一点也被弃之不用，但尼米兹抓住了机会，赢得了这次海战的胜利，从而最终扭转了整个太平洋战争的局势。从根本上来说，正是那些骁勇善战的美军飞行员赢得了这场战役的胜利。如果没有那些美军鱼雷机做出牺牲，俯冲式轰炸机就永远也不能打破日军的防守。

当金上将得知中途岛大捷后，他相信自己是这一段历史的见证人。他后来这样写道："中途岛海战是日本海军350年以来蒙受的第一次决定性的惨败。此外，中途岛海战结束了日本长久以来的优势局面，恢复了太平洋上美日海军力量平衡的态势。"至此，太平洋战争进入新的阶段。

↓中途岛海战中，"约克城"号上的船员与水兵。当时，该舰已开始倾覆。这艘庞大的航母实际上没必要弃船。它的沉没使美军在中途岛取得的胜利多少打了折扣，但这次海战的确是太平洋战争的转折点

5

盟军的反击

中途岛海战大捷之后，盟军在新几内亚进行了反击，接着又在太平洋偏远的小岛——瓜达尔卡纳尔岛上与日军进行了殊死搏杀，从而最终扭转了整个战局。

在中途岛取得令人震惊的胜利后，盟军准备在整个太平洋战区发动反攻。麦克阿瑟希望能够得到更多的军需供应，渴望取得对日战争的主动权。他建议从陆、海两方面对日本在拉包尔的基地发起攻击，并暗示这次行动只需要两周时间。马歇尔和金上将同意盟军今后进攻的重点应是拉包尔的日军基地，但不同意麦克阿瑟对此次战役拟订的具体行动。他们认为，盟军今后对日作战可以分为三步。第一，在尼米兹的指挥下，夺取日军的重要基地——所罗门群岛南部的图拉吉岛；第二，与此同时，分别由麦克阿瑟和尼米兹负责指挥，从新几内亚沿所罗门群岛发动进攻；第三，最终夺取拉包尔。

然而战局很快就出现了问题。当尼米兹向不大情愿的罗伯特·戈姆利上将交代作战任务，命令他对拉包尔实施代号为"瞭望塔作战计划"时，日军正在瓜达尔卡纳尔岛（以下简称"瓜岛"）上修建军事基地。因此，美国不得不把这一点考虑到已经制订好的作战计划中去。盟军实施登陆作战的部队是海军陆战队第1师，但该师的指挥官亚历山大·范德格里夫特却不知瓜岛具体在什么位置。他根据老掉牙的国家地理报告，准备了一个行动不详、供应不足的作战计划。该计划被称作"鞋带子计划"。麦克阿瑟计划从澳大利亚对新几内亚发动攻击，此次作战代号为"天佑计划"。

←←盟军经过在所罗门群岛的一系列激烈海战后，终于取得了瓜达尔卡纳尔战役的胜利。图中美军第18特遣舰队正通过所罗门群岛，准备投入战斗该计划的第一步就是在新几内亚的布纳修建一个机场。但是7月22日当他得知日军已在布纳登陆并正向莫尔斯比港方向推进的消息后，大吃一惊。

强大的日本联合舰队仍在为中途岛的失利深感痛心，日军希望占领整个新几内亚，这样既可以保护日军在拉包尔和特鲁克的重要军事基地，又能给盟军在澳大利亚的运输供应线造成威胁。百武晴吉中将建议，日军一旦穿过了难以翻越的欧文斯坦利山，就可以在决定性的陆战中获胜并夺取莫尔斯比港，从而弥补日军在中途岛海战中的损失。

科科达小道

7月25日，在布纳，堀井富太郎将军率领着一支人数约为16 000人的精锐南海支队，正准备进攻莫尔斯比港。他们计划通过这一世界上地形最复杂的地区向前行军，穿过雨林，翻过高山，渡过激流，然后沿着该地区唯一的一条路——崎岖不平的科科达小道，穿越整个巴布亚半岛。澳大利亚部队的指挥官威廉·欧文中校不相信日本人能翻越欧文斯坦利山，虽然在这一地区没有澳大利亚和巴布亚人的部队阻截他们。

这支澳大利亚部队面对人数占优势的日军侵袭，进行了顽强抵抗，迫使日军在丛林小道中每前进一步都要进行艰苦的作战。日军进军莫尔斯比港是整个战争中路途最漫长、最痛苦的一次行动。日军要在热气蒸腾的热带雨林里，在近乎垂直的高山地形上行军，作战条件相当恶劣。日澳双方军队都遇到了严重的供应问题。另外，疟疾、斑疹、伤寒病在军中肆虐。每当澳大利亚部队停火退进小道两旁的防御工事时，日军就会呈扇形散开，进入荒无人迹的丛林中，用砍刀披荆斩棘在树丛中前进，包抄澳军。最后，由澳大利亚第7师派来小规模增援部队与守卫的澳军，在科科达小道上海拔最高的一个被称为"大豁口"的关隘处进行了顽强抵抗。如果堀井所率的日军突破这一关隘，莫尔斯比港将无险可守。

盟军的胜利

在澳大利亚，麦克阿瑟担心新几内亚岛上的盟军又将遭受一次不光彩的失败。更糟糕的是，当澳大利亚政府开始向英国施压，要求调回驻北非的澳大利亚部队时，麦克阿瑟得到消息：日本为围困莫尔斯比港，将在米恩湾登陆。于是，他立即派增援部队赶往那里。担任增援任务的是久经沙场的澳大利亚第18陆军旅。因此，当日军在8月25日登陆时，澳大利亚部队已做好了战斗准备。

　　日军一支近2 000人的陆军部队在几辆坦克的掩护下，在滂沱大雨中猛攻澳军阵地。澳军与日军的兵力对比是10∶1，因此日军发起了集体自杀式的攻击，猛冲澳军阵地。在三天的激战中，澳军进行了死守，最后把败退的日军赶进了大海。只有600名日军士兵活了下来，登上了他们的运兵船。澳大利亚部队在陆地上第一次战胜了日军，并挫败了他们围困莫尔斯比港的战略图谋。

　　解除了米恩湾方面的威胁后，麦克阿瑟就可以集中兵力打击从科科达小道上来犯的日军了。堀井的部队在9月5日终于突破了"大豁口"关隘，但对日军来说，漫长的征战才刚刚开始。日军供应严重缺乏，面临饥饿的威胁，而此刻莫尔斯比港方面的澳军正在加强他们的力量，准备反攻。米恩湾登陆作战失利后，堀井的部队增援无望，这时他才认识到，他再也拿

↓1942年，日军第30飞行中队的一架"英俊战士"战机正穿过新几内亚的欧文斯坦利山脉中的一个山谷

不下莫尔斯比港了，而且他的士兵还会死在丛林中。向北进攻瓜岛已经极大地转移了日军进攻新几内亚的注意力，夺取莫尔斯比港又是一步危险的兵力分散行动。9月17日，这支日军终于接到撤退的命令。日军又要沿丛林撤退，再次翻越欧文斯坦利山，因此日军士兵存活无几。由于澳军的顽强抵抗，加上恶劣的丛林环境的天助，盟军终于取得了太平洋战争中的陆战胜利。澳大利亚再也不会遭到日军入侵，从而保证了本土的安全。

日军登陆瓜岛和第一场血战

当新几内亚岛的战斗此起彼伏地进行时，太平洋战争中最重要的一场战役在瓜岛上拉开了序幕。作为攻击日军拉包尔基地的一部分，盟军决定首先夺取瓜岛。因此到了7月中旬，盟军进攻部队的26艘舰只已完成集结。这次行动对尼米兹来说非常重要，为此太平洋舰队投入了4艘航母中的3艘参加了战斗。为配合航母编队作战，美军调集了几艘主力舰，其中包括速度较快的第一艘新一代战列舰——"北卡罗来纳"号。后来由维克多·克拉奇利将军指挥的几艘澳大利亚巡洋舰也赶来支援美军舰队。这次行动的战术指挥是曾在中途岛海战中战胜日军的弗莱彻将军，特纳将军指挥两栖登陆部队，而范德格里夫特负责指挥海军陆战队第1师。在制订计划的过程中，弗莱彻极力辩解说，他的航母舰队面对日军的空袭威胁只能在这一海域坚持两天时间。特纳和范德格里夫特极力反对弗莱彻的主张，他们认为要保证他们的海军陆战队和武器装备顺利登陆至少需要四天时间，但弗莱彻最后在辩论中胜利了。盟军只进行了一次登陆演习后，海军陆战队便开始了太平洋战争中盟军的第一次两栖登陆作战。

8月6日午夜，盟军进攻部队逼近图拉吉岛和瓜岛。由于日军情报部门又一次失灵，他们的部队完全没有防备。当盟军进攻部队逼近图拉吉岛时，那里的日军无线电发报员向拉包尔方面的日军发报："有一大队数目不详的船只正驶入海峡，它们是什么船队呢？"当这些船只向岛上的日军发起震耳欲聋的轰炸时，日军才明白了这支船队的身份。接着，盟军海军陆战队开始登陆。在图拉吉，盟军登陆部队没费一枪一炮就成功登陆了，并且在上午晚些时候，攻占了岛上唯一的一个村镇。日军此时已移师山里，准备最后一搏。在三天惨烈的战斗中，日军坚守他们的"武士道"信条，几乎抵抗到最后一个人。盟军第2攻击营的指挥官埃德森少校回忆道："甚至在我们控制战局之后，掩体内的日军机枪还阻挡住我们达

←←澳大利亚工程人员站在激流中正奋力抢修科科达小道上的一座桥。陡峭的地势使这条小道上运输补给的艰难程度简直难以想象

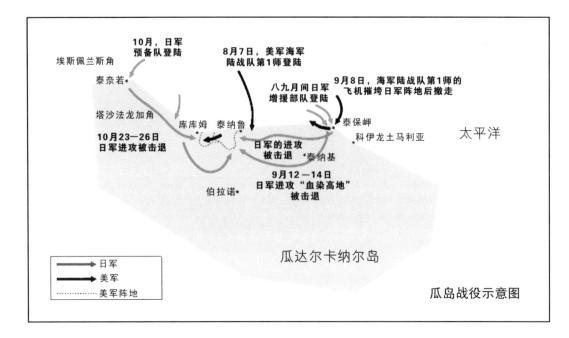

瓜岛战役示意图

数小时之久。除了这一个方向，就再也没有其他路可以靠近那个极难攻克的掩体了。我们只好冒着炮火，爬上悬崖峭壁，从上面往日军碉堡里扔炸药。"日军供应匮乏，在山洞里负隅顽抗，拒绝投降。最后只有23名日军士兵活了下来。

在瓜岛，范德格里夫特将军率领的海军陆战队登陆时，没有遇到任何抵抗。岛上只剩下一些修建机场、手无寸铁的日军施工人员，他们立即扔下补给、重型设备和即将建成的机场，纷纷躲进丛林里逃命去了。美国海军陆战队占领了机场后，以一位在中途岛海战中英勇作战、以身殉国的美军飞行员亨德森的名字将这个机场命名为"亨德森"机场。尽管盟军夺取了机场，但海军陆战队清楚他们所处的位置非常不安全，于是在机场上的日军施工人员完全逃走之后，他们马上修建工事，准备在机场周围地区组织防守。山本闻讯后恼羞成怒，尽管他还不清楚盟军海军陆战队进行这次作战行动的规模，但他还是下令这一地区的日军立刻组织反攻。三川军一海军中将指挥的日军第8舰队——共有7艘巡洋舰和1艘驱逐舰——沿着圣伊萨贝尔岛和新几内亚之间的狭窄水域——"狭道"驶向瓜岛。

与此同时，弗莱彻将军的航母编队已经占领了"亨德森"机场，准备迎击日军的空袭。弗莱彻将军决定把他的航母撤出这一地区，但如果这样特纳的运输船队就极易遭到攻击，所以弗莱彻又决定第二天再撤走航母。三川对此还一无所知，他的部队在夜幕的掩护下悄悄地靠近瓜岛。虽然日舰已习惯于夜战，但他们竟然不知不觉地进入了从萨沃岛开来的拥有5艘巡洋舰和5艘驱逐舰的盟军掩护部队的近距离射程之内。当这支日军舰队被美军驱逐舰"帕特森"号发现时，一切都晚了。8月9日凌晨1时30分，所罗门群岛上的夜空被照明弹和炮火映照得一片通红。日军发动了萨沃岛海战。几分钟后，日舰的炮火就击毁了澳大利亚巡洋舰"堪培拉"号，受惊的盟军只进行了微弱的炮击。三川的舰队接着又赢得了一场令人称奇的胜利。在日后被称为"铁底湾"的水域，日舰共击沉4艘盟军巡洋舰，日军只有1艘三川乘坐的"乌海"号旗舰遭受重创。日军现在已打开了摧毁美军运输船队的通道，但是三川未发现盟军航母编队已经撤走，不知道他已控制了瓜岛附近的海域。由于担心天亮以后遭到美军攻击，于是三川下

↓澳大利亚陆军正在准备莫尔斯比港战斗。他们此役战胜日军是盟军在太平洋战争中第一次取得陆战胜利，从而最终使澳大利亚免遭日军的入侵

↑一名澳大利亚军官正坐在米恩湾战斗中被摧毁的日军坦克上。在对坚固的澳军阵地发起的自杀式攻击中，很少有日军士兵幸存下来

令舰队返回拉包尔。这样美国海军陆战队仍然驻守在瓜岛上。这次海战是美国海军自1812年以来遭受的最窝囊的一次失败。第二天，美军卸船工作还未完成，特纳的运输船队就离开了这一水域。这时，驻守在图拉吉的6 000名美国海军陆战队员和瓜岛上的一万名守军仅有不足一个月的给养。岛上没有铁丝网和地雷，更没有重型武器来防守。一位海军陆战队的军官这样说："我们已经夺取了一个战略要地，但海军陆战队能守得住它吗？这一点很值得怀疑。"

前途未卜的瓜岛

　　正忙于新几内亚作战行动的日军认为，攻占瓜岛的只是一小支美国海军陆战队，于是山本命令百武中将立即夺回瓜岛。百武大大低估了美军的力量，只派了一支1 500人的部队，在一木清直大佐的率领下去执行这项任务。8月18日，这支日军乘坐几艘驱逐舰在瓜岛登陆后，开始穿过茂密的丛林摸向"亨德森"机场。8月20日午夜刚过，日本陆军部队向伊鲁河畔的美国海军陆战队阵地发起了猛攻，但美国海军陆战队早就做好了迎敌的充分准备。他们以猛烈的炮火还以日军颜色，歼灭了一木的一小股部队。日军虽然一次又一次地发动猛攻，但终究未能在陆战队的防线上撕开一个口子。第二天，陆战队在几辆轻型坦克的掩护下，出击歼灭了剩下的日军进攻部队。美军在海滩上追上了一木和他率领的残兵。美军坦克冲进敌群。坦克的履带就像"绞肉机"一样把日军士兵轧得血肉模糊。不待美军冲到一木跟前，他就剖腹自杀了。美军在瓜岛战斗中第一次取得胜利。

认识到美军占领瓜岛的严重性后，日军决定集结兵力歼灭守岛美军。美日双方都在晚上用快速驱逐舰运输物资和增援部队。为确保行动成功，日军驱逐舰几乎都在晚上出动，这次作战行动的代号为"东京快车"。日

↓美军飞机轰炸弹丸小岛——图拉吉后，日军碉堡上冒出滚滚浓烟。这标志着"瞭望塔行动"的开始

军还炮轰美国海军陆战队的阵地想转移美军视线，而美军凭借"亨德森"机场和"仙人掌航空队"的战斗机掩护，很轻松地就完成了守岛美军的给养补充任务。8月23日，日军企图利用他们在瓜岛上的增援力量，发起一场大海战。

山本希望在瓜岛附近的海域进行一场大的行动，从而吸引美军航母参战，他预计日军能取得海战的胜利。于是他命令在日军逼近瓜岛时，出动3艘航母进行护航掩护。美军情报部门截获了日军这一情报后，弗莱彻将军决定派遣"企业"号和"萨拉托加"号两艘航母前去截击日军舰队。8月24日，美日两支航母舰队在所罗门群岛附近海域相遇，发生了海战。弗莱彻得知日本舰队的确切位置后，立刻发动空中打击，击沉了日军轻型航母"龙骧"号。日军剩下的两艘航母——"祥鹤"号和"瑞鹤"号也立

↓日军在瓜达尔卡纳尔岛上的考库姆伯纳河畔修建的防御工事。日军在这里建立了复杂的防御工事系统，并顽抗到最后

即出动轰炸机和鱼雷机对美军舰队发动攻击。日军集中攻击"企业"号航母，3颗炸弹命中目标。虽然这艘巨型航母中弹，但它还是艰难地返航了。由于双方舰队都遭受了重创，只好停火。日军又一次未能在激战中摧毁美军航母，其增援瓜岛作战的计划再次落空了。

瓜岛战斗变成了一场消耗战。以"仙人掌航空队"为主的美国空军白天显威，而日军舰队的"东京快车"则在晚上逞能。在陆战中双方互相炮击，但两军都经常缺乏供应，日军甚至连岛上的草根和苔藓都吃光了。炎热、潮湿的条件使人痛苦难当，更严重的是，他们还要遭受疾病的折磨。到了8月中旬，日军的"东京快车"行动好像赢得了供应战的胜利。日军已将近6 000人派上瓜岛。这支近6 000人的部队由川口清健将军负责指挥。这位大胆鲁莽的日本将军甚至连"亨德森"机场上的防卫情况还没摸清，就决定进攻守岛美军，他相信日军的"武士道"精神定能取胜。他让士兵只带了很少的给养就开始穿越茂密的热带丛林，他确信自己的部队不久就能击败美军，抢来食品，饱餐一顿。

9月13日夜，川口指挥的日军开始对大约距离"亨德森"机场9 144米的美军高地发起正面攻击。埃德森上校指挥海军陆战队在"血染岭"一役中英勇作战。在地狱般尖声嘶叫的喧嚣中，日军以人海战术向前猛冲，曾一度把美国海军陆战队逼退到了高地的边缘。到天将拂晓时，美军机枪的弹药不足了，日军也暂停了进攻。这时，美军"仙人掌航空队"的战机呼啸着升空，迫使日本陆军全线撤退到了丛林里。将近一半的日军进攻士兵死在美军阵地周围，日军第二次夺回瓜岛的企图又落空了。

日军为了报复，通过"东京快车"行动又向岛上增派了兵力，准备反击。然而由于美国海军陆战队第7团的到来，瓜岛上的海军陆战队也第一次加强了兵力。但是在这次增援行动中，"黄蜂"号航母被一艘日军潜艇击沉。美军害怕日军会以更快的速度在瓜岛集结兵力，对"亨德森"机场再次发动攻击，为了打退日军，特纳将军准备派美军第164团登陆瓜岛。10月11日，一支拥有4艘巡洋舰和3艘驱逐舰的美军舰队在诺曼·斯科特少校的指挥下，驶进"铁底湾"，夺取了萨沃岛附近的阵地，掩护美军登陆部队。同一天晚上，日军也在进行一次重要的"东京快车"行动。日军执行这次任务的是五藤存知少将率领的一支拥有3艘巡洋舰和2艘驱逐舰的舰队。日美两支舰队在埃斯佩兰斯角的夜战中发生交火。

利用奇袭和先进的雷达装置，斯科特和他的战舰准备对这支日本舰队发起攻击。美军巡洋舰"海伦娜"号在日舰全然不知的情况下首先开火。五藤乘坐的旗舰"青叶"号重巡洋舰上的舰桥被数发炮弹炸毁，他还以为是自己的舰只向他开火。五藤身受重伤奄奄一息，他临死前嘴里还叽里咕噜地骂着："这些愚蠢的混蛋！"混战也使美军舰队遭受了损失。同时斯科特也认为，他的部队在炮击自己一方的驱逐舰。战斗经过短暂的停火后，美舰又重新开火。这一次他们击沉了日军一艘驱逐舰，重创"古鹰"号巡洋舰。幸存下来的日舰遭到一阵鱼雷攻击后，慌忙沿着"狭道"撤退。埃斯佩兰斯角海战只进行了20分钟就硝烟散尽。这次海战，日军损失了一艘巡洋舰，沉没一艘驱逐舰，另有一艘巡洋舰遭受重创。美军第一次在与日舰的夜战中取胜，并成功地完成了增援瓜岛的行动。

↓在当地向导的带领下，美国海军陆战队担任奇袭任务的一个营离开"亨德森"机场周围的防御工事，前去袭击瓜岛丛林中碉堡里的日军

"南达科他"号

形势开始转向

　　日军又一次惨遭失败后，决心继续增强力量夺回瓜岛。现在日本陆军部和海军部的将领们都认为，夺回瓜岛事关国民士气。百武中将和"东京快车"行动加班加点地在夜幕的掩护下为岛上运送援军和给养。山本分别派出一支拥有4艘战列舰、5艘航母、10艘巡洋舰和29艘驱逐舰的庞大舰队，企图一举消灭驻守"亨德森"机场的美军，并伏击准备参战的美国海军部队。10月12日，两艘日本战列舰——"金刚"号和"榛名"号连续向"亨德森"机场发射了900多发炮弹，炸毁了几架飞机，毁坏了机场跑道。一名美军士兵回忆这段经历时，这样写道："我们简直难以相信，自己竟然还活着，还在那里等待，但同时也准备迎战……这是我一生中最悲惨的一次经历。"炮击几乎持续了一个晚上。连范德格里夫特将军都对自己部队的命运绝望了。由于从美国到瓜岛的供应线太长，同时也由于瓜岛周围海域的战斗一直没有停息，岛上部队的供应，尤其是航空燃料已经严重不足。就在此时，美国决定再增派兵力防守瓜岛。罗斯福总统指示他的军事助手们："一定要确保每件武器都尽可能地运到前线，一定守住瓜岛。"尼米兹让哈尔西接替戈姆利指挥作战。哈尔西将军得知让他去指挥"瞭望塔"行动时，风趣地说："天啊！他们给我的是烫手的山芋啊！"

　　哈尔西打算在几天之内弄明白这次作战行动的真正困难在哪里。百武已计划在10月22日从三个方向进攻美国海军陆战队的阵地，为此日军已在瓜岛集结了两万人的部队和100门大炮。然而此刻日军已被困在了丛林里，因此百武必须推迟他的作战计划。10月23日，在混战中，住吉将军率领的一支日军部队孤军深入，准备攻击美军。但这支日军部队被美国海军陆战队密集的炮火歼灭了，美国海军陆战队已做好充足的准备以迎击日军的连续进攻。百武晴吉精心设计的作战计划就这样泡汤了。

　　10月24日夜，日军在距离"血染岭"将近3.2千米的地方发起攻击。

↑在1942年10月26日的圣克鲁斯岛海战中，"南达科他"号取得击落日机26架的骄人成绩。在瓜岛，它就没那么幸运了。它的环形主电线路意外地烧坏了，使全船断电。在没有雷达，没有灭火控制系统，没有灯光，没有导航的情况下，该舰撞向敌舰。最后，它被多发炮弹击中，但还是幸存了下来，并参加了后来太平洋战争中所有重大的两栖登陆行动

刘易斯·普勒上校率领的海军陆战队第7团的第1营进行了顽强抵抗。日军冒着倾盆大雨，以人海战术连续发起攻击，但美军密集的炮火像割草机一样把日军打倒在阵地上。一名美军机枪手报告说，那天晚上他总共打了26 000发子弹。天将放亮的时候，日军被迫撤进丛林里，在普勒的美军阵地前横七竖八地躺着1 000多具日军士兵的尸体。第二天晚上，日军又发起冲锋，再次冲到美军阵地前。这次双方进行了残酷的肉搏战，但日军还是被击退了，天亮之后无奈地撤进丛林。在太平洋战争这场最残酷的战斗中，日军共损失了3 000多人。百武将军只好认输，接着摆在他的部队面前的是又要从丛林撤到基地和令人不寒而栗的5天艰苦行军。百武向拉包尔发电，报告他已战败的消息。他说失败的原因是因为他低估了美军的力量和决心，并再次要求增派1个师的兵力，夺回瓜岛。此时，瓜岛正在变成一个"屠宰场"。

陆上的战斗刚刚结束，美日两支舰队又在圣克鲁斯岛海战中交锋了。

←←这是瓜岛"亨德森"机场附近的一个高地上，美国海军陆战队在前沿阵地挖出的战壕。正是凭借这些防御工事，美军在瓜岛的消耗战中无数次击退了日军的冲锋

↓成堆的树枝和废墟巧妙地遮盖着日军军需的储藏地。瓜岛勃耐吉河畔的这些军需储存库最终被美国海军陆战队夺取

↑一位萨摩亚籍的三级军官穿着火山岩式制服。1943年，在所罗门群岛战役中，他在美舰"萨拉托加"号上服役

一地勤人员正在瓜岛的"亨德森"机场上，为一架T5F"复仇者"战机安装一枚226千克的炸弹。凭借"仙人掌航空队"，美国海军陆战队在激战中夺得关键性的优势

在航母大战中，由托马斯·金凯德上将率领的"大黄蜂"号和"企业"号航母上的飞机首先发动攻击。日本航母"瑞凤"号和"翔鹤"号遭到重创。但是，日军连续反击，击沉了"大黄蜂"号航母，并击伤了"企业"号航母。这场海战的结果是双方打成平手。这次海战给哈尔西将军留下了一艘受伤的航母和一艘战列舰，使他能够保证给瓜岛遭围攻的海军陆战队运送军需物资。美日双方都在10月下旬遭受了严重伤亡，但双方仍然坚信，自己一方能在太平洋战争这场关键的战役中取胜。

最后的搏杀

当美日双方为保护他们各自在瓜岛上的部队，继续实施十分危险的供应运输行动时，日本方面决定进行最后一搏，力图夺取所罗门群岛战役的胜利。山本和日本最高司令部决定倾其联合舰队的全部力量，掩护整编第38师团分乘11艘运输船在瓜岛登陆。美军情报部门又一次截获了日军这一庞大的作战计划，这使尼米兹和哈尔西有足够的时间来应付日军进攻。山本计划对"亨德森"机场进行猛烈的炮击，使其彻底瘫痪。因此，在日军一艘航

↑战斗过后，筋疲力尽的美国海军陆战队士兵正在打扫战场。瓜岛海滩上到处都是日本士兵的尸体。这种场景在日军利用"人海战术"攻打美军阵地时经常见到

母待命，准备随时粉碎美军任何一支参战部队的时候，山本命令田中指挥"东京快车"行动，将第38师团运上瓜岛。美军海岸侦察员发现驶来一支有日军主力舰的部队，便立刻向哈尔西报告。哈尔西迅速集结部队准备迎战来犯之敌。11月12日，安倍昭明将军指挥一支拥有2艘战列舰、1艘巡洋舰和6艘驱逐舰的舰队沿"狭道"快速行进，准备给"亨德森"机场以致命的打击。这样，最终决定瓜岛命运的一系列海战拉开了帷幕。

正在负责运送美军增援部队登陆的特纳将军准备让海军陆战队反击来犯之敌，同时他还派了一支有5艘巡洋舰、8艘驱逐舰的舰队，在丹尼尔·卡拉汉少将指挥下，准备在萨沃岛附近的海域夜袭安倍昭明的舰队。尽管巡洋舰"海伦娜"号上的雷达已发现了即将到来的日军舰队，但卡拉汉推迟了开火的命令，而日军则以毁灭性的炮击首先发难。顷刻间，"亚特兰大"号巡洋舰就失去了战斗力，日舰用探照灯罩住"旧金山"号，使"雾岛"号战列舰得以向卡拉汉乘坐的旗舰连续炮击。其中有一发炮弹炸

毁了舰桥，卡拉汉少将当场阵亡，使美军舰队失去了指挥。美军战舰集中炮火轰击日本庞大的战列舰群，但他们的炮弹并没有给日舰造成多大损坏。这场残酷的混战只持续了20分钟就结束了。这场战斗从战术上讲，日军舰队取得了胜利。他们共击沉了美军3艘驱逐舰和2艘巡洋舰。在美军一艘巡洋舰"朱诺"号上，来自艾奥瓦州的沙利文兄弟五人都在这场恐怖的海战中阵亡了。虽然安倍舰队只损失了1艘驱逐舰，但他还是决定向北撤退。美军舰队虽然付出了重大伤亡，然而却保住了"亨德森"机场。第二天，美军"仙人掌"航空队从空中发现了受伤的日本战列舰"比睿"号，立即猛投一阵炸弹和鱼雷将其击沉。

↓美军打赢了瓜岛消耗战，"东京快车"行动遭到惨败。图中是一艘被美军摧毁的日军运兵登陆船，由于被海军陆战队的炮火摧毁，一直没有到达他的目的地瓜岛

1942年10月26日，在圣克鲁斯岛海战中，当一队日军鱼雷轰炸机轰炸"企业"号和"南达科他"号时，遭到两舰上防空炮火的猛烈射击

美军的胜利

　　虽然"亨德森"机场上的美军飞机对日军仍是一大威胁，但田中接到上司命令，让他继续向瓜岛运送部队。11月14日，美军飞行员发现了日军的运兵船和它们的护航战舰，美军飞机立刻发动了一场毁灭性的打击。对日军来说，这是恐怖的一天。他们有4艘巡洋舰或被击沉，或失去了战斗力。对日军来说更糟糕的是，美军飞机击沉了日军6艘珍贵的运兵船，数以千计的日军士兵或葬身火海，或掉进有浮油的海水中淹死。在这次惨败之后，山本仍命令田中继续前进，并增派了1艘战列舰和4艘巡洋舰准备进行最后一搏，企图彻底摧毁"亨德森"机场。正是从这个机场上起飞的陆战队飞行员为美国赢得瓜岛海战的胜利立下了赫赫战功。

　　这一次，美军准备得更充分。他们增派了两艘新型战列舰——"南达科他"号和"华盛顿"号。美军舰队驶进"铁底湾"无数的船只残骸中，

↓进攻前夕的紧张时刻。美国海军陆战队正准备攻打布干维尔岛上的海滩。这是所罗门群岛战役中最后一次重大两栖登陆行动

等待着夜间来袭的日本舰队。但美军驱逐舰上的显示屏遭到了严重破坏，"南达科他"号莫名其妙地断了电。这次海战对美军来说太关键了。接着"南达科他"号遭到40发炮弹的袭击，但它仍可坚持参战。"华盛顿"号凭借雷达制导火炮大展神威。炮火锁定日舰"雾岛"号，在不到7分钟内连续向这艘日军战列舰发射了54发炮弹，"雾岛"号很快就变成了一团火球。遭到打击后，日本舰队已顾不得摧毁"亨德森"机场，慌忙沿着"狭道"撤退。第二天，田中在"仙人掌航空队"的连续轰炸下，冒险在白天向岛上运送登陆部队。整个日军第38师团只有2 000人活着上了岛，加入了瓜岛——"死亡岛"上即将饿死的日军队伍之中。

　　数周的艰苦战斗仍在继续。然而，日本为期三天的瓜岛战役的失败粉碎了他们在瓜岛取得胜利的希望。美军驻岛部队现在已经超过35 000人，而日军部队却在不断地减员，希望渺茫。12月9日，范德格里夫特易职，将其在瓜岛的指挥权交给了帕奇将军。海军陆战队第1师经过数月的苦战

↓ 1943年11月2日，火光弥漫的拉包尔。美军轰炸机在从布干维尔岛起飞的战斗机的支援下，空袭了日军在拉包尔的基地，使日军在该地难以防守。这标志着"马车轮行动"取得了胜利

撤出了瓜岛。

　　1943年1月，帕奇将军命令他的部队在整个岛上对负隅顽抗的日军发动总攻。此时日军最高统帅部认为，日本再也打不起瓜岛消耗战了，于是拒绝了百武将军提出的在最后时刻以自杀式攻击，像日本武士一样战死在沙场的请求，决定秘密撤走岛上的日军。2月8日，当帕奇指挥海军陆战队最后冲到日军主要基地后才发觉基地里空无一人。这时田中的驱逐舰已撤走了数以千计的日军。帕奇大惊，立即向哈尔西发报："瓜岛已不再是'东京快车'的终点站了！"

　　当美国人正欢庆他们在太平洋上取得的第一次、可能也是最大的一次陆战胜利时，日本人正在反思这次惨败的原因。在瓜岛及其周围进行的战斗中，日本联合舰队共损失了2艘战列舰、3艘巡洋舰、12艘驱逐舰、16艘

↓1943年年初，美国海军陆战队要永远地离开"亨德森"机场防御阵地了。当他们要穿过丛林，向瓜岛上的日军基地进军时，都停了下来。此时忍饥挨饿、遭受战败的日军已撤出了这个"死亡之岛"

运输船和数百架飞机以及许多有经验的飞行员。此外，在派往瓜岛的4万名日军士兵中，共有23 000人阵亡。因此，从许多方面讲，正是瓜岛战役而不是中途岛海战，扭转了太平洋战争的局势。田中后来写道："毫无疑问，随着瓜岛战役的结束，日本失败的命运就已注定，这一点由日本的对手所展现出来的战斗素质和力量已经明白无误地告诉了世人。日本所暴露出来的虚弱和缺乏计划预示着它终将战败。"

盟军在新几内亚的胜利

　　当美日双方在瓜岛上酣战时，澳大利亚军队在美军的援助下，正在把日军赶出巴布亚岛。日军在沿着科科达小道后撤的过程中，供应严重缺乏。一名日本随军记者回忆道："日本士兵为了充饥什么都吃，如嫩树

↓瓜岛上弥漫着死尸臭味的热带雨林给美国海军陆战队带来极大的不便。该图中的海军陆战队士兵拖着船沿马塔尼考河前进，他们要穿过激流，把飞机事先空投下来的军需补给运到前线去。他们碰到一艘载着伤员、顺流而下的小船

枝、草根，甚至连泥块儿也吃。这些东西极大地损坏了日本士兵的肠胃，他们被带到战地医院时，任何食物都无法消化了。其中有许多士兵吐血而死。"装备精良的澳军对后撤的日军步步紧追，成扇形冲进密林，使日军在慌忙中构筑起来的防御工事常常险象环生。堀井将军在撤退途中被击毙，而他的衣衫褴褛的残余部队于11月7日撤至日军在戈纳的基地后，加入了在那里防守的日军部队。这时，澳大利亚军队已做好了攻打戈纳的准备。

　　日军在布纳、戈纳和萨纳南达的碉堡里负隅顽抗。稳坐在莫尔斯比港美军指挥总部里的麦克阿瑟下令新来的美军第32师攻占布纳，命令澳军攻取戈纳和萨纳南达。他其实还没搞清他让手下的部队去做的是什么事情。盟军在缺乏重武器的情况下，穿过沼泽地和密林向前艰难行进。日军

↓新西兰部队和美军一同采取行动，进攻所罗门群岛中的维拉拉维拉岛。这一行动有助于盟军包围拉包尔的日军基地，令日军大吃一惊

已对盟军这次进攻作了很长时间的准备。他们挖了从地面上看不见的、几乎是坚不可摧的地堡网。11月19日，爱德华·哈丁将军指挥的一支陆军遇到日军炮火的猛烈攻击，遭受重大伤亡，被迫后撤。澳军在戈纳的进攻结果也一样。尽管盟军没有必需的重武器，但麦克阿瑟要求他们"不惜一切代价"拿下戈纳。澳军第7师经过几周无效的进攻后，人数锐减2/3。麦克阿瑟认识到，如果他在新几内亚失败，就会给他在瓜岛的连连胜利蒙上一层阴影。于是，他用罗伯特·艾克尔伯格将军换下了哈丁将军，并在艾克尔伯格赴任时对他说："去那儿吧，鲍勃，拿下布纳，否则你就别活着回来。"

在12月5日发动进攻没有奏效后，艾克尔伯格将军明智地决定推迟进攻布纳的计划，以等待增援部队和坦克的到来。此时澳军也增加了兵力，并首先在巴布亚沿海打破了僵局。12月9日，澳军和顽固的日军进行了一场血腥的肉搏战后，夺取了戈纳。12月19日，在隆隆的坦克声中，美澳部

↑这是一辆两栖登陆车。在一次奇袭中，美军联合部队在所罗门群岛中的新乔治亚岛登陆后，正是用这种车把军需应运上岛的。在前面位置，海军陆战队员开始收拾卸下的军需物资

队经过了两周的激战，把日军赶出了布纳。日军意识到他们在巴布亚的命运已定，于是决定撤出萨纳南达基地的部队。萨纳南达于1月22日落入盟军之手。麦克阿瑟取得了胜利，但付出了高昂的代价。巴布亚战役持续了6个月，共有8 500名盟军士兵牺牲。他又回到了他开始的地方。

"马车轮"行动计划

　　盟军在瓜岛和新几内亚战胜日军后，开始准备第二阶段的联合进攻：兵进拉包尔。虽然麦克阿瑟和尼米兹在指挥权和作战目标问题上争吵不

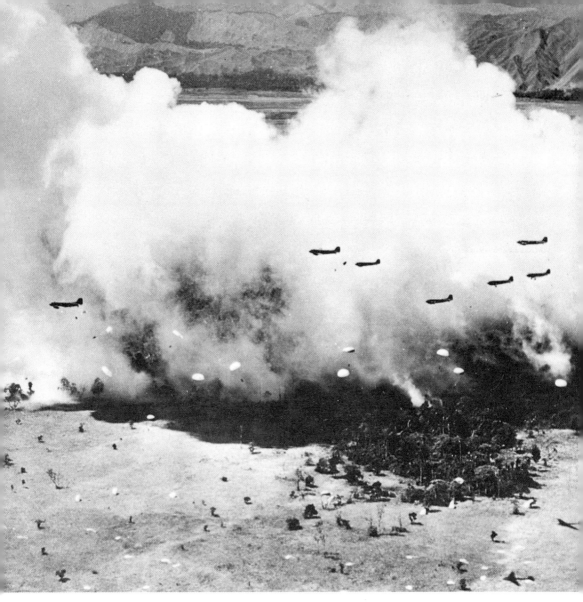

休，但两人都认为，光靠自己的部队进攻拉包尔力量不足。因而，在美国参谋长联席会议上策划了一场规模较小的进攻行动，这次行动代号为"硬币"行动。正当麦克阿瑟指挥的陆军沿着新几内亚岛的海岸北上时，哈尔西率领的部队也打算沿所罗门群岛北上，一直打到布干维尔岛。这两支同时推进的部队将令拉包尔的日军难以防守。

当美澳军队准备进军时，日军企图死守。日本人认为，新几内亚是两军在这一地区争夺的焦点，决定调来第51师团进行增援。2月底，6 000名日军士兵从拉包尔分乘8艘运兵船开往新几内亚。但在3月1日，美军一

↑盟军从四面八方逼近并攻打拉包尔。一个伞兵营在新几内亚的纳德扎布上空从C-47"达科他"飞机上跳伞。伞兵用的伞是白色的，彩色的伞是补给和弹药

架陆基飞机发现了这支船队，于是美军立即派B-25轰炸机前去攻击这支日军运兵船队。麦克阿瑟的第5航空队的飞行员一直在训练低空"跳弹轰炸"，在这种轰炸中，炸弹可以像石片一样掠过水面打击敌舰。实战证明，这种新的攻击方法有巨大的威力和杀伤力。美军B-25轰炸机使这8艘运兵船上的日军全部葬身大海。只有不到100名日军士兵游到新几内亚的海岸上。俾斯麦海海战是陆基飞机对抗海上力量的一次非凡胜利。

日军已在太平洋上失去了他们的作战优势。日本落后的制造力量根本跟不上美国船舶、飞机和弹药的生产速度。军队数量上占优势的盟军引进了几种新式武器，这些武器抵消了日军起初占据的一切技术优势。在1942年年底和1943年年初，双引擎的P-38"闪电"式和F4U"海盗"式战机开始在太平洋上空现身。这两种型号的飞机能够击败被吹得神乎其神的日本

↓美兵正用一艘登陆舰运送在布干维尔战斗中死伤的士兵。这些伤亡士兵要经过奥古斯塔皇后湾乘船到普鲁阿塔岛上的医院去

"零"式战斗机。此外，美军现在还可以依靠越来越多的、为两栖登陆而特制的登陆设备进行登陆行动。这些登陆设备包括大型的登陆坦克和较小的、灵活机动的水陆两用车。登陆坦克一次能够装载907千克辎重，水陆两用车能够冲出波浪，登上海滩。

日军指挥官为在新几内亚的接连失利懊恼不已，他们又在策划对太平洋上的盟军基地发动一次大规模的空袭。在山本的协调下，日军拼凑起300多架飞机，准备在4月初对瓜岛和美军运输船进行代号为"伊号作战"的攻击行动。由于日军飞行员相对来说缺乏经验，这次行动收效甚微。但山本相信了飞行员添油加醋的报告，确信自己已经取得了大胜利，于是决定亲自视察战线外围的日军机场，以激励他的部队继续战斗。然而，美军情报部门截获了他要去视察的电报，尼米兹将军决定除掉山本。4月18

↓美国海军陆战队的奇袭部队正在布干维尔岛上的丛林中前进，准备追击日军最后的残余部队。他们正在用狗来搜索和寻找日军的踪迹

日，当山本的座机和8架护航的"零"式战斗机快到布干维尔岛上空时，遭到美军18架P–38"闪电"式战斗机的截击。美军飞机在"零"式战机上空开火，首先打掉了护航机，然后把山本的座机击落。山本的飞机起火后，掉进下面岛上的丛林里。对美国发动战争的日军总设计师终于殒命太平洋。

盟军进军拉包尔

6月底，美澳军队开始进军拉包尔。他们在新几内亚的拿骚湾成功实施登陆，未遇到日军抵抗，这样盟军就直接威胁到日军在萨拉莫亚的重要基地。哈尔西将军率领的部队从644千米之外赶来夺取新乔治亚岛和该岛上具有战略意义的蒙达机场。大部分美国海军陆战队在距蒙达近8 000米的地方登陆。登陆时，未遇到任何抵抗。当时，佐佐木登少将率领的驻岛日军正坚守着蒙达机场。在这种情况下，美军第43师穿过丛林向机场推进

↓美国海军"海上蜜蜂"队正在修建布干维尔岛上的托罗基纳机场。修建这一新机场是夺取拉包尔的关键步骤

时，与日军殿后部队发生了激战。当美军最后到达蒙达时，全军已筋疲力尽，加上供应不足，所以未能消灭在那里顽强防守的日军。这场战斗又陷入了消耗战。纵横交错的日军防御系统用猛烈的炮火阻挡住了美军的进攻。7月25日，在得到坦克和火焰喷射器后，奥斯卡·格里斯沃尔德将军率美军向机场发起新一轮攻击。经过10天激战，美军利用强大的炮火和坦克把日军从一个接一个的地堡中赶了出来。

佐佐木的部队奉命撤往科隆班加拉岛之前，在十分不利的情况下进行了殊死顽强的抵抗。日军打算在科隆班加拉岛上继续新一轮的防卫作战。新乔治亚战斗持续的时间较长，付出的代价也较大，这超出了哈尔西将军的预料。这场战斗投入的美军兵力达45 000人之多，时间超过了一个月，美军以牺牲1 136人的代价才把9 000名日军赶出了新乔治亚。从时间上来看美军的"马车轮"行动已明显地拖后了。8月6日，在一场海战失利后，佐佐木放弃了夺回新乔治亚的计划，决定在科隆班加拉岛迎击美军的进

↓ 1943年9月，美军推土机开往新几内亚岛的莱城。推土机编队轧平了道路，为开往前线轰炸日军基地的大炮扫清了障碍

道格拉斯"无畏"式战斗机

↑毫无疑问，"无畏"式战机是太平洋战争中美军的撒手锏之一。它曾经击沉了一个庞大的日军运输船队。在中途岛、珊瑚海和所罗门群岛战役中，这种飞机立下了赫赫战功。图中的这架飞机是1943年8月，所罗门群岛的新乔治亚岛上的蒙达空军基地上海军陆战队第1师使用的飞机

攻。但美军始终未进攻该岛。原来，哈尔西绕过了科隆班加拉岛直取维拉拉维拉岛，因为这样可以打日军一个措手不及。最后，美军进攻顺利，几乎未遇到任何抵抗。佐佐木在孤立无援的情况下，放弃了科隆班加拉岛，撤到拉包尔。

与此同时，在新几内亚岛，麦克阿瑟所率部队对莱城和萨拉莫亚的日军基地发动进攻，最后取得了胜利。麦克阿瑟出动陆、海、空军联合作战，一直让日军捉摸不透，防守顾此失彼。首先，美军猛烈的空中打击彻底摧毁了日军在该地区的空军基地，使盟军迅速夺取了制空权。接着，9月4日，美澳联军夺取了距莱城32千米的一处滩头阵地。当日军赶来迎敌时，美军第503伞兵团已在马卡姆河畔的纳扎布实施空降。这是太平洋战争中第一次空降作战行动。日军基地很快就被包围。日军沿陆路艰难地撤往休恩半岛的芬什港。麦克阿瑟攻占莱城和萨拉莫亚之后，命令美军沿陆路立即追击日军。与此同时，澳大利亚第9师的一个营从海上进攻芬什港。士气低落的日军要抵抗6 000多名澳军的进攻，虽然守住了防线，但麦克阿瑟所率的盟军夺取拉包尔的努力已接近成功。这场战斗是这位名将在太平洋战争中所取得的最大的胜利之一。

盟军夺取拉包尔的最后一步就是要攻占布干维尔岛，并在岛上修好飞机跑道。因为从这些前沿基地上起飞的战斗机将会对该地区的陆基轰炸机起到护航作用，从而对拉包尔的庞大日军基地实施空中打击，使日军难以防守。盟军第5和第13航空队的重型轰炸机首先对拉包尔进行了预备性轰炸。此时日军才意识到拉包尔是盟军重点打击的目标，于是调集了许多战机前来防守。虽然拉包尔空战不是决定战局的战斗，但盟军这么做，是想

转移日军在布干维尔岛方面的注意力。经过一系列佯攻之后，哈尔西所率的登陆部队在11月1日发动空袭，成功地在布干维尔岛的奥古斯塔皇后湾登陆。美国海军陆战队第3师没有遇到任何抵抗，所以很快就向内陆推进，保证了盟军在岛上修建具有战略意义的飞机跑道。

当天晚上，一支日军乘坐4艘巡洋舰和6艘驱逐舰从拉包尔出发，急速向南前进，准备消灭在滩头登陆的美国海军陆战队。但是，此时斯坦顿·梅里尔海军少将率领的第39特遣舰队有4艘巡洋舰和8艘驱逐舰正等着日军的到来。在奥古斯塔皇后湾战斗中，梅里尔的舰队拖住了日军舰队，使正在登陆的海军陆战队免遭了一场灾难。

接替山本担任联合舰队司令的古贺峰一大将坚决要歼灭美国海军陆战队。他命令8艘巡洋舰和4艘驱逐舰向南驶向拉包尔。美军情报部门马上将这一即将到来的险情电告哈尔西将军。但此时哈尔西手中没有一艘主力舰，他决心进行一次赌博。他命令麾下的"萨拉托加"号和"独立"号航母驶向日军陆基飞机的射程之内。他这么做是想彻底摧毁在拉包尔集结起来的日军部队，虽然他也预料到可能会损失掉这两艘航母。11月5日，美军航母编队已靠近拉包尔的日军打击圈，接着美军出动96架飞机空袭日军舰队。虽然美军损失了几架飞机，但日舰大部分都遭到损坏。这两艘美军航母完成袭击任务后安全撤离。古贺大将意识到日军又将面临一场消耗战，他决定把他的航母和大部分飞机撤到特鲁克基地去。走这一步，说明日本已经承认了在所罗门战役中败北的事实。盟军在拉包尔战斗中已打败日军，夺取了日军在该地的重要军事基地。从此盟军就可以把注意力转向太平洋的其他地方了。

缅甸战役

随着缅甸的陷落，通往中国的重要陆路运输线——缅甸公路已被日军切断。这使中国的抗日战争雪上加霜。盟军担负运输任务的飞行员勇敢地飞越喜马拉雅山进入中国，这一行动就是著名的"驼峰"行动。这一行动要取得成功，盟军必须在缅甸发起反攻加以配合。盟军驻印司令官阿奇

↑这是"温盖特旅"的一名军官，1943年参加了缅甸对日作战的印度第77旅的一名军官

博尔德·韦维尔将军希望组织一次大规模的联合进攻，把日军全部赶出缅甸。但在战争初期，盟军还没有足够的人力和物力实现这一计划。因此，他只好在缅甸发动一场有限的反攻。这场战役被称为"若开战役"。

这场战役的目标就是沿着多沼泽的梅宇半岛进军，夺取阿恰布（今实兑）。1942年9月21日，第14印度师开进缅甸边境附近的吉大港，他们遇到日军的微弱抵抗。但是，盟军在抵达邦比亚克外围地区后，面对艰苦的丛林作战条件和日军的顽强抵抗，立即停止了进军。英军沿印缅边界线的进攻和史迪威将军所率部队在利多公路上的进攻都收效甚微。梅宇半岛上的盟军给养已经严重不足，而且遭受着热带疾病的折磨。在这种情况下，韦维尔决定中止实施"若开战役"计划。盟军已牺牲了2 500名士兵，但战果不大。这时，韦维尔开始对进攻缅甸的有效性产生了怀疑。

但奥德·温盖特将军说服了韦维尔，请求让他在1943年春季进行最

↓这些是美军攻打瓜达尔卡纳尔岛的战斗英雄。从左向右依次为瓜岛海军陆战队司令范德格里夫特将军、海军陆战队突击队的指挥官埃德森上校和在太平洋战争中首次获得国会勋章的美军士兵米切尔·佩奇以及约翰·巴西隆

后一次反传统的缅甸攻略行动。温盖特从巴勒斯坦的犹太起义军那里学习了一些游击战术。他很早就提出，作为"若开战役"的一部分，应当运用"长线渗透"的战法进入缅甸，切断日军运输补给线。但韦维尔将信将疑，没有完全接受温盖特的这一建议，只是容许他按照游击战术训练一支3 000人的队伍。到1943年年初，第77印度旅，即著名的"温盖特旅"做好了实施奇袭计划的准备。现在，温盖特能够让韦维尔信服了，尽管较大规模的"若开战役"已中止实施，但应当继续实施他的"长线渗透"式的突袭计划。1943年2月8日，"温盖特旅"渡过钦敦江进入缅甸境内。这支印度部队曾接受过如何在丛林条件下生存的训练。他们只携带了骡子驮的补给和空投的供应物资，完全靠奇袭打败了日军，他们很快就切断了日军连接曼德勒和密支那的公路和铁路交通。

日军还在等待着，他们以为"温盖特旅"会由于缺乏供应而突然从丛林里出来袭击日军，但事实并不是这样。越来越多的日军被调去守卫目前薄弱的运输供应线。假如"温盖特旅"仍在丛林里，那么他们奇袭的效果就会大不一样。但温盖特命令他的部队渡过伊洛瓦底江，继续向南深入，进入更广阔的地带。他这一步完全走错了，他们已越出了盟军飞机空投物资的范围，将面临日军连续不断的打击。现在温盖特已无路可走，只好命令他的部队原路返回，再次渡过伊洛瓦底江，进入丛林，但日军此时已截断了他们的退路。3月24日，温盖特命令他的训练有素的部队分头行动，运用渗透战术渡河返回印度。"温盖特旅"被分成小股部队，在没有给养补充的情况下，必须在丛林里进行240千米的艰难行军。这支军队只能靠植物和蛇来充饥，最后只有200人活着回到印度。

温盖特指挥的第一次"温盖特旅"战役是一次惨痛的失败，但是温盖特这种虚张声势、声东击西的作战方法却让他变成了英国的国家英雄。此役虽败，却有助于鼓舞英国人的战斗士气。现在韦维尔对未来进攻缅甸的战役是否有效更加怀疑了。此时盟军指挥部要求，进军缅甸应当成为盟军继续协调行动的一部分，其目标是把日军推回到正在进行的太平洋战争中去。

6

战略防御中的日本

在经历了中途岛和瓜达尔卡纳尔岛战役的致命打击之后，日军又在缅甸、新几内亚和中太平洋地区遭到盟军的反攻。

在太平洋战场上，美国军队取得了中途岛战役的重要胜利，在把日军赶出所罗门群岛之后，主动发起了更多的进攻。在华盛顿，参谋长联席会议通过了道格拉斯·麦克阿瑟将军的西南战区部队通过新几内亚北上的战略计划。同时，切斯特·尼米兹的中太平洋地区舰队从吉尔伯特和马绍尔群岛向西挺进。1943年年底，尼米兹和他的高级将领制定了一个名为"流电行动"（"伽伐尼行动"）的作战方案：控制吉尔伯特群岛——三环中的最东一环。11月，雷蒙德·斯普鲁恩斯中将率领他的第5舰队与岛上的日军展开了战斗。

在"流电"行动中，斯普鲁恩斯所率部队的装备是139艘战舰，其中包括负责运送第5两栖部队登陆吉尔伯特群岛的运输舰29艘。霍兰·史密斯少将指挥的第5两栖作战部队，包括第2海军陆战师、陆军第27师和突击部队。后者由7艘装备了356毫米和406毫米口径火炮的战列舰、8艘巡洋舰、35艘驱逐舰及8艘能够起降218架战斗机的护航航空母舰组成，这支部队由海军少将理查德·特纳负责指挥。该计划是想通过在对日军阵地实施炮击和空中打击的同时，由第5两栖作战部队从海滩上实施登陆。特纳海军少将还非常希望得到美国第7航空队的帮助。海军少将波纳尔指挥的是由5艘战舰、装备了700架战机的11艘航空母舰组成的第58特遣舰队，任务

←美军第41师第163步兵团的士兵正准备攻打位于新几内亚岛北部沿岸艾塔佩的一支日军守备部队。这支美军部队不费吹灰之力就夺取了这一城镇

↑1943年9月18日和19日，美国海军航空兵和空军中队的几名指挥官在驾机起飞袭击吉尔伯特群岛的塔拉瓦之前，在航空母舰的甲板上研究战术

→→美国海军陆战队占领了塔拉瓦的一大片海滩。美军投入的总兵力为17 000人，伤亡比例为17%

是在吉尔伯特群岛水域巡逻以阻止日本向被围困于这一环岛内的日军提供援助。

1943年9月，东京大本营开始制定新作战方案。该方案是想沿新几内亚、比亚克岛，以及加罗林和马里亚纳群岛布置一条严密的防线。这时防线东段的日军接到命令，如果遭到攻击要死守阵地，如果被围困就要等待增援。在吉尔伯特群岛指挥防御作战的日军海军少将柴崎敬二将几个群岛变成了坚固的堡垒。以位于塔拉瓦群岛的贝蒂乌岛为例，该岛长3.2千米，宽0.8千米，日军装备有机枪、迫击炮和大炮，有4 500人驻守在防御壕沟里。

11月20日，由3艘战列舰、4艘巡洋舰及9艘驱逐舰组成的美国舰队在贝蒂乌岛向日军开战。此外，从福拉福迪赶来的飞机对该岛实施空中打击。尽管如此，海军陆战队第2师在3个登陆点都遇到了敌人的顽强抵抗。师长朱利安·史密斯少将随后调来他的后备部队，这才从人数和装备上超

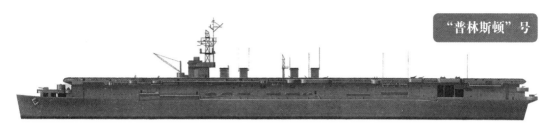

"普林斯顿"号

过了疯狂抵抗的日本军队。战斗中美国海军陆战队被迫使用火焰喷射器、手榴弹和炸药等武器,最后全歼了岛上的日本守军。11月23日,战役结束的时候,只有17名日军士兵和129名朝鲜劳工活了下来。参加作战的17 000名美军中大约有1 000人牺牲,2 000人受伤。

　　11月20日,拉尔夫·史密斯少将率领的第27师在位于塔拉瓦群岛以北160千米的马金环礁登陆。经过三天的战斗,美军以64人阵亡、150人受伤的代价占领了该岛。同日,塔拉瓦群岛东南部的第68海军陆战师的第5两栖侦察团不费吹灰之力就占领了阿贝马马环礁。同时,第58特遣舰队攻击瑙鲁群岛和马绍尔米里环礁的日军空军基地,切断了日本对吉尔伯特群岛的增援路线。在西南,从"萨拉托加"号和"普林斯顿"号航空母舰上起飞的战机炸毁了日军停靠在拉包尔的7艘巡洋舰和2艘驱逐舰,而第5航空

↑美国海军军舰"普林斯顿"号。最初该舰设计为轻型巡洋舰,在珍珠港事件后美军又把它改建为轻型航母。该舰一次可承载24架战斗机和9架鱼雷轰炸机。在莱特湾海战中,一架日本俯冲式轰炸机重创"普林斯顿"号,最后美国人只好弃船,该舰最终沉入大海

队的战机将日本的飞机赶出了新不列颠和布干维尔岛地区。

在吉尔伯特战役中，日军也给美军造成了一些损失。11月，"独立"号轻型航空母舰被日本潜艇击伤；4天后另外一艘日本潜艇摧毁了"利斯科姆湾"号护航航空母舰，数名美军士兵牺牲。到月底，吉尔伯特群岛最终落入美军手里，这次战役后美军第5舰队将注意力转向马绍尔群岛的西北方向。到1944年年初，美军已完全做好了进攻的准备。在战役开始之前的准备阶段，斯普鲁恩斯为特纳的突击部队提供了更多的战舰，使战舰和运输舰总数达到300艘。第5舰队的司令官还扩大了由马克·米切尔指挥的第58特遣舰队的规模。结果，拥有12艘航空母舰，总共拥有715架战斗轰炸机、俯冲轰炸机、鱼雷轰炸机的第58特遣舰队，很好地投入了战斗。米切尔将他的部队分成4个特遣分队，阻止日军增援马绍尔。

↓美军战舰和运输船只在护卫下接近塔拉瓦环礁，这里位于吉尔伯特群岛，是一股日军的老巢。1943年11月美国海军陆战队第2师制服日军后占领了该岛

　　斯普鲁恩斯、特纳和其他高级官员竭力想避免美军在猛烈攻击吉尔伯特群岛时蒙受重大伤亡。因此，对重要岛屿，他们采取了逐个攻占的策略，而放弃那些不重要的地域。为了贯彻这一计划，哈里·施密特少将的第4海军陆战师与查尔斯·科利特少将的第7陆军师和第5两栖部队协同作战。这样，参与对目标岛屿攻击的地面部队兵力多达53 000人，同时还有31 000名后备人员准备占领和加强美军对已征服区域的控制。

　　1月底，美军开始实施"燧发枪"计划。在第5舰队轰炸沃杰和马洛埃拉普环礁的同时，第5两栖部队准备在西部的夸贾林环礁登陆。在随后的大约两周时间里，这些海军部队共出动6 000架次飞机，在沃杰和马洛埃拉普环礁投下了1 000多吨炸弹，有力地打击了日本军队。在这些地区的东南部，斯普鲁恩斯在没有抵抗的情况下攻占的马朱罗环礁为尼米兹日后向西

↓增援占领塔拉瓦的陆战队员抵达该环礁。战斗持续进行了4天，美军有1 000多人牺牲，日军大约有4 000人被消灭

发动战役提供了天然的海军基地。与此同时，1月31日，两栖部队开始攻击夸贾林环礁。

在夸贾林环礁的北部，第4海军陆战师一天之内就拿下了罗伊和那慕尔岛。2月份的第一周，第7陆战师顺利占领了位于该环礁东南一隅的埃巴耶和夸贾林群岛。到2月7日"燧发枪"战役结束时，美军的伤亡人数相对来说是比较低的，有400人牺牲，1 600人受伤，而日本军队包括夸贾林环礁的守军司令在内，共有8 000多人被消灭。

在攻占东线马绍尔群岛后，美军第5舰队开始发动对埃尼威托克环礁的进攻。埃尼威托克环礁位于夸贾林环礁西北580千米处。战役开始之前，日军的反抗已被平息。于是，米切尔将第58特遣舰队的9艘航空母舰、6艘战舰、10艘巡洋舰和28艘驱逐舰派往位于马绍尔群岛以西1 240千

↓在塔拉瓦一名装备了卡宾枪和子弹袋的美国海军陆战队员准备向敌人的阵地冲锋，他的战友投掷手榴弹给予掩护

←美军正在扫荡巴布亚新几内亚的日军。在霍兰迪亚战役中，日军为了躲避盟军的打击分成了许多小股部队

↓马绍尔群岛上的埃尼威托克环礁战役持续两天之后，美军陆战队员在船上喝咖啡。1944 年 2 月底对该环礁的占领标志着美军对整个群岛的占领

米的加罗林群岛的特鲁克，那里是日本军队的一个大型空军和海军基地。接下来，在持续了两天、代号为"冰雹"行动的袭击中，美军令人难以置信地击沉了日军驱逐舰3艘、辅助舰7艘、油轮6艘和货船17艘。盟军第58特遣舰队的飞行员还击落了大约50架日本战机，并击伤了至少200架企图逃跑的日本战机。同时，"鳐鱼"号潜艇击沉日军"阿贺"号轻型巡洋舰。在日军舰队试图躲避米切尔的战机时，日军的"午风"号驱逐舰和"香取"号轻型巡洋舰被第5舰队击沉。

占领埃尼威托克环礁

　　在日军出人意料地被完全打垮后，在特鲁克的日本守军没有发起任何有力的反击。他们总共击落了35架美军飞机，用鱼雷损坏了美军"勇猛"

↓日军在防守塔拉瓦的战斗中使用了从新加坡运来的口径为203毫米的维克斯大炮。战前日本曾从英国大量买进这种炮。图为美军缴获的这些枪炮的场景

号航空母舰。由于特鲁克在日军的防御部署中处于非常重要的地位，日军联合舰队的总指挥古贺峰一大将便将剩余的日本战机从拉包尔调到了该岛。这样一来，新几内亚岛上的日军便没有了对付麦克阿瑟将军和他的盟军部队的空中支援。远在东京，东条英机以日军在特鲁克的溃败为由，解除了海军总参谋长永野修身大将的职务。

占领埃尼威托克的任务由第5两栖部队的后备部队完成。这支部队包括第22海军陆战团、第106战斗队和第27陆军师。2月18日，这些部队冲进恩格比岛，两天后美军攻下该岛。几天以后，又占领了帕里岛和埃尼威托克岛，确保了美军2月23日对整个环礁的占领。在此次战役中，美军死伤人数分别是195人和521人。与以往一样，日军的伤亡依然非常惨重：2 741名守军中的2 677人被消灭。

↓塔拉瓦战斗结束后，海军陆战队朱立安·史密斯少将和切斯特·尼米兹海军上将视察敌人的碉堡。图中陆军中将罗伯特·理查森正爬上一个防御工事

为了减少伤亡人数，美军仍然采取了"跳岛战术"，绕过一些岛屿，让日军残余部队困守沃杰、莫利陂和米里这几个环礁直到战争结束。由于美军中太平洋舰队完全控制了马绍尔群岛，尼米兹上将就处于向日本帝国边境地区打击的有利位置。马绍尔群岛使美军占据了向西发动进攻的绝佳位置，因为它们在珍珠港西南偏西4 800千米、加罗林群岛特鲁克岛东北1062千米、马里亚纳塞班岛东南1 600千米的地方。

缅甸战况

太平洋战场上美军攻占日军占领区的同时，英国及其殖民地的军队正在努力重新占领缅甸的部分地区。1943年5月，第一次若开战役失利后，英军高级将领不得不再次组织缅甸战役。在印度的英国武装部队总指挥阿奇博尔德·韦维尔将军成为印度次大陆的总督。有了这样的职位，便拥有了更多的处理殖民地内部事务的权力。在这种情况下，他将更容易压制任何民族主义团体的亲轴心国活动。1943年8月25日，路易斯·蒙巴顿被任命为盟军东南亚战区最高司令，总部设在锡兰。克劳德·奥钦莱克则被从中东

↑ 1943年11月美军第2海军陆战师的士兵，在塔拉瓦夺取了两件战利品：一把日本军刀和一个水壶

→马绍尔群岛战役中一架日本鱼雷轰炸机中弹起火坠入太平洋。这架飞机在企图击沉美军航空母舰时被击落

调到了印度，接替韦维尔的职务。

　　蒙巴顿和奥钦莱克的新司令部以乔治·吉法德将军的第11集团军为中心，还有负责缅甸战事的陆军中将威廉·斯利姆的第14集团军。在第14集团军内部，克里斯蒂森中将被任命为第15军的司令官。该军是在若开山脉地区对付日本第二次战役的主要力量。最初，第15军由第5、第7印度师和第81西非师组成。后来为了1943年12月开始的这一战役，克里斯蒂森又增加了3个师的兵力。

　　奥钦莱克将军在印度的首要任务就是要建立有效的指挥和培训系统，以便组建一支在战斗力上超过第一次若开战役的、更为优良的精锐部队。与北非屡建奇功的精锐之师相比，奥钦莱克率领的印度士兵经验匮乏，士气低落。他们大多来自印度西北部的贫困山区，对缅甸的丛林作战非常不适应。更有甚者，作战中他们不能与英军配合，更不用说全力以赴地进攻了。尽管如此，奥钦莱克和他的高级将领们还是着手进行改革，以使第14集团军成为一流的作战部队。

　　首先，奥钦莱克将军把部队编成3个旅，每个旅又分成3个营，分别由英国、印度和廓尔喀士兵组成。这样编排的目的，就是想通过英国士兵的职业精神和尼泊尔廓尔喀士兵的骁勇善战影响印度士兵。其次，奥钦莱克

↓从"复仇者"鱼雷轰炸机上拍摄的美军袭击马库斯岛后的鸟瞰图片。战斗中日军损失了大量的储油罐和战机

还训练士兵们如何在丛林中谋生、如何进行河边和夜间作战以及如何保障粮食补给等，以便使他们将来能够适应在人烟稀少、弹尽粮绝的情况下继续作战。最后，第14集团军成功地解决了士兵患疟疾的问题，与战斗伤亡相比较而言，疟疾是一种更可怕的使许多部队失去战斗力的疾病。指挥部在前线建立了疟疾治疗中心，及时解决了原来染病的士兵只能送往后方医院的问题。这些治疗中心都配备有镇痛药物麦帕克林。

作为最后一项措施，英军计划尽力发挥他们逐渐增长的空中优势。几个月以来，由于在太平洋战场上日军的飞机损失惨重，迫使日本从缅甸抽走了大批飞机。1942年12月，日本空军第5师拥有50架战斗机和90架中型轰炸机。不到一年，其飞机总数就剩下不足80架了。与此相反，到第二次若开战役时，英国皇家空军第244军团在吉大港一地就有14个由战斗机及战斗轰炸机组成的飞行编队，拥有的"飓风"式、"喷火"式、"英俊战士"式和"复仇"式作战飞机超过200架。这次战役还可以得到美国陆

↓美国海军陆战队员包围了那慕尔岛上一碉堡中的两名日军士兵，该岛位于马绍尔群岛中的夸贾林环礁。这场战斗持续了一周，美军消灭了8 000名日军后占领了该环礁

军航空队和英国皇家空军航空兵的支持。借助上述可支配的空中力量，奥钦莱克和他的高级将领们决定利用英国皇家空军和地面炮兵的支援主动向敌人发起进攻。因为他们认为，盟军借助空中力量要比敌人具有更多的优势，而不是拖拽着大量的榴弹炮在缅甸的山地丛林中缓慢前进。当然，远在前线的作战部队会更多地依靠空中补给。

第二次若开战役

结合空中优势，奥钦莱克对第14集团军进行了改革，这对第二次若开战役来说是至关重要的。到1943年夏天，英国及其在印度殖民地的军队已经完成了这种改革、补充和重组。在战役的准备阶段，第15军的力量得到了加强，包括第25和第26印度师、第36英国师，总兵力已经多达6个半师。还包括由执行通信维护和开辟空中航线的4个突击队和1个工程先遣队组成的第3特种旅。与此同时，皇家海军的服务兵团和船队将负责向缅甸

↓在夸贾林环礁战役中俘获的日军俘虏。图为日军俘虏正准备登船并被押往战俘营。该战役共抓获264名日军俘虏

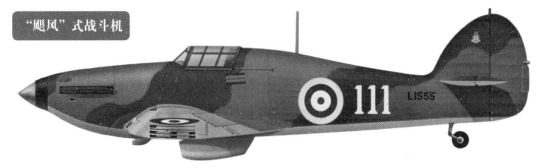

"飓风"式战斗机

↑在缅甸和第二次世界大战的远东战场上，英国皇家空军以"飓风"为主要战斗机、战斗轰炸机和侦察机。尽管速度没有超级马林的"喷火"式和其他战机快，但"飓风"战斗机可随时调动执行任务，飞行速度可达每小时540千米（336英里）

战线提供补给。

而日军除了已筋疲力尽的第5空军师外，在缅甸的兵力只有第28军的第54和第55师团了。在若开地区，花谷正将军的第55师团是对付第15军的仅有的地面部队，第54师团则被迫开到阿恰布以南的沿海地区。从东北面的若开山脉到木各具，脆弱的东南部地区的卑谬交通线是花谷正部队的明显弱点。

1943年年底，克里斯蒂森的第15军移师梅宇半岛，到1944年1月中旬，日军开始攻击严密布防的孟都至布迪当防线。与此同时，日军最高统帅部下令进攻印度的阿萨姆邦。数月以来，在缅甸的日军将领一直打算侵入印度，尤其是他们的计划被东京批准之后，他们都非常高兴。这样，牟田口廉也将军接到命令后，率领他的第15军跨过钦墩山切断英帕尔地区第4军的交通线路，并且准备歼灭这一地区的英军。为了将更多的英国及其殖民地士兵从印度东北部引诱到若开的沿海地带，花谷将军计划进攻第15军，并定于1944年2月3日开始实施"哈号"作战计划。

就在这时，在第26印度师和英国第36师的支援下，克里斯蒂森几个师的部队，正在对从海岸到布迪当沿线的日军阵地发起进攻。在装甲部队的配合下，第5印度师的三个旅开始进攻拉扎比尔和孟都。在梅宇山谷进入纵深数英里处，第7印度师的三个旅开始攻击布迪当。再往东，伍尔纳少将的第81西非师沿加拉丹河前进，几乎没有遇到任何抵抗。

花谷正将军在防御工事中布置了4个大队的兵力迎战，1个大队的兵力保卫梅宇半岛的海岸线，另外有两个大队保卫阿恰布岛。在孟加拉湾和梅宇河之间，日军布置了两个大队的兵力，这就是后来的多伊纵队。这样一来，日军就形成了一条沿隧道公路的防线。随后，花谷正将军又派遣了一个侦察联队到谬杭附近的加拉丹山谷监视第81西非师的行动。

布里斯托尔"英俊战士"战斗机

日军的反击

　　日军的这一战略部署投入了有5个大队和一个工程联队的第55师团，该部成为执行"哈号攻势"的突击部队，总数5 000人，指挥官是樱井省三少将，因此，也被称为樱井纵队。其任务是在2月3日夜里穿过印军在卡拉潘津附近冲破第7师防线，占领东巴扎然后向西，跨过梅宇河，切断两个印度师之间的通信线路。与此同时，多伊纵队从南面进攻，牵制印度军队。

　　最初，战斗进行得很顺利。2月4日早晨，樱井纵队抵达东巴扎，5日全部到达印军第5师的背面。樱井纵队的一个小分队占领海岸公路上的布里亚斯科大桥时，主力部队摧毁了印军司令部，攻击了第15军的后方供应区。这对于日军来说至关重要，因为他们急于得到后勤供应以便继续作战。同时花谷正在尽一切可能增强他的空中力量后，对英国及其殖民地的部队进行了350架次的空袭。

　　但是此时的印度军队已经今非昔比，作战能力大大增强。英军飞机向印度的两个师空投补给时，印军有几个旅的部队正在坚守阵地。吉法德将军命令第36英国师从吉大港赶来增援。同时当第7军切断了樱井纵队的通信线路并截获了樱井的写有电台频率和呼叫密码的密码簿后，日军"哈号攻势"的处境变得越来越糟了。结果，樱井纵队在孤立无援的情况下，根本无法协同和有效地作战。为了解决这一问题，花谷正加强了多伊纵队从南面进行的攻势，以便减轻樱井的压力。

　　樱井纵队必须截断英印军的后勤补给线和空中补给，否则日军将在劫难逃。英军在截获这一情报之后，斯利姆将军命令第26印度师和第36英国师协同作战一起围攻辛兹维亚。同时，英国皇家空军负责若开地区军需补给物资的空投任务。在这一战役中，虽然英军损失了数架飞机，但英勇的

↑布里斯托尔"英俊战士"战斗机，在澳大利亚建造，该型飞机有双引擎，双座位，它被英国皇家空军用来在夜间轰炸铁路、船只、补给点和其他地面目标。在缅甸战场上，这种战机给日军造成重大伤亡，被日军称为"低音死神"

飞行员们还是向克里斯蒂森的部队空投了2 700吨物资。

在后勤补给区的最东端，花谷正将军在卡拉丹河沿岸对付第81西非师的战斗要幸运得多。2月18日，他将第55侦察联队、3个步兵大队和1个联队的兵力集中起来交由木庭太大佐指挥。这支日军奉命去阻击压过来的西非师，木庭太通过埋伏战、侧翼攻击和机动战有力地牵制了伍尔纳将军的部队。日军这些行动迫使西非师撤退，并使其最终撤出了加拉丹山谷。

2月24日，花谷正将军说服了他的上级，他认为对辛兹维亚的进攻是徒劳无益的。这样他便获准将樱井纵队撤回到日军隧道公路防线以外。尽管在"哈号攻势"中印度军队大约伤亡了3 500人，但他们仍然能够坚守阵地并且士气高昂。而花谷正的队伍则骄傲自满、自以为是，因为日军1个师团曾经一度击溃了第15军2个师的兵力并使盟军的6个半师瘫痪在若开地区。同时，牟田口廉也将军的第15军越过钦墩山直接威胁到印度的英帕尔。日军第55师团只用了8 000人的兵力，就成功地阻止了第4军对第27印度师、第18英国师、第7西非师和第5廓尔喀师的援助行动。

3月，英帕尔战斗刚刚开始时，第5印度师占领了拉扎比尔，第7师占领了布迪当，而日本人则控制了隧道公路的大部分地区。3月22日，吉法德将军调遣这两个师到印度东北地区保卫英帕尔。然后，第26印度师和第36英国师开进若开刚被攻下的地区。随后第25印度师取代第36英国师的位置，而第36师则被派往缅甸北部作战以协助"温盖特旅"。

正当花谷正把他的部队撤到更易防守的位置，并等待季风季节来临的时候，克里斯蒂森的部队已经占领了孟都和第551号制高点。第二次若开战役顺利结束了。占领了新的战略要地之后，克里斯蒂森计划向隧道公路以南地区发起第三次攻击。与此同时，在缅甸北部，查尔斯·奥德·温盖特少将正在进行第二次"温盖特旅"战役。

"温盖特旅"又打回来了

1943年11月，罗斯福、丘吉尔和蒋介石在开罗开会，讨论亚洲首先要解决的军事和政治问题。尽管三位领导人在很多问题上存在着严重分歧，但他们还是达成了共识，并制订了一项旨在打开印度和中国之间的陆路和航空通道的战略计划。这一命令传达给了东南亚盟军所有的指挥官。1944年2月，盟军开始夺取日军占领的缅甸北部地区。盟军的所有其他军事行动都要服务于这一战略目标。罗斯福和丘吉尔都意识到夺取这一地区的重要性，这样便可以维持这一地区与中国的军事和后勤联系。他们担心的是，万一不能成功，蒋介石也许会退出这场战争，这可能会给缅甸的日本第26军重新部署对抗其他地区的盟军创造机会。

尽管在1943年春季第一次"温盖特旅"战役中盟军曾经在伊洛瓦底江受阻，温盖特将军和他的上级都相信如果对自己不太正规的军队进行重组、优化战略部署的话，就能够占领缅甸北部地区。第3印度师在"温盖特旅"战役中重组为6个旅，被称作远程巡逻突击部队。布罗迪指挥的第14步兵旅由第1贝德福郡和赫特福德郡团、第7莱斯特郡团、第2高地警卫团、第2约克团和兰开斯特军团组成。弗格森指挥的第16步兵旅则由5个团组成：女王第2皇家团、第2莱斯特郡团、第45侦察团、皇家炮兵第51和第69野战团。旅长佩罗恩的第23步兵旅包括4个团：惠灵顿第2公爵团、第4博德团、第1埃塞克斯团和皇家炮兵第60野战团。

其余3个"温盖特旅"的远程突击部队是由地方当局指挥的殖民地

↓缅甸英军"喷火"式战机执行完任务后返航。这种速度快、机动性好的飞机确保了盟军对日军空军第5师的空中优势

旅，其中两个旅实际上至少是由1个英国团组成。旅长卡尔弗特指挥第77印度旅，包括第1皇家利物浦团、第1兰开夏郡步枪团、第1斯塔福德郡团第3营、第6廓尔喀步枪团以及第3营和第9廓尔喀步枪团。伦塔涅旅长的第111印度旅由第2皇家团、第1苏格兰步兵团以及第3、第4营和第4、第9廓尔喀步枪营组成。

最后，吉尔摩旅长指挥的第3西非旅包括第6、第7、第12尼日利亚团。每一个远程突击团还包括一个工程连、一个缅甸先遣队、皇家空军联络军官、医疗人员以及照明部队和防空炮兵。

"温盖特旅"战役安排好之后，温盖特将军便开始实施旨在提高机动性和灵活性的具体战术策略，即把部队分成8个400人的分队进行作战。每个分队都是一个相对独立的作战部队，装备有迫击炮、机枪并可以得到支援。此外空军军官与这些分队一同前进，以确保与战斗机和轰炸机飞行员的通信联系。在部队的演习中，为了进行神不知鬼不觉的调动和攻击，温

↓中国军队跨过萨尔温江。在蒋介石的部队从东面向日军施加压力的同时，英国人指挥的"温盖特旅"从西面进入缅甸北部

盖特将军特地将部队很快分成许多小纵队或连队，这样做既能够守住已经占领的缅甸农村地区，又能够以团或旅为单位迅速集结起来。

日本军队占领的缅甸地区的兵力共有3个军，此外还有一些预备役人员和独立作战部队。日军第28军已经占领了若开地区，第15军开往英帕尔地区时，缅甸北部的守军本田准将的第33军便成为"温盖特旅"战役中盟军的主要对手。在东部地区，本田的几个师团还必须应付约瑟夫·史迪威将军率领的美国和中国军队。后来第53师团从调来帮助本田对抗盟军。尽管盟军正在增长的空中优势使日本陆军航空队第5飞行师团的增援行动变得比较困难，但是一旦得手，第5飞行师团还是能够援助缅甸北部的守军。

为切断日军与他们控制着的缅甸北部的交通线路并夺取这一地区，温盖特将军为他的"温盖特旅"制订了一个作战计划。当第16旅从陆路通过莱杜时，第77旅和第111旅在伊洛瓦底江附近的空旷地带实施登陆。这样温盖特的这3个旅就可以袭击因多。因多是日本空军的通信中心。如果战斗持续时间超过两个月，温盖特就准备再派3个旅增援。

1944年2月5日，弗格森所率部队开始了全程为580千米的行军。一个月后，牟田口廉也进攻英帕尔的"乌号"战役正在进行之际，弗格森的第16旅渡过了钦墩江。3月16日，英军占领因多以北160千米的伦金。伦金在距离敌人的目标东北80千米处。3月5日夜，卡尔弗特的第77旅抵达百老汇战场。连续4个晚上，英军共有12 000名士兵、3 000头骡子、几股炮兵部队以及大量食物和装备悄悄抵达这一区域。在因多东南，伦塔涅的第111旅的部分队伍如法炮制，尽管伦塔涅决定放弃这一地区，因为他认为部队身处无人之地极易遭受敌人的空中和地面部队的攻击。这样，第111旅的这一部分部队，就在百老汇登陆。

围困因多

为了保护百老汇战场，卡尔弗特派第3和第9廓尔喀步兵旅守卫该地，同时，皇家利物浦团的两个纵队充当"漂流部队"，在周围农村进行巡逻，以防日军对百老汇战场发动进攻。第77旅向因多北面很近的茂禄前进，计划在从因多到距离中国仅仅几千米的密支那之间的铁路上修建阻击阵地。3月16日，经过一场小规模的冲突，第77旅抵达茂禄以北仅仅1.6千米远的铁路沿线的一个据点，并且在白城建立了基地。这支部队迅速挖好了防弹壕沟和大炮

一一 "达科他" 型运输机向缅甸的地面部队空投物资。在第二次 "温盖特旅" 战役中盟军的空中优势确保了缅甸北部英军的后勤补给

掩体，铺设通信线路并拉上了铁丝网以阻挡日军。英军还顺利地占领了防御力量不足的茂禄，但由于其没有军事价值便很快撤出了。

在乔林稽，伦塔涅率领第111旅的部分队伍，从西北面协助卡尔弗特对因多的攻势。在这期间，伦塔涅派第3和第4廓尔喀的一个纵队作为一支独立部队消灭了因多东面公路沿线的日军。后来被称作莫里斯的部队，在靠近中国边境的克钦高地建立了基地，并对八莫至密支那公路发起了为期3个月的攻势，使得日军无法利用这一战略要道运输补给。尽管这样，日军还是可以进入伊洛瓦底江。

正当伦塔涅从南面孤立因多的时候，弗格森的第16旅已经兵临城下，做好了攻城准备。这时，布罗迪的第14旅和吉尔摩的第3西非旅已经在白城附近的阿伯丁战场登陆，与其他的 "温盖特旅" 部队会合。但是，在第111旅到达因多以北的基地之前，日本的增援部队已赶到因多。3月21日，日军第24独立混成旅3个大队和第4步兵联队组成的换防纵队进入市区并占领了防御据点。5天以后，日军击溃了弗格森几个营的进攻，同时另外几个装备有大炮和工程分遣队的增援部队陆续赶到。因此，因多的日本守军已成为英军的最大障碍。

此时，日军河边正三中将和他的高级参谋正在考虑放弃针对英帕尔的 "乌号" 作战计划，以便从缅甸北部驱散 "温盖特旅" 部队。按照牟田口廉也的意见，河边从第15军抽调一个大队的兵力增援因多的第24独立混成旅。日军缅甸战区司令还从英帕尔将第5飞行师团调到缅甸北部支援地面部队，同时也在考虑放弃 "乌号" 作战计划。

与此同时，第56师团的第146大队接到本田攻击百老汇的命令，但是日军在开往目的地的路上，被缅甸预警侦察机发现，遭受了严重的伤亡。不过当他们抵达并穿过基地的时候，却只遇到了廓尔喀部队25磅野战炮的阻击。

几天之后，英国皇家利物浦第10团从背后袭击了日军并几乎将其全部包围，迫使日军撤退。战斗中日军有150人被消灭。此外，英军 "喷火" 战机航空编队还击落数架企图摧毁百老汇战场的 "奥斯卡" 战机。日军第18师团的第114大队对白城的进攻也以失败告终。

深入缅甸

3月25日，在与第3战略空军指挥官、空军元帅约翰·鲍德温爵士会

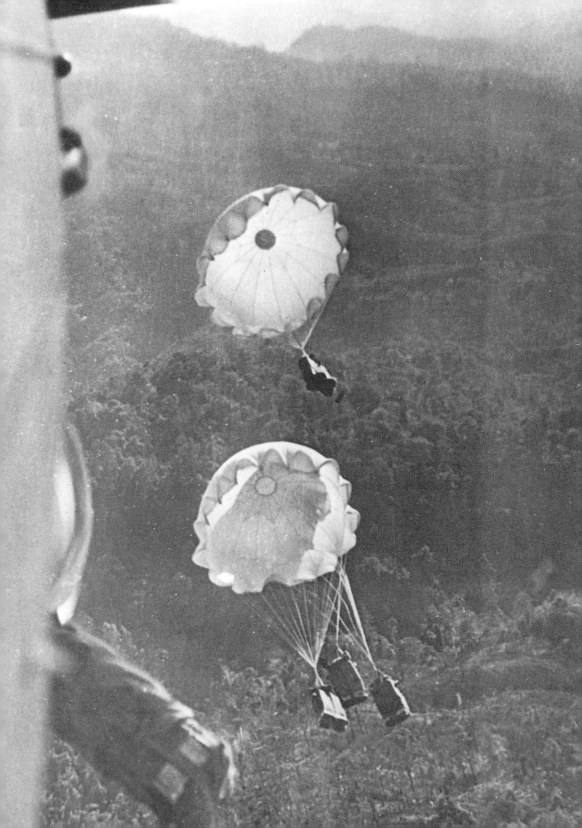

面之后，温盖特在英帕尔上空由于飞机失事而以身殉职。在"温盖特旅"中，温盖特具有广泛的影响和超凡的魅力，他的去世给缅甸北部战役的结果带来了很大的不确定性。两天之后，伦塔涅恢复了对第3印度步兵师的全部控制。"温盖特旅"的新统帅不得不面对日军对因多据点的猛烈反攻。

　　几天之后，日军第24独立混成旅得到了更多的增援。该旅编制达到了一个师团的规模，并开始向白城进军。在对"温盖特旅"的基地进行了炮轰之后，日军3个营在4月5日夜里攻占了这一基地。"温盖特旅"士兵能够清楚地看到白城南面和西面的稻谷地，于是攻击便从北面和东面的树林中开始。由于进攻行动在基地的边缘受到拖延，因此伤亡很大。当"温盖特旅"开始动用迫击炮和机枪的时候，日军才开始撤退。拂晓前开始的另

↓缅甸密支那附近的美军使用37毫米反坦克炮弹向日军碉堡开火。1944年8月中国和美国部队占领了该地区

一场战斗与此类似。

第二天凌晨，成群的P-51"野马"战斗机和B-25"米切尔"轰炸机向白城附近的日军据点发起猛烈的扫射。除了空袭对日军造成的伤亡外，当天夜里，精神饱满的第24旅对日军基地又发起了进攻。尽管装备了可以撕破日军铁丝网和其他障碍的"班加罗尔鱼雷"（爆破筒），但是，当天夜里的两次攻势还是都被日本守军击败了。之后的3个晚上由另外7个营发动的攻势也都无功而返。而在空中，白城的防空部队和盟军的战斗机有效地抑制了"温盖特旅"战役中日军第5飞行师团的火力。

同时"温盖特旅""漂流部队"在第24旅的侧面进行防守作战。第7尼日利亚团切断了日军从茂禄到因多的交通线路的同时，第3和第6廓尔喀团和第45侦察团从东南面进攻，摧毁了敌人的指挥部、管理区和数座大

↓美国第5航空队的两架B-25"米切尔"式中型轰炸机轰炸新几内亚北岸韦瓦克的一座机场。这种飞机最大可携带1 360千克炸弹，飞行速度为每小时442千米（275英里）

↑ 1944年5月18日，美国陆军第41师第163团从新几内亚北岸登上韦克德岛。这次登陆行动是霍兰迪亚战役的一部分。道格拉斯·麦克阿瑟将军领导的这一战役目的在于把日军赶到新几内亚岛的内陆

炮掩体。日军被夹在白城和凶猛的反攻部队之间，于是他们对基地发起了疯狂的进攻，结果指挥官阵亡。第6尼日利亚团立足基地，从北面向日军发起猛攻，而廓尔喀团和侦察部队从南面继续向敌人施加压力。此外27架"野马"战斗机从空中向日军阵地猛烈扫射。

　　尽管"温盖特旅"可以全歼日军第24独立混成旅，但卡尔弗特没有抓住机会，还是让日军的幸存者向南逃跑了。4月18日，"温盖特旅"部队成功地占领了因多，接着继续对全地区的日军进行毁灭性的打击。月底，布罗迪的第14旅摧毁了日军21个补给站和弹药库，点燃了日军68 200升汽油并切断了因多以南16处铁路线。英印军队还在所到之处深挖陷阱，埋设地雷。这些行动导致日军从缅甸与英帕尔和科希马前线之间的交通线路严重损坏。

　　月底，盟军东南亚战区司令部命令"温盖特旅"放弃因多、茂禄、白

城、阿伯丁和百老汇，转向东北协助史迪威将军占领密支那和孟拱。特别是第111旅要在和平镇附近的因多–密支那铁路沿线建立封锁阵地。卡尔弗特的第77旅以及第3西非旅分别保卫该阵地的东西两翼。这样一来，"温盖特旅"便可以攻打布莱克浦机场了。

战斗中"温盖特旅"部队遇到了很多麻烦。布莱克浦机场并没有在铁路旁，而是建在附近伸向低谷的铁路支线旁，还有日军炮兵把守，地势易守难攻。加之季风季节的到来，机场周围的低地洪水泛滥，所以在进攻之前，第77旅很难到达布莱克浦机场。而且，第111旅在构筑防御工事方面缺乏经验，极易被敌人攻破。

移师密支那

5月25日，当武田中将指挥的日军第53师团从被他们重新占领的因多

↓韦克德战役后岛上的残局。海边停泊着2艘运输船和1艘鱼雷巡逻艇

开过来攻击位于布莱克浦的第111旅的时候，英印军队原来的担心变成了现实。就在这时，由于没有援军，第77旅被洪水围困，"温盖特旅"被调到了因道支湖以西数千米的地方守卫"卡塔利娜"式水上飞机，这些飞机可以运走感染了疟疾的士兵。第111旅被困在质量颇差的防御工事内，当敌人逼近的时候，只好撤退。

5月17日，梅里尔的部队和一个中国团占领了密支那机场。自布莱克浦失利之后，史迪威开始担心前来保护该镇其他地区和孟拱的日本援军会陆续抵达。于是，他赶在日军增援部队到来之前，从中国调来三万士兵完全占领了密支那。与此同时，伦塔涅命令第77旅进攻孟拱，还催促莫里斯的部队进攻伊洛瓦底江东岸的日本守军。

这时守卫缅甸东北部的孟拱、密支那和其他地区的任务就落到了包括第53师团在内的本田的第33军肩上，在胡冈谷地，日军卡迈第18师团负责抵抗并驱逐史迪威的部队。然而，一个中国团切断了日军的通信线路，而且经过激烈战斗，盟军占领了该镇并歼灭了顽强抵抗的日军第18师团。在东南面，日军第56师团的1个大队绕过第12个中国师向密支那增援，对付梅里尔的掠夺者部队的攻击。3 000名日本士兵以15∶1的优势坚守阵地76天。

盟军的胜利

6月初，卡尔弗特的第77旅抵达了孟拱，并用2 000名士兵攻打孟拱的守军。在没有飞机和大炮支援的情况下，虽被阻挡在一座跨越深溪的桥上，但他们还是摧毁了敌人的一座医院和弹药库，并俘虏了50人。这座桥的战略位置非常重要，因为它延伸到该镇的其余部分。经过战斗，第3和第6廓尔喀旅占领了一处浅滩，这样该旅就能够在夜里过桥并从桥的另一侧攻击日军。由于日军面临在孟拱被"温盖特旅"围困的危险，于是本田命令第53师团集中精力守城。孟拱的防御得到了加强，卡尔弗特的部队成了重炮轰击的目标。但是，很快附近一个美国陆军航空队基地的27架"野马"战斗机赶来增援，袭击日军炮兵连，同时"温盖特旅"迫击炮部队猛烈轰击孟拱日军。6月17日，中国第114团携带25门大炮抵达孟拱。经过9天的激烈战斗，第77旅最终占领了该城，战斗中盟军伤亡1 500人。

现在孟拱到了盟军手里，史迪威计划派大量减员的第77和第111旅对

↑ 1944 年 3 月，在缅甸印度军团服役的一名美军士兵，这名狙击手身上带着水瓶、弹药袋、系在腰带上的钢丝钳和背包。他的武器是装有 M73 B1（韦弗 330c）望远镜的 M1903 狙击步枪

付密支那的日军。这时，蒙巴顿认为这两个"温盖特旅"已经伤亡很大，便将他们疏散了。对史迪威来说幸运的是，守卫密支那的日军也已经筋疲力尽。日军于8月初撤出了该地区，因此盟军没有遇到多少抵抗就占领了该城。拿下孟拱和密支那可以让盟军有效地完成对缅甸北部地区的占领，为史迪威将军提供了一块中国和印度之间的安全地带和空中通道。

　　到8月底，"温盖特旅"其他的部队占领了更多的地区。8月9日，第3西非师占领了萨茂。三天后，第14旅又加入了该师，两支部队攻占了布莱克浦要塞附近的一个铁路枢纽。到年底时，史迪威派3个师向西攻占"温盖特旅"已经开始进攻的这座古镇。士气低落的日军第53师团和第18师团的残兵败将撤出了这一地区。到12月，史迪威的部队占领了因多及以北的所有地区。

　　正当中太平洋舰队在东面攻占日军占领的岛屿时，盟军地面部队在西

↑在新几内亚的艾塔佩，美军正在审问日军战俘。1944年4月，麦克阿瑟的部队占领了该城，战斗中美军19人牺牲，日军525人被消灭

面也占领了缅甸的部分地区。在南面，麦克阿瑟将军的部队攻占了新几内亚的几个日军据点。3月底，麦克阿瑟在布里斯班与尼米兹和第5陆军航空队少将乔治·肯尼会晤。在这次会晤中，他们制订了一个旨在将缅甸北部作为向菲律宾和中国台湾进攻的垫脚石的战略计划。为了确保名为"霍兰迪亚攻势"的胜利，尼米兹主动提出让第58特遣舰队的航空母舰为麦克阿瑟的两栖陆战部队登陆提供空中掩护，尽管他们担心遭受日军飞机袭击，但肯尼认为，这种担心是多余的，因为他的舰队已经摧毁了日军在这一地区的空中力量。

　　在开始登陆霍兰迪亚时，盟军袭击了丧失警惕的日军。日军期盼着战斗，但不是现在，而是以后。3月底，日军第2方面军司令阿南惟几将军认为，敌军会在新几内亚东部发动进攻，于是命令安达二十三中将派第18军的部分士兵增援这一地区。尽管安达二十三本人认为，敌人有可能进攻

↓艾塔佩战役后美军第41师的士兵正在休息。对该地区的占领为美军进而攻占新几内亚北部多提供了两条可用的飞机跑道

东部的韦瓦克和汉萨湾，但他还是服从了命令：将两个联队的兵力从韦瓦克经过338千米的艰苦跋涉、穿过滋生鳄鱼的池塘前来增援霍兰迪亚的日军。盟军在新几内亚占有的海军优势使安达的部队无法袭击盟军开往这一地区的运输船只。

↑澳大利亚士兵设法通过新几内亚岛上地势崎岖地区的一条河流。麦克阿瑟的部队向北征服菲律宾的时候，澳大利亚军队留在这里肃清小股日军

　　由于截获了安达二十三的无线通信信号，美军便进行了佯攻，向韦瓦克和汉萨湾展开猛烈的海上和空中轰炸。但这一招并没有完全奏效。4月22日，美军第6军的3支攻击部队在这一地区的西部登陆时，没有遇见一个敌人。在霍兰迪亚东部，第41师第163团在艾塔佩登陆，制服了驻守在这里主要由飞行员和地勤人员组成的小股防御部队。

袭击霍兰迪亚

　　在霍兰迪亚，由11 000名日军士兵组成的守卫部队——其中大多数不是战斗士兵——被赶到了内陆地区。同时，美军第24师在霍兰迪亚以西35

千米的塔纳莫拉湾登陆。登陆以后，这两支美军师经过4天的战斗终于占领了圣塔尼湖附近的一个空军基地。占领霍兰迪亚的战斗几乎没费吹灰之力，美军只有152人牺牲，而日军却损失惨重：3 300人被消灭、600人被俘虏，其余人逃往了萨尔米的一个基地。

正如麦克阿瑟所描述的那样，霍兰迪亚和艾塔佩陷落之后，日军第18军已成了瓮中之鳖，澳大利亚和美军分别在其东西两面形成包围之势。在伤病缠身又缺乏后援的情况下，安达二十三决定冒死反攻。安达二十三将两万人留在韦瓦克防御盟军，自己亲自率领其余士兵向盟军进攻。5月底，他的35 000名士兵经过远征抵达艾塔佩，开始了为期两个月的基地收复战。

与此同时，盟军完成了对新几内亚北部沿岸的占领。5月17日，名为"托马德特遣部队"的突击队——原来的第163团率先在附近的村庄登陆。这一作战部队的一部分攻占了马芬湾附近的机场，另一部分向瓦克德岛发起进攻。然而，这一次日军的抵抗是顽强的。经过4天的激烈战斗，盟军攻陷了瓦克德岛。在马芬湾，1万名隐蔽在沟壕里的日军第2军第36师团的士兵，顽强抵抗到9月盟军部队援军到来后才撤出战斗。这一战役中双方的损失也是相差悬殊：美军440人阵亡，日军损失5 000人。

在马芬湾西北320千米的比亚克岛上，有4 000名日军和很多支援人员

←←澳大利亚士兵向日军据点发射76毫米（3英寸）迫击炮弹。1945年5月澳大利亚军队占领了韦瓦克。这是日军在整座岛屿北部的最后一个据点

↓95型坦克是日本战争中最常见的坦克之一，没有足够的武装和装甲。日本坦克很适合在缅甸和菲律宾的丛林道路上巡逻，但在太平洋的入侵中，日本坦克的集中度都不足以对抗盟军的装甲部队。每四个坦克排中只有一辆坦克装备了无线电，若无线电被击毁，这个排就会陷入混乱

95型轻型坦克

把守，这里到处都是山洞，地势崎岖不平，非常难于占领。即使这样，5月底，历经11天的战斗，美军第41团占领了该岛上的一座机场。战斗持续了几个星期，直到8月20日第6军指挥官沃尔特·克鲁格将军宣布完全控制该岛为止。战斗结束的时候，美军有400人牺牲，2 000人受伤；与往常一样，日军损失惨重：4 700人被消灭，220人被俘虏。

美军第158团在比亚克以西的诺埃姆福尔岛登陆。7月6日，盟军第5航空队对该岛进行了密集轰炸之后，第158团和第503伞兵团的1 400名士兵占领了该岛。战斗中美军63人牺牲，日军2 328人被消灭。对诺埃姆福尔、比亚克、马芬湾和瓦克德的占领为麦克阿瑟发动菲律宾战役提供了急需的几座机场。

鸟头半岛

月底，美军第6师新组建了"台风特遣部队"，该部在新几内亚西段的鸟头半岛登陆。由于只遇到较小规模的抵抗，"台风特遣部队"巩固了对这一地区的控制，将日本第2方面军的司令部围困在马诺夸里。对鸟头半岛的占领，确保了盟军对新几内亚整个北部沿岸的控制，为麦克阿瑟取得霍兰迪亚战役的胜利创造了条件。完成这一既定目标后，盟军便可以集中精力解放菲律宾了。

然而在新几内亚仍有小股日军在顽强抵抗，他们主要集中在艾塔佩一带。在这里，安达二十三的部队正在攻击由美军15个步兵营和两个骑兵中队组建的第11军。7月份，安达二十三向美军发起了两次疯狂进攻，结果损失惨重。一万人被消灭之后，8月9日，他把部队撤退到了韦瓦克。盟军指挥官决定让日军第18军团继续留在那里，直到1945年5月，这与"跳岛战略"是一致的。安达二十三的部队此时已经筋疲力尽，他们只是在固守着一个没有军事价值的地区。

在华盛顿，马歇尔将军问麦克阿瑟，盟军对在新几内亚未被击溃的日军应采取何种作战计划时，麦克阿瑟回答，这问题并不重要，他已将肃清残余日军的任务交给了托马斯·布莱梅爵士和他的澳大利亚部队。在以后的战争中，12个澳大利亚旅开始执行这一既危险又没有多大吸引力的任务。与此同时，麦克阿瑟将军一如既往地继续向北进军，准备参加攻打菲律宾的战役。

7

黎明的曙光

在马里亚纳群岛和菲律宾群岛，美国军队进行了一系列的空中、海上和陆地保卫战，以夺取对太平洋的控制权。

1944年6月中旬，美军第5舰队抵达菲律宾海最东端的马里亚纳群岛。这是一支庞大的舰队，它由535艘战舰和运兵船组成。这支舰队的127 571名士兵和海军陆战队员，随时准备对日本帝国的任何一地进行攻击。马里亚纳群岛位于东京东南2 092千米、马尼拉以东2 404千米，是盟军的重要攻击目标。切斯特·尼米兹海军上将和其他的高级将领认为，占领马里亚纳的主要岛屿可以切断敌人的补给线，并孤立特鲁克和其他辽阔地域的日军。此外，攻占这些群岛还将为美国陆军航空兵的B-29"超级空中堡垒"式轰炸机袭击日本提供基地。

美军准备通过"掠夺者行动"占领塞班岛、提尼安岛和关岛。尼米兹选择塞班岛作为首先攻打的目标，因为它距离日本最近，并且最适合做B-29轰炸机的基地。有大批日本人居住的塞班岛，长约23千米，宽8千米。岛上驻扎着斋腾义次中将和他的第31军的25 469名士兵及南云忠一中将和他的6 100名海军士兵。由于日军总部没料到盟军会攻击马里亚纳群岛，因此数月以来，塞班岛上的日本驻军没有得到增援。相反，盟军对帕劳群岛的牵制性空中打击使日本军队的高级将领误以为盟军会在几百千米以南发起攻势。

在塞班岛战役的准备过程中，美军第5舰队的战列舰首先轰击了该岛上的日军阵地。可是，由于承担此次登陆任务的海军陆战队缺乏攻打地面

阵地的经验，他们没能攻占敌人的很多阵地。这样一来，6月15日，战斗在西南海滨爆发时，日本军队的迫击炮阻止了第2和第4海军陆战师的水陆两用车的登陆行动。尽管这样，两万多名海军陆战队员还是成功地抵达了目的地。战斗打响的当天，美军有553人牺牲，另有1 022人受伤。

登陆后几个小时，美军的这两个师才击败了斋腾义次部队连续两个夜晚的袭击。在24小时之内，海军陆战队员占领了塞班岛西南角的大部分地区。拿下几个日军阵地之后，他们准备先占领具有优势的制高点，之后再夺取该岛的其他地区，然后第4师转向东部地区攻占阿斯利托空军基地。同时，第2师北移占领中部的塔波乔山。与此同时，第27军陆军师的两个团到达两个海军陆战队之间的地区。

菲律宾海战

尽管日军暂时失利，但当获悉小泽治三郎中将和他的第1机动舰队包

↓F6F"悍妇"战斗机准备从"列克星敦"号的甲板上起飞袭击马里亚纳群岛上日军的飞机。这一地区的日军空中力量遭到了美军重创，确保了美国对太平洋上空几乎毫无争议的控制

括无畏级战列舰"大和"号和"武藏"号在内的数艘战列舰已向塞班岛赶来的消息后，斋腾义次备受鼓舞。得到增援之后，小泽此时拥有5艘战列舰、13艘巡洋舰、28艘驱逐舰和9艘拥有430架飞机的航空母舰。但是，与美国军队相比，日军所拥有的战斗机数量并不占优势，他们的战斗机和俯冲式轰炸机飞行员也远没有美军经验丰富。尽管这样，日本援助舰队的到达，意味着更残酷的海上战斗即将开始。

根据两艘美军潜艇对日军在菲律宾海战舰的侦察，指挥第5舰队的雷蒙德·斯普鲁恩斯上将掌握了小泽的作战计划。这一重要情报，迫使他放弃原定于6月18日攻打关岛的计划，而让大部分军舰向东撤退。这样一来，第58特遣舰队将和敌人的机动舰队作战。马克·米切尔中将和他的这支特遣舰队移师提尼安岛以西290千米的一个基地，并在那里等候小泽舰队的到来。6月18日，日军发现米切尔的战舰，于是准备应战。

次日凌晨，61架"零"式战斗机和8架鱼雷轰炸机从日本军舰上起飞

↓登陆艇运送美军到塞班岛的海滩。占领了塞班岛、关岛和提尼安岛之后，尼米兹海军上将切断了日军的补给线，这里到日本本土的距离正好在B-29轰炸机的打击范围之内

"大和"号

↑日军"大和"号战
列舰。由于没有有效
的空中支援。体积庞
大的"大和"号极易
受到美军的攻击，日
军司令部很不情愿使
用这种战舰。然而
"大和"号还是被派
去增援马里亚纳群岛
小泽将军的舰队，并
在此次战斗中幸免
于难

直奔第58特遣舰队。与此同时，驾驶F6F"悍妇"战机正在关岛与日本飞
机激战的美军飞行员接到命令后返回特遣舰队所在地，重新编组准备迎战
小泽的飞机。米切尔的俯冲轰炸机轰炸关岛的机场跑道，以阻止日本飞机
降落加油。接近中午时，"悍妇"战斗机飞行员飞上蓝天与"零"式战斗
机展开决战。这次空战对美军来说是一次特别的胜利，被称作"马里亚纳
射火鸡大赛"。在保卫第58特遣舰队的战役中，"悍妇"飞行员击落小泽
首轮进攻的69架飞机中的42架。一些日本飞行员略施小计绕过美国战斗机
后去轰炸"南达科他"号战列舰，炸死27名水手，但美军所有的快速航空
母舰完好无损。

　　当日傍晚，小泽集结53架俯冲轰炸机、27架鱼雷轰炸机及48架战斗
机，准备对第58特遣舰队进行第二次袭击。空战的结果与第一次很相似，
"悍妇"战斗机击落70架日军飞机，第58特遣舰队除1艘战舰受损外其他
战舰都完好无损。只有"邦克山"号被一枚鱼雷击中，3名士兵阵亡。同
日，日军的另外两次空袭也以失败而告终。小泽损失了2/3的作战飞机。6
月19日，日军从地面起飞的50架飞机被击落。这样，在残酷的马里亚纳群
岛战役中共有300架日本作战飞机被摧毁。在水下，美国的潜艇也对日军
的第一机动舰队发起了进攻。"马里亚纳射火鸡大赛"的同一天，美军击
沉小泽的两艘航空母舰，其中一艘是旗舰"大凤"号。这位日本海军上将
和他的高级将领乘坐救生艇逃离了正在下沉的航母，到了另一艘军舰上。
尽管遭此不测，小泽还是让他的舰队停在提尼安岛附近并准备再次发动攻
势。不可思议的是，他的决定是建立在战机全力以赴并完成加油任务，很
快就会飞回来恢复对第58特遣舰队的进攻的假设基础之上的。

　　同时，米切尔得到斯普鲁恩斯进攻日军第一机动舰队的许可。6月20
日下午，第58特遣舰队确定了小泽军舰的方位后，派54架鱼雷轰炸机、77
架俯冲轰炸机和85架战斗机对付敌人。天黑的时候，"悍妇"战斗机追上
了敌人的舰队，并避开了前来阻截的日军飞机，把炸弹扔在了敌人的军舰

上。战斗结束时，"飞鹰"号航空母舰被击沉，这些美军战机还炸毁了另外几艘战舰，并将65架日军战机击落。在这次空袭中，虽然美军损失了20架战机，却将日军的第一机动舰队赶回了日本。

具有讽刺意味的是，美国空军最危险的敌人却是黑夜，他们退缩到了航空母舰上。许多美军作战飞机因油料耗尽而坠入菲律宾海，即使有些返回了航空母舰，也在甲板上坠毁了。为了减小作战飞机着陆的难度，米切尔命令打开船上所有的灯，以便飞行员能够看清跑道。尽管这样，派去对付日军舰队的216架飞机中还是有80架掉进了大海。

在马里亚纳群岛海战中，日本海军受到了沉重打击。在两天的战斗中，小泽损失了3艘航空母舰和90%以上的作战飞机。有许多日本战舰受到重创。相比之下，美军共损失了130架作战飞机和76名飞行员，这次

↓加罗林群岛西部鸟瞰图。照片左侧为佩莱利乌岛的东北角

战斗成功地阻止了外围日军向被围困在塞班岛及其周围海域的守军提供援助。

到6月21日，美国第2和第4海军陆战师占领了塞班岛南部的一大半地区。战斗仍在继续进行，第2师沿塞班岛的西岸北上抵达塔波乔山；第4师向东抵达格曼半岛。虽然这两个师的部队进展顺利，但后来他们发现自己处于孤立无援、困守阵地的境地。在塞班岛中部，后援部队前进受阻，而第27师拉尔夫·史密斯少将又是一个谨小慎微、按部就班、害怕部队伤亡的指挥官。由于对他的这种作战风格不满，第5两栖部队司令霍兰·史密斯中将说服斯普鲁恩斯把他发配到了欧洲战场。

↓作为入侵塞班岛的先头部队，一群海军陆战队员挤在沙丘后面等待增援部队的到来。不到一周，美军就占领了该岛南部的大部分地区

塞班岛大捷

临阵换帅之后，塞班岛的美军恢复了进攻，并在6月底占领了塔波乔

↑美军"田纳西"号战列舰炮轰佩莱乌岛上的日军阵地。日军通过建立隧道和洞穴在该岛形成了完善的防御系统

山以南几乎所有的地区。一周之后，日军被迫退到该岛的北端。面对不可避免的失败，感到奇耻无比的斋腾义次和南云忠一双双自杀身亡。第二天，7月7日，他们的残余部队在塔纳帕格港疯狂地与第27师展开肉搏战。在占领了两个营并到达后方指挥所后，日军的进攻失败了，4 000多具尸体散落在各处。

7月9日，美军宣布占领塞班岛。然而，数以百计的日本人不甘于美军的长期统治，选择了自杀的道路。美军试图劝阻当地日本侨民，并保证他们可以得到人道的对待，结果没有成功。大多数日本人还是选择了跳海自尽或引爆手榴弹的方式自杀身亡。在塞班岛战役中，美军伤亡16 525人，而战斗至死的日本防御者约有29 000人。

对于盟军而言，攻占塞班岛使得他们终于获得了足以向日本本土发起轰炸的飞行基地。在东京，马里亚纳群岛惨败的消息迫使首相东条英机及其内阁在7月18日总辞职。东条的继任者小矶国昭公开质疑了继续进行战争的必要性。他和裕仁天皇都意识到了此时战争将降临在日本本土，国民将生活在恐惧之下，城市将被夷为平地。

提尼安岛位于塞班岛西南4.8千米处，是第5舰队攻击的又一目标。由于地表相对平整，日军在这座岛上建有3个机场。"掠夺者行动"开始时，第4条飞机跑道正在建设之中。虽然岛上的地势相对平整，但在其沿

F6F"悍妇"战斗机

↑美军 F6F"悍妇"战斗机。战争后期美军的 F4F"野猫"战机逐渐被 F6F"悍妇"战机所取代。这种战机时速可达每小时610千米（380英里），是日军 A6M"零"式和其他战机的强大对手

岸要找到一块登陆地点却不容易，因为沿岸几乎全是山岩。最初，美军认为唯一一块可以登陆的地点似乎是提尼安镇周围的海滩，然而这里有日军严密把守。最后，海军潜水员发现了岛屿西北角两处无人把守的海滩。而这里在驻守提尼安岛的日本将官看来，登陆是不可能进行的。

攻占提尼安岛和关岛

7月24日，第5舰队开始大规模炮击提尼安岛。随后美军部队做出从提尼安镇沿海进攻的姿态。在从提尼安镇附近西南海滩登陆的同时，一队运输舰队佯装败退，使日军误认为在海岸的战斗中击溃了美军的进攻。与此同时，美国第4海军陆战师的两个团在岛的西北角登陆，在距离日军提尼安镇指挥部1.6千米的地方建立了防御阵地。当晚，海军陆战队又击退日军一次进犯。一周之内，第2和第4海军陆战师的大部分士兵和坦克、大炮部队纷纷抵达这里。凭借西北角的战略基地，美军顺利挺进岛内平地，轻松打退了敌人的反击。到8月初，美军占领了整个提尼安岛，将所有的空军基地置于盟军控制之下，这为日后袭击日本本土创造了条件。与此同时，关岛以南160千米处战事又起。

关岛作为马里亚纳群岛中最大的岛屿，其地势崎岖不平，大部分为丛林密布的山谷和陡峭的山崖。尽管这一岛屿全长有48千米，但是大部分军事目标都坐落在西岸。这些地点包括阿加纳镇和位于奥罗特半岛、拥有一个海军基地和一个大型空军基地的阿普拉港。在原定7月21日开始的作战计划中，美军的决策者们制定了一个从两头进攻的方案。在阿普拉港的北部，第3海军陆战师实施登陆占领海军基地；同时第77陆军师的第1临时海军陆战旅攻击阿普拉港南部并孤立驻守奥罗特半岛的日本军队。

与攻打提尼安岛不同，关岛战役打得异常艰苦。当两支部队在海滩登

陆的时候，遭到来自附近山崖顶部日军第29师团炮兵部队的攻击。虽然美国占领关岛已达数十年之久，但第5舰队没有一幅准确完整的地图。这一粗心的结果，造成了美军前进受阻和海滩上海军陆战队员的大量伤亡。7月25日，第1临时海军陆战旅最终占领了一条穿越奥罗特半岛的公路，这样便切断了那里的日军退路。

第二天夜里，关岛上的日军为了摆脱被围困的境地，准备背水一战。为了增加匹夫之勇，他们喝得酩酊大醉，冲入美军的大炮轰击区域，结果损失大半，剩余的人逃入了一片沼泽地。往北8千米的地方，日本与第3海军陆战师展开战斗，至少在最初的几个小时内，对日军来说进展得非常顺利，日军对阿普拉港的控制一直持续到第二天早上。战斗在无序和混乱中进行，看上去很像是一场暴动。之后，日军在沙滩上扔下3 500具尸体，日军被迫撤退。

7月底，美国军队占领了阿普拉港及其周围数千米的地区。在以后的两周里，双方之间的激烈战斗一直持续进行，直到美军向北横扫的两个师渐渐地将敌人推到里瑞提迪恩和帕蒂，向大海退去的第29师团做了最后一

↓登陆塞班岛后，美国海军陆战队在炮火中寻找安全的躲避场所。图中，远处一辆两用登陆车中弹起火

次抵抗。到8月10日，从人数上来说他们已处于明显的劣势。尽管在局部的小块地区仍有敌人游击队似的抵抗，但这时候美军第5舰队终于可以宣布完成了对该岛的占领。关岛战役中有1 919名美军士兵牺牲，7 122人受伤，另有70人失踪。而日军的伤亡又是十分惨重：大约17 300人死亡，485人被俘虏。

　　马里亚纳群岛落入盟军手里之后，尼米兹和其他将军将目光转到以下两个目标：菲律宾的棉兰老岛和位于西加罗林群岛的帕劳群岛。帕劳群岛的位置在菲律宾以东800千米、特鲁克以西1 600千米。其中在佩莱利乌岛上建有一个日军大型空军基地。南太平洋地区指挥官威廉·哈尔西上将认为占领这一地区对大规模强攻菲律宾来说没有多大必要，但是他的上司尼米兹却持相反的看法。他认为，那里的日军是攻占棉兰老岛和莱特岛的潜在威胁。

进军加罗林

　　于是，尼米兹制订了名为"僵局Ⅱ"（又称"死棋"）的军事行动计划。该计划要求盟军在9月15日攻占佩莱利乌岛，同时攻占棉兰老岛。威廉·鲁珀特斯少将指挥的第1海军陆战师荣幸地成为攻打佩莱利乌岛的先头部队。然而在9月13日，哈尔西建议尼米兹取消这一作战计划。在协助攻占佩莱利乌岛和对菲律宾的日本空军基地进行轰炸的战斗中，哈尔西的司令部得到情报：日军的抵抗非常微弱。因此哈尔西得出结论，日本在太平洋地区的空中力量已经被马里亚纳群岛及其他地区的美军彻底摧毁了。尽管他极力劝说尼米兹取消攻占棉兰老岛的计划，但佩莱利乌岛战役还是如期进行了。

　　自4月份以来，日军守卫佩莱利乌岛的部队一直是第14师团的6 500名士兵。井上贞卫中将手下的这些士兵是来自中国战场的久经沙场的强悍骁勇之师。与其他日军将领不同的是，井上抵抗盟军进犯、指挥作战并不是不计后果。相反，他充分利用该岛的崎岖地形建立起了有效的纵深防御系统。机场设在岛的南端，上面就是杂草丛生、岩洞密布的乌穆尔布罗戈尔

←←美军"宾夕法尼亚"号战列舰上的水兵正在传送用于轰击帕劳群岛的炮弹。珍珠港遭袭时该舰一直在干船坞，受到的损害相对较小

↓日军"大凤"号航母。1944年3月开始服役。是一艘在甲板和船体上有厚厚的盔甲保护的先进航母。同年6月19日在菲律宾海战中因遭到美军潜艇发射鱼雷的攻击沉入海底

"大风"号

山脉。该岛已被日军占领了几十年，早期由于开采磷酸盐矿时，留下了一个完整的如同蜂窝的隧道系统。通常一个内部挖空的山洞可以供1 000人做掩体，而其他掩体则装有牢固的铁门——打开让榴弹炮开火，并在炮击之间砰地关上。井上还确保这些基地备有足够的弹药和补给。

由于早就料到美国军队会像洪水般涌来，因此井上对他的部队进行了针对性的战术训练，以避免继续发生在其他岛屿日本守军身上的严重伤亡事件。一旦他的部队不能阻止美军从海滩登陆和巩固他们的基地的话，就要迅速撤退到防御工事中，向预设目标发射迫击炮。他还告诫自己的士兵，即使敌人越过控制线也不要自杀。相反，应该尽快躲起来，直到美军通过之后，再从背后袭击他们。

8月底，美军轰炸机从新几内亚抵达帕劳岛链，对几个岛屿上的日军

↓从空中拍摄的关岛澳波特半岛上日军的一座机场。这里是美军在马里亚纳群岛为了攻击日本本土而一直寻找的众多理想目标之一

阵地发起猛烈轰炸。随后，哈尔西第3舰队航空母舰上的战机也执行了相似的任务。此时杰西·奥登多夫海军少将指挥的由战列舰、巡洋舰和驱逐舰组成的部队也已抵达佩莱利乌岛。连续三天的轰击摧毁了岛上数座日军目标，却没有给井上的地下防御工事造成多少破坏。当时，将军不在佩莱利乌岛上。相反，他在另一个岛上指挥整个群岛的防御。

血战佩莱利乌岛

9月15日，第1海军陆战师开始按计划登陆。由于受到第3舰队胜利的鼓舞，驾驶水陆两用车的海军陆战队员在通往海滩的路上，摩拳擦掌、士气高昂。然而，在他们距离海岸数百米时，日军的大炮、机枪和迫击炮同时开火。在登陆部队中，第5团所受的损失相对小些。在北部，由于日

↓佩莱利乌岛。美军陆战队员将受伤的战友抬上纵队医院的C-46型飞机。这场岛屿之战夺去了1500多名美军士兵和1万名日本守军的生命

军占据了有利地形，可以从山上的阵地向海滩开火，因此第1团的损失最大。在南面，第7团则由于矿井和障碍的影响被迫成一路纵队前进，这样就使得敌人第14师团的大炮能够以很高的命中率袭击美军的水陆两用车。

当第5和第7团成功登陆后，日军回撤，准备发起反攻。第5团利用这一战斗间隙占领了机场的南端。再向南，第7团则乱作一团，因为他们的水陆两用车被迫胡乱停靠在一起。在最北端，第1团因与敌人交火，登陆受阻。在靠近海岸的时候，第1团的大部分指挥车被日军击沉，就连团长刘易斯·普勒上校用无线电求助也没能派上用场。在最北侧的海军陆战队，遇到了被严密保护在一座珊瑚礁内和铜墙铁壁似的碉堡里敌人的反抗，整个海滩都处于敌人的射程之内。

在两小时残酷的战斗中，普勒损失了整整一个连的部队，最终他的团在左侧控制住了敌人。当天下午，敌人出动13辆轻型坦克向海军陆战队发起反攻。作为回应，美军出动12辆谢尔曼坦克和1架俯冲式轰炸机击溃了敌人的装甲部队。事实证明，美军这一强大的火力对脆弱的日军装备来

↓两栖登陆车将陆战队员送到关岛。先头部队在岛上建立基地并向岛内推进之后，这种登陆车可以向岛内很多地方运送增援部队

说，是具有毁灭性的。最后日军第14师团丢盔卸甲仓皇撤退。

当晚和第二天上午，日军用迫击炮攻击第1团，但在下午这支海军陆战队又一次击退了日军的地面进攻。同时，其他两个团从日军第14师团手里拿下了机场，并占领了佩莱利乌岛的东海岸。这样，便将日军第14师团截为两段。然而日军埋伏在乌穆尔布罗戈尔山上的炮兵随时可以轰击靠近的飞机，此时美军还不能使用这座机场。

由于第5和第7团要集中精力对付机场周围的日军，攻打乌穆尔布罗戈尔山的任务就落到了第1团的肩上。崎岖的地势，加之岩石表面覆盖着腐烂的珊瑚和厚厚的植被，导致该山极其难爬。9月17日，普勒的海军陆战队开始慢慢地攀登这座令人恼火的山。借助火箭筒和海军炮火的援助，他们成功地炸毁了通往山峰顶上的几座山洞，但同时他们也伤亡惨重。在佩莱利乌岛3天的战斗中，第1团损失了近一半的兵力。

9月18日，乌穆尔布罗戈尔山上的日军发起困兽般的反攻，将第1团一部分打回到前一天的位置。接下来的两天里，普勒的士兵总是试图寻找

↓美军占领佩莱利乌机场周围地区。远处是日军飞机库残骸

上山的路线，但士兵们已经没有战斗能力了。在被海军陆战队称为"血鼻山"的这次战役中，美军伤亡1 700人，此刻第1团的幸存者急需增援。尽管后来第7团赶过来增援，但这次战役还是因为代价太高而陷入了僵局。

9月23日，为了打破僵局，第321团和第81步兵师前来解救疲惫不堪的第1团。两天后，第5团围住乌穆尔布罗戈尔山的西部并且轻松地占领了佩莱利乌岛的北部。随后，这支部队从北坡登山。同时，步兵团从西部以及第7海军陆战队团从南部向日军施加压力。渐渐地三个团的兵力突破敌人的防线并缩小了山顶日本第14师团的活动范围。激战持续数周，双方互有输赢。为了摧毁日军的山洞，美军使用了炸药和火焰喷射器。到10月底，第5和第7海军陆战团的伤亡都达到了50%，他们急需补充陆军。这样，攻打佩莱利乌岛的任务就落在了第81步兵师指挥官保罗·勒穆少将的肩上。与大多数海军陆战部队指挥官不同的是，勒穆少将的作战行动更注重方法，以将伤亡降到可能的最低限度。

在步兵进攻之前，勒穆将军先用大炮、迫击炮和凝固汽油弹消耗日军的实力。还用装甲推土机为坦克清路，工程兵修了一条长长的向日军碉堡喷射火焰的燃料管道。这样，11月25日，第81师几乎全歼日军第14师团。

↓美军"田纳西"号战列舰为登陆帕劳群岛提供火力支援，和"宾夕法尼亚"号一样，"田纳西"号在珍珠港袭击中幸免于难

佩莱利乌战役终于结束了。战斗中美军有1 500多人牺牲，6 000多人受伤。日军伤亡人数在一万人左右。

具有讽刺意味的是美军回国后很少提到"血鼻山"战役，因为他们更关注夺回菲律宾。

对麦克阿瑟将军来说，占领菲律宾远不仅仅是一次旨在逼近日本本土的战略行动。因为在他看来，将这些岛屿从日本的统治之下解放出来，更是一种道义上的责任。与其他美国人一样，他也想通过收复被日本野蛮侵占的殖民地，来恢复美国的国家荣誉。参谋长联席会议对麦克阿瑟坚持菲律宾战役的决心有着深刻的印象。1944年12月20日，攻占棉兰老岛北部的莱特岛的作战行动开始了。

重返菲律宾

攻打菲律宾的战役始于1944年9月9日，当时第38特遣舰队的指挥官米切尔中将正从海上对棉兰老岛发起炮击并以航空母舰为基地进行空中打击。连续数日，美军军舰横扫菲律宾的其他岛屿，对日军阵地造成极大的破坏。受到米切尔战绩的鼓舞，第3舰队指挥官哈尔西建议提前攻打莱特

↓美国海军陆战队员通过关岛上的废墟。1944 年 7 月，占领该岛的战役是从西岸靠近阿桑和阿加特镇附近打响的

岛。经尼米兹、丘吉尔和罗斯福同意，哈尔西和麦克阿瑟将莱特岛战役开始的时间调整到10月份。

守卫莱特岛的日军是第14方面军的第16师团，兵力不到两万人。这些士兵大多是缺乏经验的新兵，指挥官是牧野四郎中将。日本守军除了遭到海上进攻以外，还得对付岛上山中的游击队。这些游击队员是麦克阿瑟的出色间谍和侦察员，他们可以通过无线电提供日军防卫方面的重要情报。

在霍兰迪亚和阿德默勒尔蒂群岛上，麦克阿瑟和托马斯·金凯德中将组织了一支由战机、航空母舰、坦克、运输机等组成的作战部队。金凯德的第7舰队有577艘船只，共有五万名水手，麦克阿瑟指挥的第6集团军有165 000名士兵。为了这次征战，米切尔和他的特遣舰队横扫从冲绳到菲律宾海的区域，驱逐敌人的船只和飞机。10月12日，在中国台湾附近，他们与日军第6方面军航空兵发生空战。战斗中，日本鱼雷轰炸机重创了澳大利亚的重型巡洋舰"堪培拉"II号和轻型巡洋舰"休斯敦"号。这两艘船

↓在佩莱利乌岛。美军第2海军陆战飞行大队的F4U"海盗"式战机轰炸五姐妹峰附近的日军阵地。空袭帮助第1海军陆战师肃清了躲在洞穴中顽抗的小股敌人

都被拖到加罗林修理。然而，日军在三天内损失了500多架战机。

10月17日，一小批美军舰队抵达莱特湾，轰击了苏鲁安小岛。经过短暂的战斗后，第6巡逻营从一小股守军手里夺下了该岛。就在苏鲁安岛失守之前，一名日本士兵曾通过无线电发出警惕美军进攻的信号。舰队的总指挥丰田章男大将的第一反应就是从新加坡派栗田健男的第1攻击部队和小泽中将的机动舰队的残余力量赶到莱特湾，丰田还命令附近所有的潜艇抵达这一海域。

第二天，巡逻部队又占领了迪尼加特和霍蒙洪两座岛屿，并在上面竖起灯塔以便于第7舰队驶入两岛之间的港湾。几小时后，"宾夕法尼亚"号战列舰、两艘巡洋舰和几艘驱逐舰猛烈炮轰莱特省首府塔克洛班以南的海滩。同时，潜水队员沿海岸进行侦察以确定任何会阻止运输的地雷或障碍物。结果什么也没有发现，潜水员立即带着这一好消息返回。美军登陆时只遇到海岸线上日军零星的炮火抵抗。

↓在攻占佩莱利乌岛的战役中美军陆战队员被困在海滩。紧张的战斗持续了数周之久

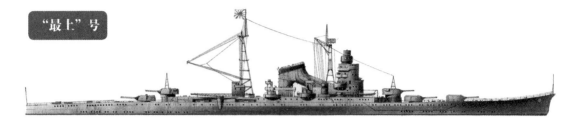

"最上"号

↑1934年日本海军建造了重型巡洋舰"最上"号。这一军舰装备有10门203毫米（8英寸）的大炮。几经受伤，"最上"号最终在莱特湾战役中沉入苏里高海峡

10月19日，麦克阿瑟作战舰队的先锋已经抵达莱特湾。同时，军舰还炮轰了塔克洛班下面的海滩，航空母舰上的飞机袭击了敌人在这一地区的所有空军基地，尤其是要消灭残留在这一区域的日军空中力量。当天傍晚，运输船已准备就绪，地面部队士兵上船做好了在莱特岛登陆的准备。第二天早上，6艘战舰和其他舰只一起向日军阵地开火，直到运输船抵达指定的登陆地点。

麦克阿瑟在莱特岛

在登陆地点的最北端，美军第1步兵师在"白滩"上岸。上岸后，这些士兵就消灭了敌方的狙击手，炸毁了敌人的水泥碉堡，占领了牧野将军放弃的塔克洛班的大部分地区和沿海高速公路的部分地区。在他们左侧，第24步兵师的士兵在"红滩"登陆，粉碎敌人的顽强抵抗之后，占领了公路。再往南面的"橙滩"和"蓝滩"，由于较少遇到抵抗，第96步兵师的登陆进展顺利，该师在与溃散的敌人发生战斗之前已经前进了1.6千米。在战线南端的"紫滩"和"黄滩"，第7步兵师与敌人发生激战，最后占领了海岸城镇杜拉格。

当天傍晚，一艘满载军官和新闻记者的驳船在"红滩"登陆。之后，麦克阿瑟将军、菲律宾新总统塞尔吉奥·奥斯梅纳和卡洛斯·鲁莫洛将军一同走出船舱。在第24步兵师士兵的簇拥下，麦克阿瑟将军通过麦克风发表讲话，称莱特岛的居民已经以解放者的身份回到了菲律宾。然后把麦克风交给身边的奥斯梅纳总统，他敦促自己的国民要与美军合作共同作战将日本人赶出菲律宾。其实这一训诫是完全没有必要的，因为欢呼雀跃的菲律宾群众已经与美军士兵紧紧地拥抱在了一起，并发誓全力支持盟军作战。

美军连续三天的海上炮轰，迫使士气低落的日本守军第16师团仓皇撤退。正是因为这样，在莱特岛战役中美军的伤亡非常小——只有49人牺

牲。麦克阿瑟的部队在菲律宾中部拥有了一块面积可观的立足点。成功登陆的第二天，美军4个师的兵力在向内陆挺进的过程中，遇到了敌人的零星抵抗。到月底，美军在该岛东北部的控制得到了加强，这时，牧野把他的部队分成了两股，分别向莱特岛的西北部和南部撤退。

同时，栗田健男将军的第1攻击部队从西南面逼近菲律宾，小泽的机动舰队从北面南下。马里亚纳战役后，这支机动舰队被过去失败的阴影笼罩，目前只有116架战机，分布在4艘航母和2艘被改装成半航母的战舰中。栗田因为拥有世界上最强大的两艘战列舰"大和"号和"武藏"号而实力大增。他共指挥着5艘战列舰、10艘重型巡洋舰、2艘轻型巡洋舰和19艘驱逐舰。

10月21日，正当栗田舰队全速通过婆罗洲的时候，接到日军联合舰队的命令，要求他的舰队进入莱特湾并摧毁美军的两栖船只。他的上司建议从两头攻入这一地区，第1攻击部队的主力沿着巴拉望岛的北岸前进，

↓棉兰老岛上的中国侨民欢迎第一批美军进驻该岛。位于菲律宾南部的棉兰老岛是从日军手里解放出来的最后一个岛屿

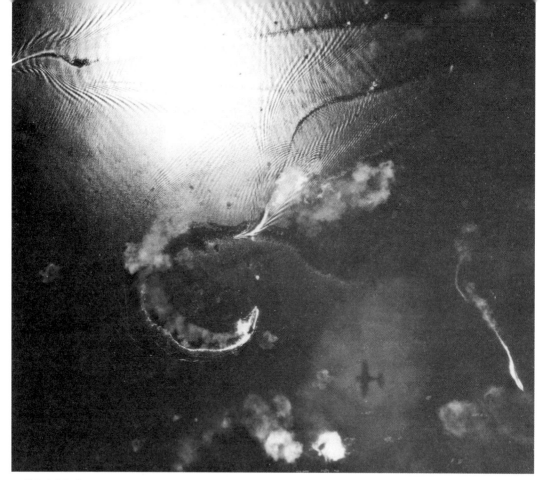

↑莱特湾战役中，日军运输船在塔布拉斯海峡企图躲避美军的军舰

通过吕宋岛和萨马尔之间的圣贝纳迪诺海峡，从北面逼近莱特湾。与此同时，另外一路转到右侧，航行通过莱特岛和棉兰老岛之间的苏里高海峡，从南面攻击敌人的船只。栗田同意了这一建议，将2艘战列舰和4艘驱逐舰交由西村祥治中将指挥，并将这一特遣舰队由南路派往莱特湾。栗田计划10月25日这两支部队在莱特湾地区会师。

　　第二天早上，栗田接到命令之后，两支海军部队分头向莱特施压。第二天，在巴拉望岛的西海岸有两艘美军潜艇侦察到日军第1攻击部队的主力，并以埋伏好的鱼雷击沉了栗田的旗舰"爱宕"号和另外一艘"玛雅"号重型巡洋舰。潜艇还严重损坏了第3艘巡洋舰"高雄"号，损坏程度之重使它不得不返回婆罗洲修理。幸运的是，一艘驱逐舰在附近将栗田和他的高级参谋人员搭救起来。

　　栗田登上新的旗舰"大和"号后，率领他的第1攻击部队进入锡布延海，10月24日逼近圣贝纳迪诺海峡。但是他并不走运。由于已经被美军的侦察飞机发现，他担心自己的舰队很可能在通过海峡的时候遭到攻击，因此请求马尼拉的日军提供空中支援。但是此时的任何援助几乎都是不可能的，因为日本的每一架飞机都正忙于在吕宋岛以东地区与米切尔的"悍妇"战斗机进行大规模的激战。尽管日军的俯冲式轰炸机击沉了"普林斯顿"号轻型航空母舰，但在战斗中，日军也损失了数架战机。

当哈尔西得到栗田舰队逼近的消息后，便命令从"卡尔博特"号和"无畏"号上起飞的24架战斗机、鱼雷轰炸机和俯冲式轰炸机前去袭击栗田的第1攻击部队。尽管美军飞行员英勇奋战并用炸弹和鱼雷攻击，但"武藏"号这一大型战舰似乎并没有受到致命的打击。当天傍晚，美军出动第二组战机，再次用3枚鱼雷攻击"武藏"号，结果仍然是收效甚微。几分钟之后，来自"列克星敦"号和"埃塞克斯"号的第三组战斗机发起攻击，给该舰的船体造成实质性的破坏，迫使日本舰队放慢速度以便它们的旗舰能够慢慢地赶上来。

当天下午有更多的美军飞机袭击了"武藏"号。由于没有日军飞机的掩护，"武藏"号只好依靠自己船上的口径为460毫米的火炮抵御袭击。为了压制舰上的高射炮，美军飞机向"武藏"号投下了数枚炸弹和鱼雷，结果使其左舷严重受损，炸死数名军官和水手。在下午的战斗中，该舰开始缓缓下沉。尽管护卫舰救起了半数的船员，但舰长拒绝离开，与"武藏"号一起沉入了锡布延海。美军飞机还重创了"妙高"号重型巡洋舰，迫使其返回婆罗洲修理。

↓日军军舰驶离文莱，开赴莱特湾参战

莱特湾战役

　　就在这时，美军机动舰队已逼近吕宋岛海岸。为了帮助栗田顺利通过圣贝纳迪诺海峡，小泽派他的两艘半航空母舰"伊塞"号和"海加"号以及5艘舰艇企图向南引开美军第3舰队。与此同时，哈尔西认为，栗田的舰队已经遭到重创不再对美军构成严重威胁，因此他决定将计就计。哈尔西拥有第38特遣舰队的直接指挥权，他命令大部分战舰向北攻打小泽。不出所料，栗田被解救出来后，才得知第3舰队驶离了海峡。由于遭到美军在锡布延海的空中打击，日军到达莱特湾比计划晚了12个小时。栗田通知西村祥治说第1攻击部队将晚些时候来攻击金凯德的第7舰队。西村祥治只得孤军奋战了。对西村祥治来说，足以让他庆幸的是，日本援军正从另一个方向赶来。在北面和西面，第2攻击部队正在逼近苏里高海峡。由志摩清

↓美国海岸警卫队的运输登陆舰在莱特湾海岸边排队，人员和物资都在岛上登陆。同时警卫队员堆集沙袋，垒建掩体以保护海滩上的炮台

英中将指挥的第2攻击部队由2艘重型巡洋舰、1艘轻型巡洋舰和4艘驱逐舰组成。与栗田不同，西村祥治在通过海峡的时候，只需消灭掉困扰他的海军纵队的鱼雷快艇，因为没有哪艘敌舰能对他们造成严重的威胁。

10月25日凌晨，西村祥治的战舰快要通过苏里高海峡时，金凯德舰队的7艘驱逐舰突然发起猛攻。美军发射的27枚鱼雷将日军"扶桑"号战列舰炸成了两截，并击沉3艘驱逐舰，还毁坏了西村祥治的旗舰"山城"号，但是损坏并不十分严重，没有影响它继续向莱特湾前进。在这里的海域上，日军剩余的战舰就只有旗舰、重型巡洋舰"最上"号和驱逐舰"时雨"号了。

↓ 在莱特岛，美军集结于日军布下的坦克阵周围。1944年10月，美军第6军占领了该岛的首府塔克洛班后，并将日军第35军不断向西逼退

美军第7舰队的巡洋舰和战舰直逼三艘日军战舰。不管是人数还是武器装备，日军都远远落后于美军。西村祥治的舰队在密集的攻势下立刻萎缩成一团。经过一阵虚弱无力的还击后，日军的"时雨"号和"最上"号向南撤退，西村祥治的19艘战舰就只剩下这两艘了。由于船体起火加之行

动困难，旗舰"山城"号试图跟上它们，但最终还是倾覆了。船长和大部分船员与战舰一起沉入了大海。在这场近乎独角戏的战斗中，美军只有39人死亡，114人受伤。

战斗刚刚结束，日军第2攻击部队就到达莱特湾，结果发现了西村祥治舰队的残骸。由于已不能对美国对该地区的控制权构成威胁，志摩便集合"最上"和"时雨"号沿原路返回，在撤退的时候1艘驱逐舰被美军巡洋舰、驱逐舰和鱼雷快艇损坏。当他的海军部队越过敌人水面舰艇的射程后，TBF-1"复仇者"鱼雷轰炸机追上"最上"号，炸毁了它的发动机，迫使志摩清英抛弃了这艘巡洋舰。

在320千米的北面海域上，栗田的战舰顺利通过了圣贝纳迪诺海峡向莱特湾前进。在萨马尔岛的东边，第1攻击部队遭遇了77.4特遣大队的第三分遣舰队又称"塔菲3"，它隶属于第7舰队，任务是负责向莱特岛的两栖

↓在莱特岛上，美军第6集团军第24军第7师徒步过河。该师于杜拉格登陆后迅速向岛内推进，占领了布拉文镇

B-29 "超级堡垒" 式战机

运输船只提供空中掩护，指挥官是克利夫顿·斯普拉格少将。"塔菲3"
拥有3艘驱逐舰、4艘驱逐护卫舰、6艘护卫航母。得知在人数和武器装备
上占有优势之后，栗田下令向美军战舰发动进攻。在向南前进与"塔菲
1"和"塔菲2"编队汇合之前，斯普拉格少将下令战斗机和鱼雷轰炸机向
日军开火。栗田的追兵快要超过美国战舰的时候，斯普拉格命令3艘驱逐
舰进行反攻。在接下来的战斗中，美国舰只长时间成功地将日舰堵在海湾
里，使其不能出来，这为"塔菲1"和"塔菲2"飞机编队赶到作战海域赢
得了足够多的时间，最终美军严重损坏日军3艘重型巡洋舰，迫使日军退
出。栗田得知小泽正在北部抵抗一个大型航空母舰编队后，加之对自己
给美军造成的足够伤害非常满意，于是他决定北上增援。但他错了，事
实上，他的舰只击沉了2艘美军驱逐舰、1艘驱逐护卫舰和1艘护航航空母
舰，而在第二次世界大战的最后一次水面海战中损失了1艘重型巡洋舰。

↑B-29 "超级堡
垒"式战机是美国空
军体积最大的战斗
机，它飞行距离可达
6 600千米（4 100英
里），可携带9 070
千克（2万磅）炸
弹。在战争的最后几
个月中，这种飞机对
日本的城市和工业区
进行了狂轰滥炸。有
两架B-29 "超级堡
垒"向日本的广岛和
长崎投下了原子弹

日本空军敢死队——"神风特攻队"

　　一小时之后，9架日军战机开始轰炸这5艘幸存的护航航空母舰。5架两
翼携带炸弹的"零"式战斗机上毫无畏惧的飞行员以很快的速度向敌人俯
冲，而在航空母舰上的美国船员则目瞪口呆地看着日本战机猛烈攻击"基特
昆湾"号的船舷。两架战机试图撞击另一艘航空母舰，但在完成使命之前就
坠入了大海。还有一架日军飞机坠毁在"圣洛"号的飞行甲板上，结果这艘
航空母舰沉没了。最后，两架"零"式战斗机在猛烈炮火打击下败退而归。
在顶住了第1攻击部队的攻势之后，威尔士第3部队的水手遇到了日本"神
风特攻队"的袭击。在附近的"塔菲1"和"塔菲2"编队也遭到同样的
袭击。

　　在吕宋岛以东160千米处，机动舰队和第58特遣舰队正打得不可开
交。栗田抵达这一地区增援小泽的时候，战斗一直在继续。10月25日清

晨，哈尔西派出的180架战斗机、俯冲轰炸机和鱼雷轰炸机飞临日军舰队上空。这时候，小泽仅有的几架飞机已不能阻止美军的空中打击。经过一段时间的袭击之后，美军击沉了日军1艘驱逐舰、3艘航空母舰，包括小泽的旗舰"瑞鹤"号。

傍晚，小泽又损失了1艘航空母舰、2艘驱逐舰和1艘轻型巡洋舰。登上被当作新旗舰的一艘巡洋舰后，小泽沾沾自喜于自己的舰队已经完成了将哈尔西诱开第1攻击部队的任务，于是决定撤退。尽管他已经在这次战役中损失了所有的航空母舰，也没能制止美军阻击栗田向莱特湾前进。

当天战斗结束的时候，栗田也撤退了。既受着战斗机、鱼雷轰炸机的轰炸又加上油料不足，他的舰队只好穿过圣贝纳迪诺海峡退到安全水域。至此，历史上一次规模最大的由224艘战舰参加的海上战役结束了。战斗中，日军共损失26艘战舰，因此在后来的战争中日军再也不能有效作战了。莱特湾战役还使日军的第14方面军被困在菲律宾，既没有部队增援，也没有来自本土的补给。

↓从空中拍摄的美国轰炸机轰炸日本明石市一家工厂时的情景。占领了日本附近的机场之后，美军便可以经常对日本的此类目标进行轰炸，并产生更具破坏性的后果

战火烧到日本本土

美军第3和第7舰队使日本战舰葬身菲律宾海底的时候，美国陆军航空队开始轰炸日本本土。1944年10月，第1支B-29"超级堡垒"编队抵达塞班岛后，旅长埃米特·奥唐奈将军组建了第73轰炸联队，并开始对飞行员进行强化训练。一个月之后的11月24日，他率领100架轰炸机袭击了位于武藏野日本皇宫西北仅16千米的一座飞机发动机工厂。结果，只有不到50枚的炸弹击中预定目标，其他炸弹击中的是装卸台和附近地区，因此这座工厂所受的损失并不大。日本出动约100架战斗机反击，结果只击落1架B-29轰炸机。

三天后，第73轰炸联队的62架轰炸机试图再次袭击这座工厂，由于天空云量太多，只好改为攻击次要目标。但无论如何，美军将战火烧到了日本本土，这已经引起了日本军界领导人和市民的恐慌。他们意识到如同在中国、菲律宾和其他战场上见到的那样，战争带给他们的将是死亡。

1944年的最后几周，对东京、名古屋和其他城市的轰炸次数不断增多，使这里的日本人的恐惧感与日俱增。

↓美军士兵将阵亡战友的尸体装载到运输船上送回国。这些死者是在莱特岛战役中牺牲的3 508名美国士兵中的一部分

8

解放东南亚

就在盟军在缅甸发动解放战争的同时，日军则在制定一项旨在推翻英国在印度统治的作战方案。

正当日本的陆军和海军部队在尽其所能保卫其所侵占的太平洋地区领土的时候，缅甸战区的日军将领们则制订了一项旨在推翻英国在印度统治的作战计划。日军在亲轴心国的民族主义者苏巴斯·钱德拉·鲍斯和印度国民军的帮助下，占领了边境城镇英帕尔和科希马之后，牟田口廉也中将和他的高级将领希望在印度这块南亚次大陆煽动一场革命以便将其纳入日本的势力范围。在1943年连续数月的时间内，缅甸战区的日军指挥官们一直都在催促东京统帅部同意他们入侵印度的计划。第二年伊始，日本帝国大本营答应了他们的请求并命令第15军占领印度东北部的英帕尔及其周边地区。

就在几个月前，第15军的指挥官牟田口廉也对入侵印度一直都还很犹豫，直到1943年2月当他第一次入侵缅甸北部与"温盖特旅"的战役顺利结束后，他才消除了疑虑。如果英国突击部队深入敌占区，那么他的军队在占领了英帕尔和科希马之后，也可以采取同样的战术深入印度。不过日军的作战指挥官片仓大佐对此可就没有这么乐观，他警告说，面对湍急的河流和崎岖的山地地形，第15军将会面临严重的后勤补给问题，尤其是面临着弹药、粮食和医用物资短缺的困扰。但是这些警告并没有能够阻止住牟田口去执行他的作战计划。

"乌号攻势"

牟田口入侵印度的决心已定，他制订了一个名为"乌号攻势"的作

←←中国第6军的老兵们和美军官兵建立了密切的关系。此刻他们正在一架运输机上。第6军在被蒋介石调回国内继续抗击日军之前，曾在缅甸北部参加了多次战斗

战计划。除了要推翻英国在印度的统治这一宏伟目标之外，他还希望完成一个更为具体的目标。他料想占领英帕尔和科希马后日军便可逼近英军，这样第15师团就可以迫使英军放弃对缅甸北部发动第二次攻势。1944年2月，在若开山区，日军第55师团在"乌号攻势"中与英军第15军发生了激战。

当英军向若开山区派出超过6个师的兵力来对抗日军第55师团的时候，牟田口却对"乌号攻势"的胜利充满了信心。因为随着越来越多的盟军部队陷入阿拉干地区，他认为英军对印度东北部地区的防御就会变得越加困难。如果牟田口于2月中旬发动这次攻势，就会最大限度地利用这种形势收到预期的效果。但是他必须要等第15师团从泰国战场上返回后才能发动这场攻势，因此这次战役被迫推迟到3月初"乌号攻势"接近尾声的时候再开始。

开进英帕尔平原

自2月中旬抵达缅甸之日起，第15师团就一直状态不佳。经过长途跋涉之后，日军士兵装备不足、营养不良、精神不振、士气低落。要进行"乌号攻势"，部队就需要时间补充补给和重振士气。幸运的是，牟田口的另外两个师团的情况则要好一些。由在中国战场上征战了数年的老兵组成的第33师团，拥有一个坦克团和两个炮兵团。第15军的第31师团也是由曾经在中国或太平洋战场上屡建奇功的精锐部队组成。在过去几个月的时间里，经过在缅

←←随着缅甸战役的深入进行，1944年6月，美国海军陆战队员在塞班岛的丛林中加紧搜捕日军狙击兵。图为海军陆战队员在检查一个刚刚被占领的日军火炮阵地

↑印度国民军的一名高级军官，这支部队主要由 1942 年 1 月被日军俘虏的印度士兵组成。许多人参军是为了逃离残酷的战俘营，还有一些只是想回到前线，然后逃到英军的战线上

甸的艰苦征战，他们已经适应了这里的环境。

牟田口廉也的作战计划要求兵分三路进攻保卫英帕尔平原的英军第4军。在右侧，第31师团分成三路纵队沿北线到达位于英帕尔以北130千米的科希马。在中部，第15师团的主力部队径直前往英帕尔，同时它的第60联队的一个先遣队则向南骚扰帕莱尔附近的印度第20师。再往南，第33师团负责整个攻势的左翼，其任务是在第定（镇）和洞赞一带包围第17印度师，然后在北面的比辛布尔开辟一条通向锡尔杰尔以西的铁路。与此同时，第33师团的规模相当于一个联队的装甲部队则要开进最北端的卡波山谷，为第15师团从东部进入英帕尔开辟道路。

在首相东条英机和陆军元帅寺内寿一的支持下，牟田口和印度国民军的一个师联合组成远征军。尽管该师只有7 000名士兵，规模和一个旅差不多，但是东条和寺内还是对其寄予厚望，希冀它能够煽动当地人发动起义反对英国统治。接着，牟田口将印度国民军与第15和第31师团混编到一起。加上这些印度士兵，他指挥的第15军兵力达到了约10万人，其中有9个步兵联队、常用作步兵的3个工程联队、两个炮兵联队和一个坦克联队。

3月7日至8日晚，牟田口的第33师团跨过钦墩江进入印度和缅甸的分界山区。一周之内，另外两个师团也先后抵达。此时在边界的另一侧，英国/印度第14集团军指挥官威廉·斯利姆准将，还在怀疑敌人在如此大的范围内渗透攻击的可能性问题，他认为至少不会是这么大的规模。在他看来，敌人的先头部队规模不会超过一个旅。因此他打算等日军到达英帕尔平原之后再命令第4军反攻，并在敌人准备发起进攻之前予以摧毁。长期以来，他的精力一直集中在指挥缅甸北部的"温盖特旅"作战上。杰弗里·斯库恩斯中将指挥的第4军拥有3个师及皇家炮兵第8中型包团、第254印度坦克旅。在第17印度师占据英帕尔以南160千米的洞赞和第定（镇）的同时，第20印度师则驻扎在连接印度的帕莱尔和缅甸的锡当公路沿线。在英帕尔，斯库恩斯的部队是第23印度师和一个预备役坦克旅。斯库恩斯打算在敌人发动进攻时将前方的两个师撤回英帕尔平原，并利用空军部队、坦克和大炮作后盾摧毁牟田口的部队。

再往北，部署在科希马至迪马普尔一带的是盟军第33军，但实际上几乎没有作战部队驻扎在科希马。斯托普福德中将指挥的这一部队由第2和第7印度师，第23"温盖特旅"以及第3特种兵突击队和"卢塞旅"、第

149团和皇家装甲军团组成。总的来说，斯托普福德的部队的兵力为75 000人。步兵总兵力由20个英国营、11个印度营和3个廓尔喀营组成。

在准备与入侵的日本军队作战的过程中，斯利姆向斯库恩斯保证第4军将得到来自若开地区的第5印度师的增援。除此之外，斯库恩斯还希望第50印度伞兵旅能够加入战斗。在战斗最高潮的时候，他的部队拥有9个英军营、16个廓尔喀营和24个印度步兵营及120辆坦克。除了工程兵部队和皇家空军编队外，他在战斗中所指挥的地面部队的兵力多达12万人。

在印度的日本军队

就在牟田口廉也的先头部队跨过钦墩江的同一天，第33师团已越过曼尼普尔河并开始包围第17印度师。考恩少将指挥的这一部队由数个廓尔喀精兵营组成。在南部，日军第215联队被调到第定（镇）外围，并占领了这座城镇西部的一个阵地。第213联队驻守并包围了第定（镇）的南部。与之同时，第214团先向西北前进然后回身攻打洞赞。这两个联队还建立

↓缅甸丛林会议。从左至右分别是，率领英国皇家空军在英帕尔前线作战的空军副元帅文森特、缅甸战区第14集团司令斯利姆将军和指挥孟加拉、缅甸战役的空军元帅科里顿

↑在进军蒙育瓦（望瀬）的路上，马利克中尉向第33军司令斯托普福德中将做汇报。位于钦墩江东岸的蒙育瓦在曼德勒以西97千米处。盟军于1945年3月占领该地

了封锁第定（镇）至英帕尔公路的阵地。

3月13日，斯库恩斯命令考恩将第17印度师调回英帕尔平原。一整天的时间过去了，这一命令已经传达到了部队中的每一个人，紧接着盟军没费多大的力气就排除了日军设置的路障。凭借"格兰特"和"谢尔曼"中型坦克，考恩的部队给敌人造成了严重伤亡。为了保护第17师在160千米撤退过程中免遭伏击，斯库恩斯派遣第37和第49旅、第23师及一个坦克编队到达洞赞西北32千米处接应第17师。

正当日军第33师团的主力部队试图阻止考恩的部队的时候，山本少将指挥的一个装甲分遣队则正在向北面的卡波山谷前进，其任务是帮助第15师团抵达英帕尔平原。3月11日，山本的纵队到达第20印度师的右侧。格雷西少将接到斯库恩斯的命令，在销毁了基地不必要的补给之后迅速撤离。在撤往帕莱尔以东的谢纳姆高地的路上，格雷西的部队与山本的部队擦肩而过。

3月15日夜，第15师团的主力部队顺利地接近了他们的目标，他们在

跨过卡波山谷后，向位于英帕尔东北仅32千米的小镇乌克鲁尔前进。与此同时，第15师团的第60联队的部分队伍则向西南转移并与山本的装甲分遣队一道沿伯莱尔公路前进。3月21日，日军穿过卡波山谷后的第5天，第15师团的所有部队都已逼近乌克鲁尔。当时乌克鲁尔镇由第50印度伞兵旅控制，因此牟田口命令第15师团绕过乌克鲁尔向英帕尔平原以北的丘陵前进。当月月底，他们占领了距离英帕尔仅16千米处的康拉通比小镇。

"乌号攻势"的最北端，佐藤孝中将的第31师团早就发现了从丘陵山地中通向科希马的最佳路线，他们兵分三路以惊人的速度向西前进。佐藤

↓第5307混成部队（"梅里尔掠夺者"）的司令官梅里尔准将。和"温盖特旅"一样，他率领的美军地面部队深入缅甸内地与敌人展开了流动作战

的左路纵队由第58联队、第124联队（由宫崎繁太郎少将指挥）的部分兵力组成，他们与第15师团联手将第50伞兵旅的部分队伍赶到乌克鲁尔以南约8千米的英帕尔·桑萨。然后宫崎的部队向西北前进到达科希马以南24千米的马哈姆，并在那里，他们封锁了两个镇和英帕尔之间的公路。

← 美军第475步兵团第3营正从邓柏阳附近的竹桥上渡过南桑河。与"梅里尔掠夺者"相似，这一纵队也是"战神特遣部队"的一部分

攻陷科希马

4月1日，佐藤指挥由第58和第124联队的另一部分兵力组成的中路纵队占领了科希马以东的杰萨米。与此同时，佐藤的右路纵队——第138联队正在沿着塔曼迪到科希马的铁路前进。几天之后，第31师团抵达科希马外围，并作好了进攻的准备。在该城的东部，第138联队的一个中队在通往迪马普尔的路上建立起一个封锁阵地，该联队的其他部队则在乔所马包围了第5师的第161印度旅。日军将如此众多的部队调到这里，一下子打乱了斯利姆将军的防御计划，迫使他和其他指挥官必须帮助第33军保卫该城及位于邻近的迪马普尔的铁路线。

第161印度旅曾经是守卫科希马的部队。斯托普福德后来将这一部队撤回乔所马，保卫西北部48千米处的科希马到迪马普尔的公路。这样便将六万名非武装行政人员、后勤补给人员和一些在医疗中心养伤的伤病员留在了科希马。由于这一地区的防守具有明显的脆弱性，斯利姆只好通过铁路和空中支持迅速增援这一地区，以便极力挽救这个唯一的补给基地。与此同时，科希马的现有部队也已构起了临时的防御战线，他们

在增援部队到达前必须死守阵地。

然而科希马危机只是印度东北部英军遇到的一个问题。此时的日军很快就要占领英帕尔及整个地区了。为了防止这场灾难发生，斯库恩斯制定了一个在英帕尔平原纵深地带建立"防御箱"的防御战略，包括供应仓库和空军基地。在"防御箱"里面，所有部队都可以迅速集结并加固阵地，以对抗日军的进攻。在牟田口的军队入侵期间，英军的这一防御策略十分奏效，从而有效地瓦解了敌军的进攻，并确保了自己部队进攻时所需的必要补给。但是随着敌军进攻力量的不断加强，英军防守部队不得不经常后撤，这样一来一些仓库便落入了敌人之手。

对斯库恩斯来说，英帕尔周围的防御优势使得英军及其殖民地部队可以更有效地抵御敌人的进攻。在这一开阔的平原上，日军的阵地很容易成为攻击目标。此外，除4个师的兵力外，斯库恩斯还得到了27架皇家空军战斗机和轰炸机的帮助，这些英军战机可以扫射和攻击敌人。这一地理优

↓在印度的英国高级军官立正受命。前排从左至右分别是：第14集团军司令威廉·斯利姆中将、第15印度军司令克里斯蒂森中将、第4军司令斯库恩斯中将和第33军司令斯托普福德中将

↑盟军第475步兵团的一个连在八莫以北80千米处巡逻

势一直延伸到北部，使得佐藤的第31师团在连接利坦到科希马的道路上成为英军飞机空中打击的目标。随着战争的进展，盟军所占据的空中优势使牟田口的入侵付出了高昂的代价。同时斯托普福德很快就意识到将第161旅撤回迪马普尔是一个错误，因而很快又有一个旅的部队赶来帮助击退了位于乔所马的日军第138联队，这样增援部队便可以赶在日军占领整个城镇之前抵达科希马了。此外斯托普福德还派遣第23"温盖特旅"到日军第31师团背后阻止敌人的进攻。8个纵队的"温盖特旅"部队沿小路迁移到了乌克鲁尔，随后这支英军与佐藤的部队发生了一场小规模的战斗。英军的这次行动威胁到了敌人的交通线。此外，第23旅摧毁了日本铁路补给线，阻止了约300辆卡车抵达日本军队。

在经历了5周的行军和进攻以后，佐藤部队的补给开始出现不足，他只好建议牟田口取消"乌号攻势"。但这一要求却遭到牟田口愤怒的拒绝。此时，科希马周围的防线已经得到了巩固，同时第2英国师第5旅也从迪马普尔赶了过来。4月14日，在祖布扎以南日军第138联队一个中队的封锁被粉碎，在乔所马的第161旅击溃了该团的其余部队。4天之后，两个旅会师科希马并加入守军行列。

英帕尔相持战

正当佐藤和他的第31师团在科希马面临日益增加的困难处于绝望之际时，印度国民军纵队已开始向南加入英帕尔的远征行动。在通向攻击目标的路上遇到很轻微的抵抗后，印度国民军纵队司令便敦促佐藤放弃围攻科希马转而进攻英帕尔。但是佐藤认为他的部队的任务就已经够重的了，因此他拒绝了这一建议。实际上，到目前为止，他已经确信"乌号攻势"是一次没有意义的军事行动，他请求牟田口允许他的部队撤回缅甸。

当印度国民军指挥官苏巴斯·钱德拉·鲍斯听到佐藤拒绝向英帕尔前进的消息后，他面色铁青，大骂日本同盟剥夺了印度国民军在自己的国土上取得一次较大规模胜利的机会。与此同时，牟田口对佐藤的悲观估计和怯懦行为也十分不满。日军在科希马周围溃败后，盟军的援军陆续赶来，

← 路易斯·蒙巴顿海军上将正在视察弥蓬半岛上的炮兵部队。由于被任命为盟军东南亚战区最高司令，因此蒙巴顿是视察缅甸盟军的最高长官

迫使第31师团离开这一地区，这时两位日军将军之间的电讯更是充满火药味。6月1日，佐藤公开宣布他打算将军队撤回缅甸，而牟田口则威胁说将以军法处置这个师团的指挥官。佐藤对这种威胁并不担心，在英日军队经历了64天的激烈战斗后，佐藤从科希马撤出了他的第31师团，并在返回缅甸的路上公开指责他的上级指挥官。

　　在南部，日军似乎对向英帕尔发动进攻的期望很大。第15师团占领该城北部高地的时候，第33师团也从南面压了过来。日军指挥官确信自己能够成功，便要求印军将领鲍斯在裕仁天皇生日的时候发表广播讲话，把英帕尔作为礼物敬献给天皇；印军将领鲍斯对此非常生气。佐腾在对科希马的行动感到愤怒的同时，也开始怀疑日军入侵印度的意义。他认为只有印度国民军才能召集印度人反抗英国的统治。如果日军作此方面的努力，则只会刺激英军的神经。毫不奇怪，英帕尔附近的印度师对日军来说力量太

↑第36装甲师的士兵正准备运走一名在伊洛瓦底江附近的宾韦战斗中受伤的日军俘虏。和该地区许多其他受伤的囚犯一样，他将被送往美军第60简易外科医院接受治疗和审讯

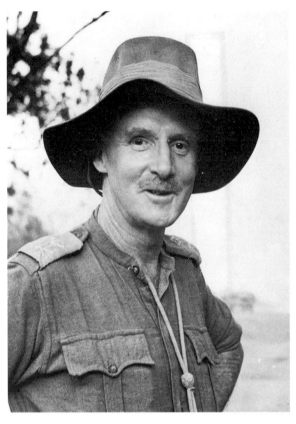

↑弗兰克·梅瑟维少将，第7印度师指挥官，他参加了第二次若开战役和科希马保卫战，战争后期被提升为中将。他曾率领第4军团攻打曼德勒和仰光

小而日军指挥官听不进鲍斯的反感。事实上，"乌号攻势"对牟田口的两个师来说也正在变得越来越困难。到4月底，第33师团开始进攻位于宁格托乌孔格的第17印度师，但遭到了惨败。在东南面，日军在帕莱尔附近地区对第20和第23印度师也发起了进攻。但在英帕尔以北，日军第15师团却没能阻止英军通过森迈和马跑山脉。

6月，第2英国师和第19印度师从科希马赶来，这样一来牟田口的部队占领英帕尔的任务也就不可能实现了。此时盟军的兵力已达到9个师。此外英国皇家空军的空中总体优势也确保了英国及其殖民地部队的补给，而日军和印度国民军的补给就惨多了。随着季风季节的到来，第15和第33师团的状况更是日益恶化。与佐藤在科希马的部队一样，他们的士兵也是营养不良、疾病缠身、暴露于恶劣天气之中，只能以猴子、蛇、蜥蜴、蜗牛、杂草和土豆为食。

攻势受阻

还在牟田口准备"乌号攻势"的时候，日军第5飞行师团的指挥官就曾劝告他说，当第15军的几个师跨过钦墩江之后，就很难指望任何空中支援了，这一警告结果是准确的，因为日军的每一架军用飞机都在缅甸北部忙于防御"温盖特旅"和其他盟军部队的进攻。相比之下盟军运气很不错。英国皇家空军的运输机能够在没有日军战斗机攻击的情况下连续作业，从4月18日至6月30日，盟军飞机共向英帕尔的第4军空投了18 000吨补给物资和12 000名士兵。与此同时，美英运输机共疏散了大约13 000名伤病员和43 000名非作战人员。在英帕尔和科希马地区，地面部队从空中得到了他们的大部分补给。在"乌号攻势"中，盟军的飞机也积极作战。从3月10日至6月30日，英国皇家空军第3作战部队共出动19 000架次，只损失了130架飞机。与此同时美国陆军航空兵也成功地完成了11 000架次的飞行任务，战斗中损失飞机40架。在大多数情况下，飞机的出动都有效地支援了地面部队作战。而日军第5飞行师团则只完成了1 750次飞行任务。

　　日本陆军总指挥部副总司令秦彦三郎中将带领一组将官从东京出发前往缅甸考查"乌号攻势"的进展情况。回国之后，他向东条首相汇报说，战事进展得很不顺利，有可能会以失败而告终，当务之急是迅速从印度撤军。由于这一评估很不合东条的心意，东条希望日军对印度的成功入侵可以转移公众对日军最近在马绍尔群岛失守的注意力，所以他当着众将官的面严厉斥责秦彦是个失败主义者。

　　但到最后，就连牟田口也发现执行"乌号攻势"是徒劳无益的。6月5日，在与缅甸战区陆军司令河边正三大将的交谈中，牟田口向自己的上

↓在密支那机场，来自底特律的理查德·赫尔曼下士正在给来自纽约的哈里·弗拉格拉军士理发，他们前面的C-47运输机残骸就是他们的补给中心

↑美军拖着他们的装备加速通过缅甸农村地区向密支那前进。他们的指挥官史迪威将军想争取早日控制缅甸北部地区以便为中国开辟一条补给路线

级暗示日本应该从印度撤军，但河边对此却不予理睬。几天以后，牟田口明确提出请求在季风季节将他的几个师的部队撤到英帕尔以南160千米的高地。河边又一次拒绝了这一建议，并要求第15军的部队更加顽强地投入战斗。

对英帕尔附近筋疲力尽的日军来说幸运的是，陆军元帅寺内赞同秦彦对"乌号攻势"的评估。直到这时牟田口才得到了从印度撤军的命令，6月中旬，第15军剩余的两个师团开始撤离。这场导致3万名士兵死亡、23 505名士兵致残代价高昂的攻势至此结束。在这次战斗中，英印军队的伤亡人数为16 700人，但其中大多数都是由疾病特别是疟疾所导致的。

返回缅甸

此时正是季风季节的中期，在撤回缅甸的路上，日军第15军遭受了更多的伤亡。走在因洪水冲蚀而变得坑坑洼洼的路上，许多伤病员因为很难跟上自己的队伍而纷纷自杀身亡，另有很多士兵则被泛滥的钦墩江水淹死。总的来说，"乌号攻势"被证明是战争中日军遭受的最大一次失败：战斗力很强的第15军被打败。这使盟军对缅甸的占领变得易如反掌。因此，东京解除了河边、牟田口和其他高级将领的指挥权也就是意料之中的事了。

在印度，斯利姆将军在占领了英帕尔之后，对部队进行了重组。除了将自己的指挥部迁到一个边境城镇，他还将第4军和第50伞兵旅调离前线。此外，他又命令第33军追赶进入缅甸的牟田口所率的第33师团。这时候，斯托普福德的兵力包括第2英国师、第11东非师、第5和第20印度师。和败退的日军一样，第33军克服重重困难，越过湿地、高山才到达缅甸。在返回钦墩江的路上，斯托普福德的部队炸毁了数座敌军的阵地，才最终于12月初到达指定地点。

在东部，北方战区司令史迪威中将也主动发起反攻。在缅甸北部，第36英国师在从孟拱到曼德勒以北160千米的区域内发起进攻，立即改变了缅甸的前线战况，迫使日军不得不面对葛礼瓦和太公北面的盟军。到当年年底，路易斯·蒙巴顿爵士、史迪威中将和其他高级将领准备发动一次攻势，以驱逐在缅甸的日军。

在缅甸，蒙巴顿对盟军最高司令部进行了重组。几个月前，史迪威同意接受统领第11集团军群司令官乔治·吉法德爵士的指挥，但史迪威是在占领加迈之前才同意这种安排的。如今任务已经完成，于是他接受了盟军东南亚司令部最高指挥官蒙巴顿的调度。

为了协调西部斯利姆和东部史迪威的部队，蒙巴顿解散了第11集团军群，建立了东南亚盟军地面部队司令部，负责指挥缅甸所有的地面战争，这支部队被称为"东南亚陆军联合部队"，这就要求指挥官具有领导美国军队展开地面作战的经验。蒙巴顿任命了中将奥利弗·利斯爵士为指挥官。利斯具有丰富的作战经验，曾经是驻扎在意大利的第8集团军的指挥官。对利斯的任命巧妙地解除了吉法德在缅甸战区的职务，尽管他在这一地区有着骄人的战绩。

进军曼德勒

为了从日军手里重新夺回缅甸，斯利姆将军制订了一个被称为"扩展资本行动"的作战计划。按照该计划，第33军必须沿钦墩江从葛礼瓦到达曼德勒。同时，温福德·里斯的第19印度师在向东渡过伊洛瓦底江后也要

↑如图所示，在1945年5月皇家海军志愿后备队成员劳埃德·摩根。他在印度洋上的"莎士比亚"号潜艇上服役。考虑到潜艇的性质，他的制服的非正式风格是盟军和轴心国潜艇部队的典型特征

向曼德勒挺进。这样一来，在西边的斯托普福德和东边的史迪威的部队之间驻扎的一个师，就能够保证里斯与前方进攻部队之间的通信联系。与此同时，梅瑟维中将的第4军则要在南部通过甘高山谷抵达密且，然后向东面的重要交通和铁路枢纽密铁拉前进，这里位于曼德勒以南130千米。

此时正是季风结束的时候，因此对斯利姆将军实行该作战计划具有得天独厚的天气条件。由于地表比较干燥，因此装甲部队在农村地区的移动也就比较顺利。此外，战场上空晴朗的天气也为英国皇家空军和美国陆军航空队的飞机更精确地打击敌人的阵地创造了条件。由于没有遇到几架日军飞机，美英飞机几乎可以随心所欲地轰炸敌人的目标。

到1945年1月，盟军已经对日军第5飞行师团占有绝对优势。美英在缅甸的空军力量包括17个战斗机、12个战斗轰炸机、10个重型轰炸机、5个中型轰炸机、1个轻型轰炸机和3个预警侦察中队。总的来说，英国皇家空

↓美国空军士兵正在试图将一匹骡子拽到C-47运输机上。1944年年底，数百匹马和骡子被从缅甸运到中国以解决那里用作运输的牲畜严重短缺的问题

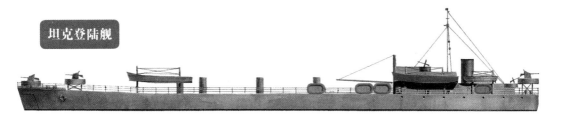

坦克登陆舰

军共拥有战机4 464架，而且美国陆军航空队还向这一地区增派了186架飞机。除此以外，盟军还拥有16个运输中队和4个士兵运输中队。到3月份，运输中队增加到了19个，5月份又增加到了20个。这样，缅甸战场上投入货物运输的飞机也就大约有500架。相反，日军则只增援了1942年制造的相对落后的飞机66架。

↑能装载20辆坦克或其他重型武器的坦克登陆舰是太平洋战场上美军的主要运输工具。战争后期这种舰装备了8门40毫米（1.5英寸）的防空大炮

军队的部署

在沿甘高山谷前进的时候，梅瑟维将第28东非旅和当地卢塞旅安排在了前面行军。为了将敌人引诱到这一地区，这两个旅伪装成第15集团军左侧的"温盖特旅"突击队。如果日军攻击这一"诱饵"，则第7、第17印度师及第255印度坦克旅就会迅速赶过来接应。1月10日，第4军通过了甘高山。5周以后，他们抵达伊洛瓦底江沿岸密且的进攻阵地。

自河边被解职后，缅甸战区的军队就交由木村中将指挥。除了自己的三支部队以外，木村还得到了刚从朝鲜赶来的第49师团的援助，这样他的总兵力就包括10个师团和两个独立混成旅团。尽管这样，第15军自从在"乌号攻势"中严重失利后，与斯利姆将军的第14集团军作战的人数就只剩下21 400人了。

在缅甸，斯利姆的兵力包括6个师、两个独立旅、两个坦克旅及一些提供补给和保护交通的部队，其总人数约为26万人。在东北部，由5个中国师、第36英国师和"战神特遣部队"组成的北部战区司令部的力量也是势不可挡，令日军闻之生畏。史迪威的总兵力达到14万人，而且在紧急时刻，他还可以调集驻扎在中国云南省的另外12个师。

尤其要指出的是，北部战区司令部还包括两支中国军队。以密支那为基地，新组建的第1军包括第30和第38师。再往南，新组建的第6军则由第14、第22和第50师组成。此外，"战神特遣部队"是一个类似"麦瑞尔突击队掠夺者"的非正规部队，它由美军第475步兵团、第124骑兵团、第

↑ "Vinegar Joe" 史迪威将军边吸烟休息边擦拭自己的汤普森自动步枪。1944 年 10 月，鉴于他与蒋介石在重大战略问题上的分歧，罗斯福总统只得让丹尼尔·索尔登中将取而代之

612地面炮兵团和第1中国团组成。

在缅甸的东北部，盟军部队的主要敌人是由第18、第56师团和第24独立混成旅组成的日军第33军。与英军第15集团军一样，这部分日军在早期与"温盖特旅"和史迪威部队的战斗中早已筋疲力尽。尽管日军第49师团有可能和第33军并肩作战，但木村还是派了一个联队去援助第15军保卫伊洛瓦底江。而另外两个联队则作为后备力量留在眉谬。

在缅甸沿海，由第54、第55师和第72独立混成旅组成的日军第28军接到命令守卫这一地区。他们的任务就是阻止准将菲利普·克里斯蒂森爵士和他的第15集团军越过阿普和洞鸽关口，因为一旦英军突破了这两个关口，克里斯蒂森的部队就能够移师日军另外两个师团的背后，切断木村部队在伊洛瓦底江山谷的交通路线。此时，英军第15集团军的兵力已达到12万人。克里斯蒂森的部队由第25、第26印度师，第81、第82西非师和第3突击旅组成，最后他还得到一个东非旅的帮助来对付日军第28军。

为了确保斯利姆将军能够集中精力指挥曼德勒战役，蒙巴顿将军将第15军调离第14集团军，归利斯将军直接指挥。由于克里斯蒂森的部队主要忙于与海军的联合作战，因此他没有参与重新占领缅甸的战役。由于具有丰富的海战经验，利斯将军非常适合此次行动。此外，蒙巴顿还让斯利姆退出了日常行政管理事务和维持第14集团军与东南亚盟军地面部队通信联系的任务，以便其集中精力投入缅甸战事。

沿海岸南下

包括蒙巴顿和斯利姆将军在内的一些盟军将领都非常自信地认为，人数上占优势的盟军完全可以制服日军。但与此同时，他们也有些担心以英帕尔为起点维持如此众多向缅甸纵深挺进部队的补给和通信会出现问题，于是他们命令克里斯蒂森的部队沿孟加拉湾占领日军的空军基地，以使英国皇家空军的运输机可以缩短向地面部队空投物资的飞行路程。为了完成这一任务，在一系列两栖登陆战中，克里斯蒂森的部队与皇家海军紧密配合。英国海军在孟加拉湾的优势使得马丁海军少将和他的舰队可以向攻占沿海地区的部队提供更多的援助，这对第15军来说是一个极大的帮助。

1月2日，第25印度师的第71旅出人意料地在阿恰布岛港口登陆。月底，克里斯蒂森的第3突击旅作为先头部队开始攻打弥蓬。经过将近一周的激烈战斗，第15军终于占领了这座城市及其周边地区。与此同时，第71旅则抵达兰里岛的北端。在战舰和轰炸机的帮助下，英军保住了攻打日军阵地的登陆地点。一个月之后，第77旅的其余部队赶到，将小股日本守军从这一地区赶走，英国皇家空军随后占领了整个岛屿。再往内地，第15军

↓图为正在飞越喜马拉雅山的美军运输机。为了确保中国在抗日战争中的供给，美军执行了多次飞越"驼峰"的任务

给日军第28军造成了很大的压力，这一地区长时间的血腥战斗使得日军再也无法向曼德勒的防守部队提供援助。在这些战斗中，克里斯蒂森的部队共有1 138人牺牲，4 000人受伤。

当第15军开进缅甸沿海地区的时候，第14集团军则仍在向敌人的纵深地带挺进。斯利姆向曼德勒派遣第33军、向密铁拉派遣第4军——他希望和第15集团军做一钳形运动以摧毁日军。但日军于2月12日发现了斯托普福德的第20师试图在敏务越过伊洛瓦底江，日军对此似乎早有准备。结果战斗持续了两个星期，日军在曼德勒以西48千米拖住了英军。不过与此同时，梅瑟维的第7师在西南145千米的密且却相当走运，不但过了河而且还在良乌建立了桥头堡。在随后的几天里，梅瑟维将剩余部队调到河对面，并着手准备攻打密铁拉。

↓在中国境内的中国第82师准备与日军作战。尽管蒋介石投入很多兵力参加盟军对日作战行动，但是他更清楚自己应该保存足够的力量

月底，斯托普福德的第2师成功地在良乌建立了桥头堡，这里在曼德勒以西只有24千米。在第33军在这里牵制日军第15军的同时，梅瑟维的部队则向东面的密铁拉前进，他们一路上并没有遇到多少抵抗。3月1日，第17师开始攻城并在两天之后拿下了该城。绝望的日军试图收复密铁拉，结果却被击退并且损失惨重。在攻占密铁拉的战斗中，第4军有835人牺牲、3 174人受伤和90人失踪。在战斗中梅瑟维的部队还损失了26辆坦克。

在北部，斯托普福德的部队相继占领了桥头堡并作好了向曼德勒进攻的准备。他们的作战计划是：第19师从北面的辛古攻城，第2师和第20师在南面攻打日军的阵地。这些部队在战斗中节节胜利；而日军第15军的残余部队则受到重炮的无情打击。3月20日，日军幸存者逃离曼德勒，因此盟军第33军进城时未遇到任何抵抗。斯托普福德的部队共有1 472人牺牲，4 933人受伤，120人失踪。

攻占仰光

在这一地区的东面，中国和美国军队正在巩固他们所占领的伊洛瓦底江和萨尔温江之间的地区。到1月中旬，他们已经占领了南坎、瓦姆亭及中国和曼德勒之间的一些城镇。在战胜日军第33军后，盟军打开了一条梦寐以求的联系中国与印度的陆路通道。2月4日，补给护卫队首次通过莱多公路抵达昆明。在实现了这一既定目标后，中国军队从缅甸撤回到国内以对付日本军队。

与此同时，北部战区司令部继续向南推进。2月底第30中国师占领了兴威。与此同时，第36英国师尽管遭到日军第18师团的攻击，但还是在密松越过了瑞丽江。3月6日，第38中国师占领腊戍。3月底，当缅甸北部的日军基本被肃清时，北部战区司令部也解散了，至此美军在缅甸也结束了自己的使命。当"战神特遣部队"前往中国帮助蒋介石训练军队的时候，第36英国师则开赴曼德勒，与斯利姆的部队共同作战将日本军队全部赶出了缅甸。

随着日军在缅甸被大批歼灭，盟军便以预想的方式收复了这个国家的全部领土。缅甸地区军不仅是一个筋疲力尽的、骨瘦如柴的组织，而且被一个能从海上登陆更多军队的敌人包围着，甚至斯利姆的部队在进入仰光后也遇到了很多麻烦。从曼德勒南面第4和第33军的阵地到首都的距离是

↑ 1945年在印度服役的英国皇家空军志愿后备队的飞行编队指挥官。截至当年7月，英国皇家空军在远东地区的官兵人数达到207 632人。此外，到1945年8月，印度皇家空军拥有29 201名官兵

在缅甸机场，中国第6军的老兵准备乘"达科他"运输机越过"驼峰"返回祖国。缅甸日军的瓦解为蒋介石召回自己的部队准备内战创造了条件

565千米。斯托普福德的部队由于要肃清日军第18师团的残余部队，因此其向仰光的进军受阻。不过除了这场战斗外，这两个军团几乎没有遇到什么抵抗。在东面，对盟军友好的卡伦游击队从左侧牵制着日军。

同时，4月30日，由2艘战列舰、2艘护航航空母舰、4艘巡洋舰和6艘驱逐舰组成的一支海军部队开始对仰光城内及其周围目标进行轰炸，为在仰光的登陆行动做准备。第二天早晨，第50廓尔喀伞兵旅的一个营降落在伊洛瓦底江口附近名为象角的一座小岛上。在制服了小股日军之后，廓尔喀伞兵成功地为第26印度师登陆占领了一个滩头阵地。5月3日，第26印度师开进仰光，他们没有遇到任何抵抗。

第4军在到达仰光之后，与负责保卫首都的两栖部队取得了联系。在西面，第33军占领了眉谬。这时缅甸境内所有重要的城镇和基地都已经落

↓第一支运输队正通过新开辟的缅甸陆路，从印度向中国的民族主义部队运送补给。图为运输车辆通过萨尔温江上的会同大桥

入盟军手里。由于缅甸战区日军主力已经不复存在，蒙巴顿的部队也就只好清扫其残余力量了。

日军第28军是盟军行动的唯一障碍。当时这一部队正在极力翻越伊洛瓦底江东面名为勃固的小山，以便和锡当河对岸另外两个军团的残余部队会合，但是他们的努力并没有成功。从5月初直到战争结束，斯托普福德的几个印度营的部队对四散逃命的第28军穷追不舍，他们杀死或俘虏了大量日军。与此同时，蒙巴顿将军则通过指导建立可行的政府机构，恢复缅甸国内的秩序。

↑路易斯·蒙巴顿上将与史迪威将军、布鲁斯·弗雷泽上将在一起。这次会面，弗雷泽刚刚被任命为英国东部舰队的总司令

9

残酷的岛屿争夺战

当盟军部队进攻日军在菲律宾、硫磺岛和冲绳的基地时，日军如困兽般进行了疯狂的抵抗。

　　麦克阿瑟将军最初计划于1944年12月开始攻打吕宋岛。到10月底的时候，美军第6军就已经夺取了莱特岛海滩，占领了塔克洛班，很多迹象都表明他会坚持原来的计划。但是由于日军第35军的一小股部队一直在吕宋岛对美军进行抵抗，接下来，费时颇多的肃清残余日军的战斗迫使麦克阿瑟将对该岛的攻占时间推迟到1945年1月，从1944年10月22日至12月11日，日军第1和第 26 师团共约45 000人向莱特岛守军进行增援，以防止美军对该岛的完全占领。然而即使这样，日军第35军在莱特岛的人数仍然处于明显劣势，因为到12月时美军第6集团军的实力达到183 000人。而且对日军来说，更糟糕的则是美军第5陆军航空队的战斗机将数艘从吕宋岛、达沃和宿务运送士兵的日军运兵船击沉。

　　由于在人数上处于劣势，日军第35军指挥官铃木宗作中将试图制定一个有效的防御战略。为了从北面包围美军第10军，他派第1师团到卡里加拉、派第26师团的部分队伍到莱特岛，其余师团则被派往南部增援第16师团抵抗美军第24军。按照这样的部署，铃木的部队成功地阻止了在哈罗和利蒙的美军的攻势，但到1945年11月10日，日军的抵抗已经变得越来越微弱。陆军元帅寺内寿一和山下奉文中将决定停止向莱特岛增援，因为在他们看来，这座岛已经成了妨碍日军保护吕宋岛的负担。

←←两名印第安血统的美国海军陆战队员正在用纳瓦霍语向外发报。由于日军根本不懂这种语言，因此美国人就用它建立了军用密码系统

莱特岛之战

　　山下还命令第35军放弃执行防御作战的计划，并要求第16师团和26师团在布拉文一带开始反攻。同时，铃木的部队则在西面向美军第24军施加压力。1944年11月底和12月初，日军第4航空军的伞兵在盟军防线后侧发动了一系列空中攻击。在杜拉格、塔克洛班和布里，美军轻松地击退了彼此之间严重缺乏协调的日军的袭击。但在布拉文的简易机场，日军伞兵却取得了战场上的主动，而且他们还在被彻底消灭之前焚毁了弹药库、弹药、燃料和小型飞机。

　　美军两个军团滞留在利蒙和贝贝，第6军的指挥官沃尔特·克鲁格中将为了将日军切成两段，命令美军第77师在莱特岛的西海岸登陆。当该师于12月10日登岛并占领奥尔莫克的时候，情况对日军来说简直是糟透了，

↓2艘美军坦克登陆舰到达海岸。美军在太平洋战场上采取的"跳岛战术"，使用了大量的两栖登陆舰

三菱Ki-67"佩吉（飞龙）"战斗机

↑三菱ki-67"佩吉（飞龙）"战机1944年底投入使用。它是一种速度快、机动灵活、配有双引擎的中型轰炸机，最高时速可达每小时538千米，可携带800千克炸弹。执行自杀飞行任务时，它可以携带一枚重达1 070千克的鱼雷或2 900千克的炸药

铃木只好转移部队。奥尔莫克是铃木发动战役的重要基地，自此以后日军有组织的抵抗便开始迅速瓦解。这时候，克鲁格的部队也就可以随心所欲地占领这座岛上任何具有军事价值的城镇和区域。不过即使这样，岛上残留下来的愚忠的日军士兵对美军的骚扰一直持续到了第二次世界大战结束。

最后，在莱特岛战役中，盟军共消灭日军8万余人，其中有1/3都是在肃清战斗中被消灭的。在此期间，被第6军俘虏的日军士兵有828人。美军的伤亡情况是，陆军3 508人阵亡，12 000人受伤。此外，在莱特岛的四周，美国海军还有数百人牺牲，为第6军担负部队运输任务的两艘驱逐舰也被日军"神风特攻队"损坏。

正当克鲁格的部队逐步加强对莱特岛控制的时候，麦克阿瑟则正准备对主岛发起进攻。1944年年底，由于洪水暴发，莱特岛的简易机场被冲坏，无法使用。为了保证进攻得到足够的空中支援，美军必须首先占领离吕宋岛最近的机场。于是，由威廉·邓克尔中将指挥的直取民都洛岛的战役开始了。邓克尔是"西米沙鄢特遣部队"的指挥官，该部队是由两个加强团组成的登陆部队。

邓克尔的特遣部队抵达民都洛岛之前，在从莱特岛出发进行的三天奔袭中，遇到了日军"神风特攻队"的顽强抵抗。虽然"神风特攻队"严重损坏了"纳什维尔"号巡洋舰，但它并没能阻止美军对民都洛岛的占领。按照作战计划，1944年12月15日，邓克尔的部队顺利登陆，并在8天内建起了一个大型滩头堡和两个简易机场。尽管"西米沙鄢特遣部队"仍需对付深藏在民都洛岛内部的日军残余部队，但是简易机场的建成已经足以为美军攻占吕宋岛提供足够的空中支援。

攻占吕宋

　　1945年1月2日，杰西·奥尔登多夫中将率领第7舰队的一群战舰从莱特湾出发，开始对吕宋岛上的林加延湾发动海上攻势。在通过苏禄海时，他的舰队遭到日军"神风特攻队"的多次袭击，一艘护航航空母舰被摧毁。当舰队经过马尼拉湾时，日军自杀性的空袭变得更加激烈，致使美军和澳大利亚军队的多艘航空母舰、巡洋舰和驱逐舰受损。尽管这样，在舰队抵达林加延湾西南部时，盟军军舰仍然击沉了日军的两艘驱逐舰，并最终在1月6日到达目的地。

　　奥尔登多夫的攻击部队设法躲开了日军"神风特攻队"的数次攻击，并成功地驻扎下来，以便轰炸林加延湾。仅在一天之内，日军参加自杀式攻击的飞行员就击沉了3艘盟军的扫雷舰，炸毁了包括旗舰"新墨西哥"号和"加利福尼亚"号在内的奥尔登多夫的数艘战舰。但与此同时，海军上将威廉·哈尔西的第3舰队的战机一直在吕宋岛轰炸日本的机场，迫使日军很快就从菲律宾撤出其所有执行战斗任务的飞机。奥尔登多夫的攻击部队也因之而削弱了日军的防御。在做好了一切准备之后，克鲁格的第14和第1军的运输船于1月9日开始向林加延湾逼近。

　　克鲁格的士兵登上海滩时，并没有遇到日军的抵抗。为了保护自己的部队，山下奉文早已将部队撤到了远离城镇的地方，这就使得美军第14军和第1军可以在岛上建立一个6.4千米长、27千米宽的滩头堡。在完成这一目标之后，麦克阿瑟又进行了一次大张旗鼓的登陆行动，以让全世界都知道他将要解放菲律宾了。为此，克鲁格的几个师已经做好了穿过吕宋岛的中部平原并

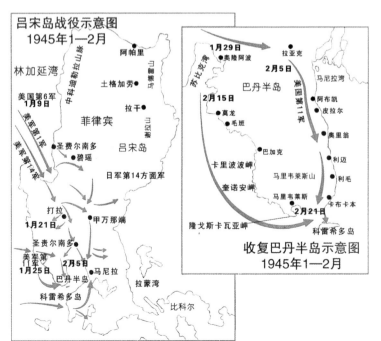

占领马尼拉的准备。

不过在实现上述目标之前，第14和第1军还得首先对付日军的"振武集群"。这支由152 000人组成的部队，是山下布置在吕宋岛上日军的主要兵力。他们的阵地从海湾一直部署到卡巴鲁安高地沿线，这对克鲁格部队的左侧构成了严重威胁。于是克鲁格命令第1军指挥官英尼斯·斯威夫特少将将"振武集群"向北驱赶，同时奥斯卡·格里斯沃尔德少将和他的第14军则慢慢向马尼拉进军。斯威夫特的部队历尽千难万险才最终完成任务。整个1月份，美军第1军和第6、第43步兵师都在集中兵力打击日军的防御力量，但进展较慢。

进军马尼拉

在南面，格里斯沃尔德的部队小心翼翼地向马尼拉进军，一路上他们只遇到很少的抵抗。由于对"振武集群"的战斗，克鲁格不愿意过快地将第14军调开。实际上当时他也没有别的选择。1945年1月17日，麦克阿瑟

↓美军在太平洋舰队进行两栖演习。在支援登陆艇和其他舰艇炮火的掩护下，一艘登陆艇正驶向预定海滩

→→日军"神风特攻队"的飞行员在出发前的晚上接到命令。该飞行队的名字来自公元13世纪击溃蒙古人对日本入侵的"神圣之风"。这些自杀性的飞行编队被用来在莱特湾战役中对付美军战舰

↓图中的203毫米口径机动榴弹炮占据了莱特省首府塔克洛班附近的一个掩体。作为吕宋岛和棉兰老岛之间的一座小岛，莱特岛是盟军征服菲律宾的第一个目标

发出命令，要求克鲁格立即进军马尼拉以便为他的部队提供有利的地形。此外他还命令，为了美国陆军航空队以后的作战需要，克鲁格必须夺取克拉克机场。最后麦克阿瑟和其他高级将领要求必须赶在日军杀害和进一步伤害关押在监狱里的美军战俘之前，解救出他们。

为了压制日军从左侧对克鲁格的威胁，麦克阿瑟派第25和第32师到林加延湾增援第1军。到月底的时候，经过在圣曼努埃尔的坦克战，斯威夫特的部队最终击败"振武集群"并将他们驱逐到偏远的高地。两周以后第1军到达吕宋岛的东岸，将日军与山下的司令部割裂开来。在此后的战斗中，山下和他的"振武集群"的大部都被困于该岛北端，其余部队则在马尼拉附近与美军第6集团军交战。

与此同时，格里斯沃尔德的部队则遭遇了由冢田利吉少将率领的驻扎在吕宋中部平原西部的三描礼士山脉日军"建武集群"的抵抗。1月23日，第14军与"建武集群"在班班一带展开激战，一周之后美军击退日军的进攻并占领了克拉克机场。冢田的部队在战斗中一共损失了2500人。

在"建武集群"西面，美军第8集团军第11军从圣安东尼奥登上了巴丹半岛。查尔斯·霍尔少将指挥的这一部队的任务是占领奥隆阿波海军基

地，然后加入在马尼拉展开的战斗。这支部队与日军激战了两周。同时在更南面，第8军在抑制吕宋南部日军和开辟另一条通向首都马尼拉通道的战役中，袭击了纳萨布格布。2月3日，其余美军空降部队空降到大雅台岭也都加入了对马尼拉展开的进攻。

同一天，第14军已经逼近首都马尼拉，这时美军第1骑兵师先行抵达圣托马斯并袭击了一个拘留营。在骑兵部队解救被关押的美军战俘的同时，第37步兵师则占领了老比利比德监狱，他们解放了1 300名居民和战俘。这

些行动将马尼拉的北郊置于第14军的控制之下，接下来美军面临的任务就是击败保卫马尼拉的17 000名日军海军士兵。

城市战事

在美国海岸警卫队的帮助下，一队登陆驳船将第一批美军地面部队运送到吕宋岛。攻占该岛的战役从距离马尼拉以北160千米（100英里）的林加延湾开始

尽管山下并不打算在毫无结果的马尼拉守卫战中牺牲自己的兵力，但是占领马尼拉的日本海军和海军陆战队员并不归他指挥——他们只听命于岸州海军少将并决心奋战到最后一刻。岩渊三次将部队分成几个战斗队，分别守卫马尼拉的不同地段，于是在太平洋战场上唯一的一场城市战斗开始了。战斗一直持续了一个月之久，在战斗中美军被迫摧毁市内的建筑物，因为它们被日军用作掩体。激烈的战斗进行了一周以后，第14军将日军逼入马尼拉的老城区。在南面，第11空降师攻击了日军的海军部队。美

军空降部队利用尼科尔斯战场坚固的防御工事在第14军炮火的掩护下，与日军展开了激烈的肉搏战并最终占领了该城区，他们于1945年2月12日与第1骑兵师汇合。但日军在马尼拉老城区和其他地段的反抗仍在继续。对当地居民来说不幸的是，岩渊三次拒绝疏散任何非战斗人员，因此很多人都遭到了与日本海军相同的命运。3月3日，麦克阿瑟的部队粉碎了占领这座城市的日本海军的最后的残余力量。这次战斗付出的代价是美军1 000人牺牲、1 550人受伤，市民伤亡人数则接近10万人。像往常一样，岩渊三次的大多数士兵都选择了自杀而不是向美军投降。

血战吕宋岛

此后，战斗仍然在菲律宾的其他地方进行着。1945年2月14日，美军

↓林加延湾登陆战期间，美军巡洋舰"博伊西"号和其他军舰向空中发射防空弹。指挥战斗的是第7舰队的杰西·奥尔登多夫海军中将

第9军攻击了驻守巴丹半岛的日军，并在经过一周的激烈战斗后占领了该地。在南面的科雷希多岛，他们与以壕沟为防御工事的日军展开了更加猛烈的战斗，扫除了藏在地下掩体中的日军。2月底，美军占领了整座岛屿。4月中旬，麦克阿瑟的部队通过使用柴油、TNT炸药和磷弹对日军阵地进行焚烧，占领了卡瓦约和埃尔弗赖尔岛。最后日军被迫撤离，美军不战而胜占领了恰那包岛。整个马尼拉湾现在都在美国人手中。

　　经过三个月的战斗，麦克阿瑟的部队将日军第14战区的陆军驱逐出吕宋中部并占领了菲律宾首都马尼拉。但是，日本人在岛上的存在仍然构成很大的威胁。山下在吕宋岛的总兵力有172 000人之多，他们占据着吕宋岛北部和东南部较大的区域，并且由于控制着菲律宾大部分的大坝和水库，从而控制着马尼拉大部分的供水。此外，山下的部队还拥有足以轰击首都

↓美军登陆艇接近菲律宾的宿务岛。第7舰队在登陆前的炮轰中留下的烟雾使得敌人无法看清目标

的火炮。

在麦克阿瑟和尼米兹计划下一次行动使其部队靠近东京之前，他们必须削弱山下剩余军队的力量，使其无法威胁到美国占领吕宋岛。在马尼拉东面，横山静雄中将的"振武集群"对马尼拉构成了较大的威胁。横山部署在马德雷山脉南端，分布于从怡坡大坝到内湖的区域，指挥着大约8万人。3月6日，美国陆军航空队轰炸机袭击了这些地区，从而为第14军在两天之后发动地面攻势做好了准备。在内湖附近，美军第1骑兵师、第6和第43步兵师在被第11军解救之前，从"振武集群"的防线中部打开了一个缺口，第43师接着向南挺进，对横山部队的左侧施加压力。不过在北面，第6师在攻占瓦瓦和怡坡大坝的战斗中却遇到了很多困难。直到4月底，第43师到达并加入进攻。

↓在日军释放3 000名人质之前，美军聚集在马尼拉市内。在释放人质后由于数百名日军做了最后的抵抗，结果美军只好摧毁整个地区

在美军两个师的部队准备攻击"振武集群"北部时，美国陆军航空兵开始了为期3天的密集轰炸：他们共向敌人的基地投下了113.66万升凝固汽油弹。5月6日，第43师开始进攻，同时菲律宾游击队则开始骚扰横山的右侧。11天之后，盟军部队占领了怡坡大坝。在南面，美军第38师在将第6师解救出来的同时，开始削弱"振武集群"。此时，横山的部队开始瓦解。随着5月底瓦瓦大坝落入美军手里，"振武集群"的残余部队不得不撤回其位于东海岸的基地，并在那里坚持到战争结束。

在克拉克机场西面，美军第14军的第40师与"建武集群"也展开了战斗。"建武集群"自从空军基地落入美军手里之后，便撤到了沿海高地，并借助那里的有利地形坚持了两个月之久。另外又有两个师的美军部队

↓尽管山下奉文将军打算向美军交出马尼拉，但是独立于他的第14战区陆军的日本海军部队却决心孤注一掷不惜一切代价守住菲律宾的首都，这种固执导致了一场激烈的城市战争，给城市造成了巨大的破坏

中岛B6N "吉尔" 式战斗机

也赶来参与驱逐 "建武集群" 的战斗，最后他们联手于4月6日重创日军基地，迫使冢田少将解散部队，转入游击战。在马尼拉以下的整个吕宋岛南部，美军第1骑兵师、第158团和菲律宾非正规部队，粉碎了成群结队的日军士兵和水手。到4月底，这一地区的战事开始趋于平静。

此时在岛的东北角，山下奉文的 "振武集群" 仍是一个巨大的威胁，但是克鲁格全神贯注于马尼拉南部和西部的另外两个日本组织，因此他只能调3个师的兵力去对付这支日军。直到4月底，随着美军第6军使 "振武" 和 "建武" 集群失去抵抗能力，克鲁格才能够派兵北上。此时，美军士兵因为日军粗暴地对待圣托马斯囚犯而被激怒，他们因此而渴望尽可能多地消灭山下奉文的日军士兵。

菲律宾南部

在两个月的战斗中，斯威夫特的第1军在进入卡加延山谷之前，迫使 "振武集群" 撤出了巴利特山口和班邦。6月底，美军伞兵部队在该山谷的北端登陆并与第37师在土格加劳会师。尽管山下此时仍然拥有65 000名身体强壮的士兵，但他们大部分被困于卡加延河以东的马德雷山脉北部，其余人员则散布在从邦都到班邦的区域里。尽管 "振武集群" 占据这些阵地直到战争结束，但他们从此再也没有对盟国军队控制的马尼拉和林加延湾以南的其他地区构成威胁。

在吕宋岛北部，麦克阿瑟和克鲁格巩固了对整个岛的控制，这样为期6个月的战斗终于结束了。与往常一样，两军的伤亡不成比例，日军损失的总人数为19万人，而美军则是8 000人牺牲、3万人受伤。在南面，棉兰老岛和其他地方的战斗仍在激烈的进行中。

占领菲律宾中部和南部的任务落在了罗伯特·艾申伯格中将和他的第8集团军的肩上。从2月到4月，他的第24、第40师和 "阿美利加" 师先后

↑ 中岛B6N "吉尔" 式原本设计成以航空母舰为基地的鱼雷轰炸机，但由于在战争中日军损失了数艘航空母舰，这种战机最终被用作 "神风" 飞机。该机飞行速度为每小时480千米，可携带800千克（1 764磅）重的鱼雷

击败了孤立无援的敌军并占领了米沙鄢通道附近的萨马、布里亚斯、辛亚拉、朗布隆、塔布拉斯和马斯巴特。在占领了这些岛屿之后，盟军舰只就不用再担心遭到日军炮火的攻击，而可以平安地通过菲律宾了。再往西，从2月28日开始，第41师第186团与1750名日军士兵和水手进行了历时一周的战斗，最后占领了巴拉望。

3月10日，美军第41师的主力部队在菲律宾第二大岛棉兰老岛的西部登陆。在两周的时间内，铃木的第35军团的43 000士兵成功地将美军围困在三宝颜半岛上一个很小的区域内。美军第41师的部分部队在南面攻击了铃木在苏禄群岛的守军，同时轻松攻占巴西兰。4月9日，美军第163团在粉碎敌人有组织的抵抗之前，在钓洛与4 000名日军守军进行了为期三周的战斗。日军分散开来的抵抗力量则一直坚持到7月底。

征服棉兰老岛

此时艾申伯格的部队已经占领了棉兰老岛上的班乃、内格罗斯、宿务和保和。1945年3月18日，美军第40师在班乃登陆，他们奇袭了一小股日军守军并在当地游击队的帮助下经过10天的战斗占领了该岛。3月底，这个师在内格罗斯以西与中野武史中将的13 500名士兵展开激战。战斗一直持续到5月底，后来中野武史将他仅有的6 000名士兵撤到了岛内的山区，并在那里一直坚持到战争结束。

3月26日，美军在东面埋有地雷的宿务海滩登陆。随后进行了为期十天夺取该岛的战役。不过尽管抑制住了日军有组织的抵抗，但对敌人的肃清却一直持续到6月。相比之下，4月11日，这一师的其他部队在攻占保和时则要幸运得多，他们在两周的时间内就成功地打垮了敌人，并在攻打内格罗斯战役中与第40师胜利会师。

与此同时，棉兰老岛战役也还在继续进行。日军在棉兰老岛控制着较小的区域。铃木的部队控制了人口稠密的地区，而温德尔·费蒂格上校指挥的当地游击队则控制着农村地区。4月，在铃木于一次空袭中死亡后日军的境遇开始变得越来越糟。铃木的继任者佐佐木守中将面临的严重问题是，既要对付游击队的袭击，又要在三宝颜抑制美军第41师，同时还要准备应对美军的再次进攻。

4月17日，美军第10军从伊利亚纳湾向棉兰老岛发起猛烈攻击并以很

↑ "普林斯顿"号航空母舰的着陆信号官。尽管这艘船是莱特湾海战中沉没的6艘船之一，但日本人的情况更糟，损失了4艘航空母舰、3艘战列舰、6艘重型和4艘轻型巡洋舰、11艘驱逐舰和1艘潜艇，这一行动还导致日本在菲律宾的地面部队力量严重减少，大约13.5万名日本士兵被困在美国的推进行动中

快的速度进入岛内。美军15天内行军185千米，于5月3日攻陷达沃镇。不过此后美军的前进就慢了下来，因为他们要花数周时间来对付岛内高地上负隅顽抗的敌军。5月10日，为了把诸角的部队一分为二，美军第108团战斗队在马卡哈拉湾附近岛屿的北海岸登陆。一个月后，美军第31师的一个营袭击了武端海滩并加入了这一战斗。

到6月底，美军已经击溃了日军第35军的主力部队，并迫使其残余部队绝望地转入偏远丛林中展开游击战。当时在棉兰老岛的最南端仍有2 000名日军士兵负隅顽抗。7月12日，美军第24师的一个营赶到萨兰加尼湾，协助当地的非正规部队肃清了当地的日军，这是麦克阿瑟所指挥的解放菲律宾的最后一次战役。至此，他已经成功地建立了另一个攻打东京的作战基地。

↑菲律宾的游击队员欢迎美军到达莱特岛。在攻占该岛之前，当地的游击队员向美军提供了日军兵力部署的详细情报，并及时疏散了平民

硫磺岛

就在麦克阿瑟的部队在菲律宾奋勇前进的同时，霍兰·史密斯中将和

他的海军陆战队已经袭击了东北部数百千米处小笠原群岛的一个目标。还在莱特湾战役开始前的几个星期，雷蒙德·斯普鲁恩斯将军和三位陆军将军就请示参谋长联席会议下达占领硫磺岛的命令。硫磺岛是一块位于塞班岛以北1 005千米，东京以南1 061千米，面积不大，长不过8千米，宽只有4千米的三角地带。他们一致认为，这将是远程轰炸机在日本执行轰炸任务的一个最好的空军基地。此外，斯普鲁恩斯指出，硫磺岛的有利位置使得P-51"野马"战斗机还可以为执行任务的B-29"超级空中堡垒"轰炸机提供护航。占领该岛的战役定于1945年2月19日开始，由斯普鲁恩斯任总指挥，里士满·特纳海军少将任"联合远征部队"指挥官。攻击硫磺岛地面部队的指挥则由"嚎叫的疯子"史密斯负责，他本人授权哈里·施密特少将指挥第5两栖部队，他也指挥包括美军第3、第4、第5海军陆战师，第5两栖部队将在岛上实施地面攻势。

↓第503伞兵部队攻占科雷希多岛。尽管有很多伞兵都没有跳到指定的地点，但是这支部队还是成功地占领了该岛。战斗中有280人伤亡

海军陆战队先头部队面临的困难是，硫磺岛沿岸适合登陆的区域非常少。该岛北面是一个边缘为悬崖峭壁的高原，只是在南面靠近折钵山死火山的地方才有一些可以登陆的地点。史密斯和施密特计划最终选择在东岸攻打和占领一块海滩，但日军的高级将领早已预料到了美军的进攻，因此他们命令守军加强防御并埋设地雷。

进攻开始

自从日军于1944年年初失去马绍尔群岛之后，便着手向硫磺岛进行增援，以便在美军到来之前拥有一个稳固的防线。此外，日军还在折钵山附近和中部高原各修建了一座机场。到1944年6月，该岛的防线上已有大炮13门、机枪至少200挺。大约在这个时候，日军第109师团的指挥官栗林忠道中将被派来指挥这里的日军。这里的守军还包括市丸利之助海军少

↓隶属于第1骑兵师的菲律宾非正规部队在战斗中使用马匹运送补给。装备了从日军那里缴获来的重机枪和来福步枪的这支部队，活跃于马尼拉以东地区

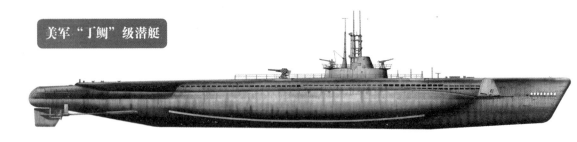

美军"丁鲷"级潜艇

↑战争后期美军投入
使用了这种新型的潜
艇——"丁鲷"级。
但当这种新式武器抵
达日本水域的时候，
除了几艘企图摆脱美
军封锁的商船之外，
已经没有可攻击的
目标了

将指挥的装备有14门海岸防卫炮、12门重型榴弹炮、150门高射炮的海军部队。

作为一名谨慎的军官，栗林采取了纵深防御的战略，而不是对海滩上的敌军进行不计后果的反击。在要求岛上为数不多的居民疏散后，他命令士兵修建由800座碉堡和长度为4.8千米的地道组成的防御网络，连接火山岩下的防御工事。最后岛上的守军还得到了增援，战斗高峰期其总兵力达到了13 586名士兵和7 347名水手。然而栗林与他的高级将领之间在纵深防御计划上存在着分歧。包括市丸海军少将在内的很多人都不同意允许美军在折钵山上的海滩登陆，尤其是在日军能够占领1号机场的情况下。由于需要海军的协助和他们充足的军需供应，栗林做出了妥协：用一半的军需供应作为交换条件允许他们在海滩上建立碉堡。但他仍然坚持只有在美军从海岸向岛内推进450米时，所有的日军部队才能开火。市丸和他的将官们同意了这一提议。

栗林到达后不久，美军航空母舰从天而降，战斗开始了。在这一年的剩余时间里，这些攻击持续进行，最后一次轰炸活动持续了74天，轰炸由从马里亚纳基地出发的B-29和B-24"解放者"战斗机实施。在地面攻势开始前三天，斯普鲁恩斯派遣6艘战舰和数艘军舰炮轰硫磺岛上的日军阵地。尽管向该岛发射了大量炮弹，但炮击几乎没有造成人员伤亡，大部分日军都躲到了地下掩体里。战斗进行到第3天，美军在东南部海滩地区提高了轰击的精确性，日军的很多防御碉堡都被摧毁。

1945年2月19日上午，美军第5两栖部队开始按计划发动地面攻势。第5师从左面在折钵山附近登陆，凯勒·罗基少将带领的这些海军陆战队员的任务是孤立敌人设在山上的阵地，并袭击1号机场的南端。克利夫顿·凯茨少将率领的第4师从北面协助占领该机场和延伸到本山高原的山脊。与此同时，施密特则要求格雷夫斯·厄斯金少将和他的第3师后撤，

← ← 美军军舰炮轰
硫磺岛上的日军据
点。长180米（590英
尺）、宽超过20米
（65英尺）的"彭萨
科拉"号重型巡洋舰
上装备了不同口径的
大炮70余门

充当后备部队。

进攻折钵山

尽管因为栗林命令日军撤退，盟军在海滩上没有遇到抵抗，但是，运送海军陆战队员的两栖牵引车却深陷于登陆地点松散的黑沙之中，海军陆战队员只好弃车徒步穿越海滩。然而，当陆战队员走出几百码接近摇摇欲坠的房屋时，他们遭到日军从隐蔽的山洞和碉堡中用机枪、迫击炮和步枪的射击。来自驻军粗鲁的问候开启了美国海军陆战队历史上最血腥的战役之一。

↓一群美军登陆艇逼近硫磺岛的东岸。岛上坐落着折钵山

接近中午时分，美军第5两栖部队在登陆地点卸下了几辆坦克。但是与两栖牵引车一样，坦克也陷入了松散的黑色沙滩中，并受到日军反坦克

部队的攻击，其中数辆被摧毁。由于没有足够的坦克进行掩护，在克利夫顿·凯茨的第4师攻打1号机场时，陆战队员被迫使用火焰喷射器和炸药摧毁碉堡中的日军。当天傍晚，施密特将3万名陆战队员送到硫磺岛，其中536人死于日军的迫击炮和机枪之下，其余的队员则忍受了一整夜的炮火轰炸。

尽管日军不断地进行着密集的反攻，但美军第5师的第28战斗小分队还是越过640米沙滩到达岛屿的另一侧，从而部分地实现了既定的作战目标。傍晚时分，美军成功地孤立了折钵山上的日军。第二天早上，美军两个营深入183米，同时第三个营后撤，充当预备部队。在40架战机的掩护下，这些部队成功地在一天之内到达山上的基地。在北面，第4师通过1号机场，到达了栗林的第一道主要防线，这条防线在硫磺岛中央高原上的2

↓面对美军的进攻，冲绳岛上的日军依靠洞穴、防空壕来保护自己。这个被掏空的地区位于河岸上

↑美国海军陆战队的火箭部队正在轰击硫磺岛上的日军基地。进攻从岛南端接近1号机场的地方开始，之后逐步越过折钵山直抵北野角

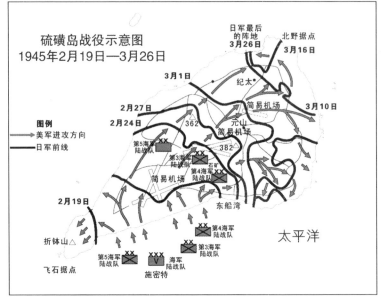

硫磺岛战役示意图
1945年2月19日—3月26日

日军最后的阵地 3月26日
北野据点 3月16日

3月1日
纪太
简易机场 3月10日

2月27日
元山 简易机场

2月24日
362
382

第5海军陆战队
第3海军陆战队
石矿
第4海军陆战队
简易机场
东船湾

图例
美军进攻方向
日军前线

2月19日

折钵山△

太平洋

飞石据点
第5海军陆战队
施密特
海军陆战队
第4海军陆战队
第3海军陆战队

号机场下面。2月21日，在坦克的掩护下，陆战队员开始向这一地区纵深挺进。

当天晚上美军遭到了沉重一击：日军"神风特攻队"向"萨拉托加"号航空母舰发起攻击。在5名飞行员将飞机撞向该航空母舰之后，又有5架飞机从空中发动突袭，企图将该舰予以彻底摧毁。此时船上的船员都在尽力扑救几乎失控的大火。尽管美国人击落了其中4架，但最后一架飞机投下的炸弹却把飞行甲板炸开了一个大洞。由于严重受损，"萨拉托加"号只得放弃参加硫磺岛战役，回国进行修复。在战斗中，"神风特攻队"的其他队员还击沉了一艘盟军的小型护航航空母舰。

2月23日，随着折钵山周围的防线收紧，第28团撕开了日军的防线，并到达了这座死火山的顶部。上午，在与日军的一场小规模冲突中，哈罗德·施里尔中尉的40名陆战队员，成功地在火山口的边缘升起了一面美国国旗。被拍成电影后，这成为海军陆战队历史上最持久的画面之一，之后，海军陆战队展示了与国旗合影的照片，从而鼓舞了那些仍在北方作战的人们的士气。

就在此时，施密特率领后备的第3师顺利登陆，并向栗林的其余防线发起三管齐下的攻击。在他的计划中，他号召第3师进攻中部的2号机场，第4师向右侧推进，第5师向左侧推进。在战斗的头两天，日军顶住了美军的进攻，直到第3师第21团的2个营赶到后才突破敌人的防

↓美国海军陆战队第4师的士兵正在检查日军97型坦克残骸。在硫磺岛战役中，日本人把他们的大部分坦克改装成临时掩体，把这些车辆部分埋在沟里

↑美国海军陆战队第5师登上折钵山顶的情形。折钵山在硫磺岛南端，是一座死火山，它一直是日军的阵地

线，占领了该机场。到2月25日，大部分设施和硫磺岛的1/3地区都已落入美军手里。4天后，该师的其余部队突破了栗林的第二道防线，并占领了被毁坏的本山镇。在东南部，第4师于3月初成功地将日军驱逐出了第382号高地。

至此，栗林已经意识到失败是不可避免了。第382号高地失守的当天，栗林就通过无线电向东京大本营表达了自己没能守住硫磺岛的歉意，并遗憾地指出，该岛的失守将使日本更多地暴露于盟军的轰炸之下。不过尽管这样，他的部队仍然坚持抵抗，从而迫使陆战队员的前进举步维艰。栗林要求坚持他的纵深防御计划，但是在他的指挥下，不服从命令的军官公然领导自杀式袭击，这只不过导致许多顽固的日本士兵迅速丧生。3月8日，对第4师的一次攻击中，650名士兵被杀，因为他们是在没有炮兵支援的情况下被杀的。日本的抵抗开始瓦解，硫磺岛战斗成为美军对日军的又一次扫荡战役。第二天，第3师的一支巡逻队到达该岛的东北端。到3月11

日，陆战队员已将日军围困在该岛北端的孤立区域。

3月14日，海军陆战队的一位高级将领站在一个被摧毁的日军掩体的顶部，宣布盟军已经占领硫磺岛。而此时躲在地下碉堡中的栗林、市丸和其他日军指挥官则正在计划如何进行最后的抵抗。3月26日，在北野角附近有350名赤膊上阵、凶相毕露的日军士兵和水手向美国空军、海军陆战队和海军工兵营发起突然袭击。经过半天惨烈的肉搏战，美军击退了日军的进攻，但是双方都死伤惨重。

第二天凌晨，栗林和另外两位将官自杀身亡，傍晚市丸和他的10个部下也上演了类似的疯狂一幕：他们不顾一切地冲向美军阵地，然后在机枪的扫射之下纷纷倒地。硫磺岛战斗至此结束。据粗略统计，日军士兵和水手共有大约18 000人被消灭；在剩下的3 000个幸存者中只有216人从地下碉堡中走出来向第5两栖部队投降，其余则如猎物一样，四处躲藏直至战争结束。尽管美军伤亡没有日军那么大，但其在战斗中的伤亡数字也不小：共有5 931名海军陆战队士兵牺牲，17 000多人受伤。而且这场战斗还夺去了363名美军水兵的生命。

冲绳

正当硫磺岛战役即将结束的时候，另一支美军部队已开始准备攻打位于琉球群岛的冲绳岛。这里离日本更近。大多数冲绳人认为自己是日本人，在国民议会中有政治代表，自1944年4月起，牛岛满中将指挥的第32军就一直驻守在该岛。第32军包括3个师团、一个旅团，以及1个坦克联队、几个炮兵部队、当地民兵甚至是十几岁的志愿者。此外，太田实海军少将的一万名海军也驻扎在该岛上。

在南部的那霸和首里两座城市，牛岛建起了由同心碉堡、加固的山洞

↓所有的坦克登陆舰都可以从英国寻到其设计根基。美英建造的坦克登陆舰彼此协同作战配合默契。由于美国生产的坦克登陆舰供不应求，于是英国建造了这种MK-3型坦克登陆舰。它与美国建造的登陆舰的体积大体相同，只是重量要大得多，因此更具威力。它们于1944和1945年下水

MK-3型坦克登陆舰

↑在硫磺岛战役期间，特纳中将和凯茨少将及海军陆战队第4师的其他高级将领一起商议作战计划。美军对该岛志在必得，因为岛上的机场可供轰炸日本本土使用

及其他与隧道相连接的建筑组成的纵深防御网络。估计到美军将会从西南沿岸发动进攻，他便将大部分兵力都部署在嘉手纳机场下游。另有两个师团把守那霸北面的防线；第3师团和第44独立混成旅团守卫岛上南部的阵地。不过把守北部的只有两个营的兵力。

果然不出所料，美军在残波岬以南的哈古希海滩开始登陆。"冰山战役"由美军第10集团军司令官小西蒙·玻利瓦尔·巴克纳将军，一位美国内战时期邦联军队将军之子指挥，他的进攻部队由3个军和3个海军陆战师组成。3月24日，巴克纳开始占领那霸以西24千米的庆良间列岛，从而为英军和美军的军舰和水上飞机提供了停泊地点。同一日，长达一周的为地面进攻作准备的海上炮轰也开始了。

首里防线

　　尽管海上的密集轰击一直未停，但当4月1日美军的两个军和两个海军陆战师登陆的时候，牛岛的防线却仍然毫发未损。由于没有遇到抵抗，美军6万名作战队员顺利地到达哈古希海滩，只有28人死亡，27人失踪。部队快速地从海岸移动，一路上只遇到被驱散的日军部队的零星抵抗。两天之内，第24军团的第7、第96步兵师就席卷了这座小岛，并在到达东岸之后向南开往库巴。第1、第6海军陆战师和第3两栖作战部队则在从左侧席卷了这座小岛后，开往北部的金湾。4月4日，冲绳中部的两座机场都已安全地落入美军手里。至此，"冰山战役"比预期的要顺利得多，并且远远超出了计划。

　　大约是在登陆后的一个星期，两个陆军师接近了牛岛设在首里的防

↓日军战俘集中在坦克登陆舰的甲板上，他们的最终目的地是设在珍珠港的监狱

御网络。美军在卡卡祖遭遇了首次挫折。日军迅速地占领了这一山脉，并用密集的火力阻止美军前进。美军连续三天发动的一系列进攻都被日军击退，美军死伤惨重。就在这个时候，罗斯福总统逝世的消息传到冲绳，美军士兵更是士气低落、精神不振。日军抓住这一时机，大量印刷传单，蛊惑人心，并对此幸灾乐祸。但是日军的庆祝犹如昙花一现，从4月12日至14日，巴克纳的部队接连打退了日军数次进攻。

在南面由于遇到的抵抗比较微弱，美军海军陆战队第6师的日子要好过得多。他们沿着海岸前进，并于4月8日将日军孤立在莫图布半岛。4月底，在一次持续3天的战斗中，海军陆战队员摧毁了日军在八重岳的主要阵地，将冲绳的北部置于美军的控制之下。但是在远处的山丘上还有成群的日军在活动。

正当日美地面部队在冲绳拼杀的时候，包围了该岛的第5舰队却遭到了日军"神风特攻队"的轮番轰炸。4月中旬的一天，185架自杀战机和150架战斗机、45架鱼雷轰炸机从日本飞来。在它们后面还有8架双引擎飞机携带

↓在冲绳战役中，美国海军陆战队第6师第15团的炮手们正在推动一门105毫米（4.1英寸）榴弹炮。在该岛最南端日军借助构筑精良的碉堡进行了顽强的抵抗

一种名为"那霸"的新式武器，这是携带着炸药的鱼雷状滑翔机，飞行员可以像"神风"一样使用。在交战过程中，美军击落日军飞机383架，日军击沉美军舰只6艘、炸坏24艘。4月7日，386架美军飞机击沉了正在从东海赶往冲绳的"大和"号战列舰和4艘护卫驱逐舰。

4月16日，美军第77步兵师离开莫图布半岛海岸，开始攻占一个包含3个简易机场的椭圆形小岛伊岛。只要拿下该岛，巴克纳就可以加强美军对冲绳的空中打击力度。尽管第77师遇到了精心防御的2 000名日军守军的抵抗，但到4月24日，在经过了一周的血腥战斗后，他们最终还是占领了这座岛屿。与此同时，巴克纳已经悄悄地深入日军的首里防线。他命令第24军团的第27师赶到如卡卡祖这样的要塞地区，从敌人的薄弱环节突破敌军防线。4月19日，美军部队在日军的大炮和迫击炮的袭击下伤亡720人，迫击炮部队在精心测量的火力范围的指引下发动了这次袭击，第二天又发动了一次，但都失败了。但到当月的最后一周，美军第24军已经成功地迫使牛岛的部队向南撤退。4月24日第7、第27和第96师终于占领了卡卡祖和天

↓美国海军陆战队第2师第8团正在通过那霸机场开赴前线。在冲绳的首府，战斗陷入了第一次世界大战中西线战场那样的僵局

↑第10集团军第7步兵师的士兵躲在一尊弹痕累累的石狮后观察敌人的动静。在冲绳战役中，第7师负责进攻日军首里防线的东端

之线山脉，从而粉碎了首里防线的外壳。3天之后，美军占领了另一个称为"物品口袋"的据点。4月30日，巴克纳用海军陆战队第1师替下了已经筋疲力尽的第27师。美军占领了8千米长的地区，同时占领了马奇托纳和奥纳巴鲁机场。

与此同时，牛岛的手下则哄骗他，致使牛岛的部队又一次发动了反攻，这次是为了打击美军第10集团军的核心部位，并将它的组成部队赶入大海。5月4日，牛岛发动了一次复杂的攻势：在东西海岸做两栖登陆，同时以日军第24师团的3个联队为先锋，从中部攻击巴克纳的部队。尽管美军很快就歼灭了防线后面的两栖登陆部队，但是一支由600人组成的日军大队还是冲开了防线并重新占领了塔纳巴鲁岭。不过，美军很快打败了这支部队，直到接到命令回撤到首里防线。到5月7日，这一批日军只有12人侥幸生还。

在争夺塔纳巴鲁岭的战斗中，冲绳岛上的日军士兵得到了纳粹德国已经向盟军投降的消息。此时的日军已是孤军作战。而牛岛的部队也已接近崩溃，这也迫使日军第32军的指挥官指挥后备兵力对首里防线做最后的抵抗。5月10日，胜券在握的巴克纳恢复了攻势。经过10天的战斗，美军第7

师打退了牛岛在东线的进攻。但美军迅速取得突破的希望，却因向南撤退的日军仍然控制着他们的阵地而变得有些渺茫。

此时攻占冲绳南部的血腥战斗好像与第一次世界大战时的北欧战场一样陷入了僵局：日军第32军开始遭受重大伤亡。5月21日，牛岛发现自己已经没有足够的兵力继续维持首里防线，于是他决定向南撤退。5月底，他的部队撤到了基扬和马布尼上游的八重岳山脉。

现在是美军第10集团军占领那霸、首里和庄锅路的时候了，但是日军仍在进行顽强的抵抗。尽管牛岛和他的高级指挥官都已经放弃了战胜第10集团军的希望，但他们还是决定尽最大可能消耗美军的实力。在那霸南面的奥罗库半岛，美国海军陆战队第6师在与太田海军少将的孤军进行了10天战斗后，最终于6月15日将他们彻底消灭。而与此同时，在八重岳山脉

↓美军刚一攻占冲绳岛，第10集团军便开始登记岛上的居民，该岛的大多数居民认为自己是日本的臣民，并在东京的国家立法机构中拥有政治代表权

一带，美军则遭遇了更为顽强的抵抗。连续5天，美军都只好使用爆炸和焚烧的办法来消灭躲在山洞和工事中负隅顽抗的日军士兵。

6月17日，巴克纳的部队将日军第32军的残余逼至摩文仁一隅。在日军准备最后一战时，巴克纳向敌人传话，希望牛岛投降以免遭受更大的不必要的牺牲。6月21日，牛岛和他的参谋们不听这些劝告，最终剖腹自杀。同一天，冲绳战役在第85号高地激战正酣。至此美军第10集团军已经彻底粉碎了敌人有组织的抵抗，"冰山战役"最终以美军胜利而宣告结束。

日军溃败

在冲绳保卫战中，日军损失（包括当地平民在内）士兵共约11万人，

↓冲绳岛上几千名日军战俘坐在雨中等候审讯。冲绳战役结束时，7 400名日军向美军投降

其中日军第32军7 400人向美军第10集团军投降。日军伤亡还包括1 500名"神风特攻队"飞行员。另外，日军损失飞机7 800架、战舰16艘。由于大规模的伤亡加之美军对琉球群岛的占领，迫使日本政府考虑全面投降。在美军征服了冲绳岛后，盟军距离日本的九州岛已经只有563千米了。

对美军来说"冰山战役"的胜利来之不易，代价太高：美军总的伤亡人数为49 000人，巴克纳将军被落在身边的弹壳击起的锯齿状珊瑚块击中胸部身亡。在冲绳战役中，日军摧毁盟军飞机763架、舰只36艘。尽管盟军离日本很近，但他们知道要征服日本，还需要在太平洋战场上进行更多的屠杀和破坏。

↓1945年9月7日，驻守琉球群岛的日军残余部队向第10集团军投降。照片左面，在日本投降仪式上，"谢尔曼"和"潘兴"坦克成行排列

10

收获"旋风"

为了迫使日本投降，美国在广岛和长崎分别投下了一颗原子弹。

1945年4月，冲绳战役刚刚开始的时候，麦克阿瑟将军和尼米兹海军上将就制订了分两个阶段攻击日军的作战计划。第一阶段名为"奥林匹克行动"，计划于1945年11月1日开始，派出三个集团军群、一个海军陆战队两栖部队对九州岛屿南部展开进攻。在征服九州之后，美军将以此为基地，发动第二阶段"皇冠行动"，这是一场更大的战役，旨在从1946年3月1日开始征服本州。经过讨论，美军的高级将领预料这些战役将给双方都带来重大伤亡。

而在日本方面，考虑到美军对日本本土的进攻，日军指挥官们则制订了"决号行动"。根据该计划，日军将235万兵力编成了53个步兵师团和25个旅团，要将美军消灭在海滩上。另外，还将数百万的官员和平民编成装备了步枪和尖竹棍的民兵部队。尽管日军在太平洋战场上已经筋疲力尽，但为了保护国土，他们个个都显得精神振奋。面对誓死一战的日本人，美军需要选择一种既能避免过多伤亡又能迅速结束战争的策略。

婆罗洲的澳大利亚军队

正当美军第10集团军渐渐征服冲绳岛时，陆军中将莱斯利·莫斯黑德爵士和他的澳大利亚第1军正在攻打由一支日本海军先头部队和马场正雄中将的第37军大约16个大队的日本兵力驻守的婆罗洲。这里是日军在太平洋上最后的重要基地。这一战场上的澳大利亚将军托马斯·布莱梅爵士和

←←图中是停泊在东京湾的美军战舰"密苏里"号。当时在该舰上举行了结束太平洋战争的签字仪式。"密苏里"号是当时世界上4艘最大的战列舰之一，它曾在冲绳战役中遭到"神风特攻队"的袭击，受到轻微损伤

其他高级指挥官一度都曾怀疑过这一位置遥远、面积狭小的岛屿的重要性。甚至马歇尔将军也认为，占领该岛对太平洋战争不会有太大作用。然而，麦克阿瑟将军坚持将该岛收复，该岛在版图上归荷兰东印度群岛殖民当局。

在美军第7舰队和数架实施战术突袭的轰炸机的帮助之下，莫斯黑德的两个师分别从北面和东面登上婆罗洲。在塞布库湾，其中第2旅制服了塔拉坎岛上的小股守军，并于1945年5月5日占领塔拉坎镇。经过一个月的战斗，澳大利亚人把日本军队从内陆清除出去，并占领了整个岛屿，那里只剩下一个破旧的机场。在战斗中，澳大利亚军队的13 000士兵中225人阵亡，669人受伤；而日本的1 540名守军则几乎被全歼。

6月10日，澳大利亚第9师的第20、第24旅为了占领文莱城及附近油田，在英国殖民地文莱湾登陆。由于当时日军第56独立混成旅团集中在耶塞尔镇，所以文莱城内只有1 500名日军对抗第9师。于是盟军没有遇到多少抵抗就占领了文莱城以及文莱湾附近的岛屿，并在4天之内包围了内陆区域。月底，日军第37军从这一地区撤出，澳军第9师的士兵和他们的指挥官乔治·伍登少将巩固对这一地区的控制，并及时修复了被损害的油田以及其他设施。

7月1日，米尔福德少将和他的第7师在东海岸的巴厘巴板和卡兰达散两城附近登陆。除3个旅以外，米尔福德的部队还包括3个坦克中队和一个炮兵部队。对澳大利亚军队来说，幸运的是，在进攻地点附近连续16天对日军沿岸阵地的海上炮轰和空中打击，有效地阻止了敌人的反抗。3天之内，澳军第18旅就占领了两座城镇，与此同时，第21、第25旅则向北挺进并占领了数座山丘

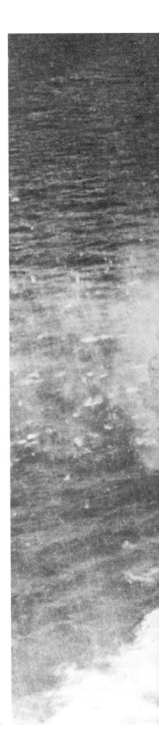

←一在向莱特岛的奥尔莫克运送补给的路上，一艘日军驱逐舰遭到美军空袭，折为两段。4架B-25 "米切尔" 中型轰炸机轰炸日舰时，P-38 "闪电" 和P-47 "霹雳" 护航战斗机击落日军战机16架

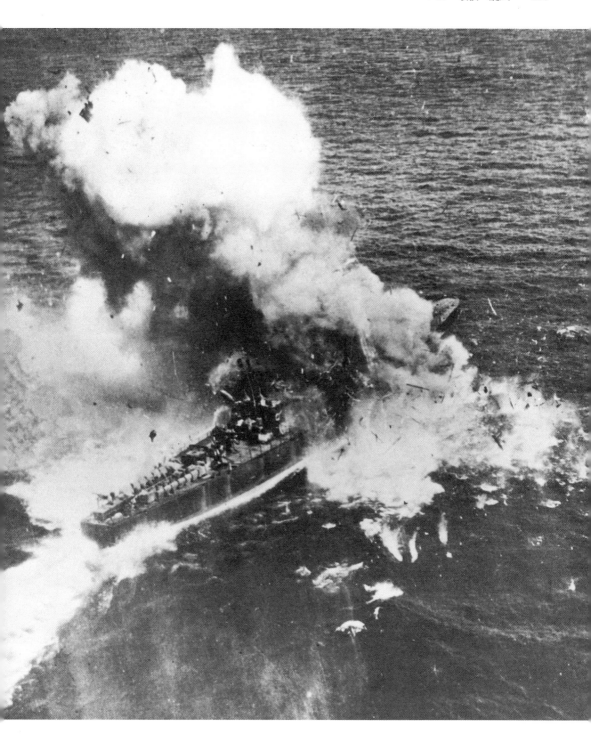

一艘日军潜艇在太平洋浮出水面。与德国不同，日军没有将潜艇用于战场，这使得美军可以通过水路运输补给和兵力和附近的两个简易机场。7月9日，第7师抵达预定目的地，开始进行进攻性巡逻，并与附近日军发生多起小规模冲突。这种状况一直持续到战争的结束。

封锁日本

在夺取了婆罗洲上的日军主要基地之后，盟军最高司令部认为已经没有必要再去占领全岛了。莫斯黑德接到命令停止向岛内纵深挺进，并有意放松对孤立中的日军第37军团的包围，与此同时美军陆、海、空三军则加紧缩小对日军的包围。经过讨论，布莱梅坚持认为，没有将他的部队部署到菲律宾、冲绳和其他更关键的地区是一个错误。不过由于现在盟军已经控制了从婆罗洲到九州的水路，因而也就不必再担心日军从文莱向东京运送石油或其他原材料了。

在婆罗洲北面数百千米处，哈尔西海军上将和他的第3舰队也加强了对日本的封锁。在哈尔西用舰载飞机攻击港口和简易机场时，美军潜艇部队则潜行追踪东海和日本海上日本商船队的残余人员。同时，B-29"超级空中堡垒"轰炸机在内海投放鱼雷则造成数以百吨的日军运输货物的损

↓在日本佐世保市，正在建造的"伊吹"号航母位于HA-105、HA-106和HA-109潜艇旁边。到日本向盟军投降时该艘航母还没有建成

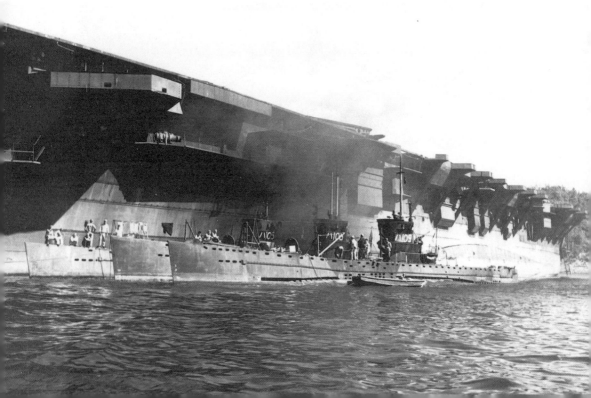

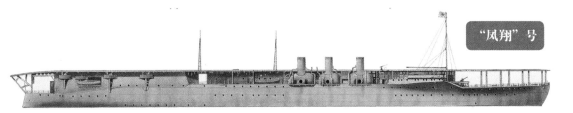

"凤翔"号

失。到1945年夏天，日军已经无法再进入亚洲内陆得到他们所需要的食物和原料了。此外，因为缺乏油料，日军仅有的几艘正在服役的军舰也都无法动弹。

在将日本与大陆隔离开来的过程中，可以看出建造和摧毁潜艇是美国海军的重要使命之一。在整个太平洋战争期间，日本建造的潜艇只有美国的一半，但其损失的潜艇却是美军的两倍之多。与大西洋上的德国一样，美国在日本帝国周围水域部署了大量的水下武器进行"狼群"巡逻，严重地损坏了日本的军舰和运输船只。而与此同时，日本屈指可数的潜艇在防御方面所发挥的作用则微乎其微。在战争结束后，就连东条英机本人都承认，在击败日军方面，美国的潜艇战略是一个关键因素。

此外，还有一些其他因素促成了盟军在潜艇战役中的胜利。自1942年起，美军潜艇队员就开始使用雷达来确定敌人目标。因为日军没能建立起一个有效的护航体系，所以美军潜艇可以随意发起攻击而不受任何损失，而且也不用担心被对方军舰报复而被击沉。最后一点则是，美军大部分潜艇指挥官都技术熟练、能力超群，他们精通潜艇的调动技巧，能够最大限度地击中目标并安全撤离。在战争期间，潜艇共击沉大约1 200艘商船，并摧毁了63%的日本海上运输力量。

早在1944年11月，美军的潜艇就已在日本水域深处作战。11月底，"射水鱼"号出没于本州和九州之间的内海，艇上队员就是在那个时候发现了类似于"大和"号的大型战列舰"信浓"号，这是一艘刚改建成的航空母舰。当"信浓"号在3艘驱逐舰的护卫下进行首航时，"射水鱼"号潜艇就向它的船体发射了4枚鱼雷。尽管该舰完全经得起这些袭击，但由

↑由于缺乏舰员，"凤翔"号一直搁置到1945年4月，因此也是二战结束时仍在服役的日军舰只之一。战后该舰主要被用于遣返整个远东地区的日军士兵

↓日军I-400新型两栖潜艇。它主要用于攻击48 280千米以外的巴拿马运河和更远地区。该型潜艇由于开发得太晚，没能投入使用

I-400新型两栖潜艇

于船员缺乏控制灾难的经验，7个小时后，"信浓"号航空母舰就和它的舰长及500名水手一起沉入大海。这次失败表明盟军对太平洋的控制一直延伸到日本岛屿的海岸线。

与"神风特攻队"奋战至死的士兵一样，日本海军的残余部队为了保卫本土，在美军大兵压境的情况下，采取了一种绝望的自杀性反击战术。在面临不可避免的破坏之前，尽可能多地破坏和延迟这些目标。1945年4月6日，"大和"号战列舰、1艘轻型巡洋舰和8艘驱逐舰在冲绳就采取了这样的战术。像"信浓"号一样这些船只没走多远，便在四国和九州之间的丰后水道被美军潜艇发现。

第二天凌晨，在"大和"号前往冲绳援助第32军的路上，马克·米切尔海军上将紧急从第58特遣队调集386架俯冲式轰炸机和鱼雷轰炸机袭击

↓ "大和"号自1941年建成之后一直在帝国皇家海军服役。装备了大约200门各种规格的大炮的"大和"号全长263米（863英尺）宽约39米（127英尺）

这一舰队。由于日军空中力量薄弱，"大和"号装备了146件防空武器，然而即使这样它也没有办法阻止拥有制空权的东海上空的美军飞机。在几个小时之内，这些轰炸机便击沉了重型战列舰和4艘驱逐舰。而美军第58特遣队仅有的损失则是1艘航空母舰"汉考克"号被日军"神风特攻队"炸毁。

尽管此时日军仍有数艘巡洋舰、战列舰和航空母舰停泊在本土水域，但由于美军的封锁，它们缺乏行动的燃料。为了保卫他们的国家，帝国海军只有38艘潜艇和19艘驱逐舰在服役。由于占有海上优势，因此美国战舰加紧了对日本的进攻。到1945年夏天，美军已经很少遇到抵抗，他们几乎可以随心所欲地攻击敌人的任何目标。

7月初，约翰·麦凯恩的第38特遣队的三支航空母舰编队开始对位于东京的几座机场进行猛烈空袭。对日军来说，侥幸的是地面上的大多数飞机都已经隐蔽了起来。7月底，麦凯恩的航空母舰编队袭击了日本北部的本州、北海道，击沉几艘运煤船只。7月24日，第38特遣队的战机往南猛烈攻击神户和吴市的日本海军基地，击沉了日军3艘战列舰，炸毁了日军3

↓日军"大和"号战列舰遭到美军俯冲式轰炸机和鱼雷轰炸机的袭击后沉入东海

艘航空母舰和2艘巡洋舰。

轰炸战略

　　当麦凯恩的航空母舰对日本境内的空军和海军基地实施连续打击的时候，他的水面舰只则开始对制造区发起炮轰。这时，英国太平洋舰队的战舰和巡洋舰也都赶过来助战。在釜石，3艘战列舰和2艘驱逐舰使一座钢铁厂陷于瘫痪，同时一座日立雷达和电子工厂也遭到了同样的命运。另一组水面舰只则在北海道炸平了一个钢铁中心。7月底，只有恶劣的天气阻止了盟军继续对日本的攻击。8月9日，当日本人还对广岛和长崎原子弹的爆炸心有余悸的时候，麦凯恩的战舰再次发动进攻，摧毁了隐藏在本州北部设施中的250架自杀性轰炸机。

　　就在美军第3舰队加紧围攻日本的时候，美国陆军航空队对日本市区的轰炸也开始逐渐升级。1945年3月，刚占领的硫磺岛为美国陆军航空队提供了一个进出马里亚纳群岛的紧急降落机场。在战争的最后岁月里，

↓日本的一艘军舰在海军船坞倾覆，随着盟军向日本推进，对这些目标的袭击变得更加普遍

波音B-29"超级空中堡垒"轰炸机

2 251架有伤的B-29"超级空中堡垒"轰炸机利用了这种优势。与德国不同的是，大多数日本城市中心没有工业区，相反大多数的日本工厂和制造设施散布在居民区里，所以美军无法做到在袭击军事目标的时候不对附近居民造成伤害。而且到1945年，为了尽早结束战争，大多数美国人都愿意这样做。

↑ 波音B-29"超级空中堡垒"轰炸机

为了更大限度地打击日本的工业区，第21轰炸机司令部司令柯蒂斯·李梅少将制定了一个新的飞行战略。为了提高轰炸能力，B-29轰炸机将携带少量武器在夜间向这些目标做低空飞行，等到接近目标后再大范围地投下凝固汽油弹，以便最大限度地摧毁敌人的设施。李梅和美国陆军航空队的其他指挥官知道这种战略将会波及数以千计的平民，但在当时也只有这样才能摧毁日本的军事生产能力。为了检验轰炸效果，李梅在白天试着对名古屋和神户进行了小规模袭击，结果令人非常满意。于是，美国陆军航空队最高司令部命令开始进行新的轰炸。

燃烧的城市

3月9日早上，一群"超级空中堡垒"轰炸机离开位于关岛、提尼安和塞班的基地飞往东京。按照李梅的部署，这333架轰炸机只在尾部装备了机炮用以防御敌机，但由于火力上的牺牲，每架飞机还可以再装备1 450千克的炸弹，这样其总装弹量就达到了6吨。午夜探路飞机抵达东京预定的轰炸目标上空时，投下的燃烧弹在地面上烧出了一个大写的"X"字样，这是为了给攻击飞机指明轰炸目标。被轰炸的目标是一个拥有75万居民和一些小型家庭工厂的城区。

当探路飞机准备投下凝固汽油弹的时候，东京响起了防空警报。但这只引起了少数居民的注意，因为以前的空袭对这座城市造成的伤害并不

大。在距离地面不高的上空，凝固汽油弹炸裂后，分成许多装满爆炸胶状物的更小容器，它们一接触到地面后就会很快爆炸起火。任务完成之后，一个大大的 "X" 出现在地面上，为其他轰炸机提供了一个明确的目标。

在B-29 "超级空中堡垒" 主力编队投下炸弹之前，探路飞机投下的凝固汽油弹已经引起了一场大火。大火借着风势，迅速蔓延到所有的街区和房子。其余的轰炸机都飞行在1 524～3 048米的高度。其余的轰炸机扔下凝固汽油弹，东京变成了一个人间地狱。当飞机通过着火区域时，气流迫使它们再次升到几千米的高空。当最后一架轰炸机飞过的时候，地面上人体燃烧发出的臭味充斥了机舱，使得一些机组人员开始呕吐起来。在整个轰炸过程中，美军没有遇到日本飞机，只是遭到一些轻型防空炮火的袭击，共有14架轰炸机被击落，42架被损坏。

第二天上午，东京市中心幸存下来的居民从他们被炸毁的家中出来，想看看周围还剩下什么。然而他们见到的只是一个被夷为平地的，满是灰尘、水泥、碎钢筋的家。有些受害人试图跳入神田河，但是河水早已蒸发且满是开始膨胀的尸体和其他物品；大多数受害者都是被大火熏死。这次轰炸导致在41平方千米的区域内死伤近13万人，摧毁建筑物267 000间，100多万人无家可归。

第二天夜里，又有285架美军轰炸机用凝固汽油弹轰击了东京以西320千米的名古屋飞机制造中心。尽管飞机携带了大量的燃烧装置，但是由于当晚风速偏低和这座城市有效的消防设施，轰炸效果并不理想。此外，名古屋建有的间隔良好的防火道也阻止了火势的蔓延。虽然轰炸机错过了日本的飞机工厂，并且只炸毁了日本的18个工业目标，但美军没有损失飞机，只有20架受到不同程度的损坏。

3月13日，李梅的B-29轰炸机轰炸了大阪。大阪以出产军舰、军用器材、电子设备和各种机器而闻名。这里人口密集，超过200万。在"超级空中堡垒"出现在该市上空之前，这里一直未受到战争影响。在3个小时

↓第21轰炸机司令部的B-29轰炸机在马里亚纳的一个基地进行维修。1945年数百架B-29轰炸机向日本城市投下了数千吨炸弹

↑美军战机袭击从北
海道到本州的日本海
上运输船

的时间里，274架轰炸机烧毁了市中心21平方千米的区域。大阪遭到了致
命的打击，损失房屋13万间，工厂119座，大约4 000人死亡。

　　三天后，B-29轰炸机又袭击了另一个此前尚未遭受战争创伤的港口
城市——神户。在两个小时内，307架轰炸机投下了2 355吨铅热镁燃烧
弹——日军战斗机编队发起攻击，美军损失了3架轰炸机——神户市大
约7.7平方千米区域内的500座工业建筑和大约66 000间民房变成了一片废
墟，其中受到重创的一个目标是川崎造船厂。在这次轰炸中平民死亡2 669
人，另有11 289人受伤。

　　3月19日，290架"超级空中堡垒"共投下1 858吨炸弹，烧毁7.7平方
千米的区域，重创了一座兵工厂和一座发动机工厂。然而，三菱制造厂仍
未被破坏。3月底，李梅的轰炸机开始对名古屋进行另一次轰炸。这次空
袭结束了美军第21轰炸机司令部为期10天的颇有成效的轰炸。战斗共出动
飞机1 600架次，投下9 000吨炸弹，只损失了不到1%的机组人员。毫无疑

问，这些战果都鼓舞了李梅和其他美国陆军航空队指挥官们，在今年晚些时候向日本发动另一系列火力袭击。

东京的毁灭

至此，美军对四个城市的轰炸已经摧毁了83平方千米的区域。战争除了带来死亡和对军事工业的摧毁以外，还给普通百姓的生活造成了很大的灾难。就在实施第一轮火攻之前，就已有60万间房屋被毁，导致数百万人无家可归。而在整个居住区都被烧毁后，幸存者的住房更是成了问题。而且随着战争的进行，很多平民还遇到了严重的食品短缺和地震危害，1945年又造成50万座房屋被毁。

两个月后，盟军对日本的火攻终于停止了。美国陆军航空队开始向位于冲绳的第10集团军提供空中支援。在这次战役中李梅注意到面对压倒性的美国军队，敌人的抵抗是多么凶猛，他意识到地面进攻对交战双方来说

↓盟军轰炸之后的大竹炼油厂废墟

都将是非常残酷和致命的。这次盟军面对的不再是需要与之进行纠缠的被孤立的日军小股部队，而是日军60个师团的兵力，也许是整个日本人口。于是李梅决定在发动地面进攻之前，恢复第21轰炸机司令部的出击以便迫使日本政府投降。

5月14日，李梅派出472架"超级空中堡垒"轰炸机对名古屋实施日间空袭，每架飞机都携带有5.3吨燃烧弹，飞行在3 657～6 096米的高度。这些轰炸机向名古屋投下了2 500吨的凝固汽油弹，烧毁了略大于7.7平方千米的区域，并摧毁了三菱制造厂的许多部分，其中包括一个轴承厂。但在执行任务中，这一飞行编队也损失了14架轰炸机。两天后，另一个飞行编队轰炸了该市南部更多的工业区和码头设施。这次又采用李梅的战略，即在低海拔地区用少量飞机进行夜间飞行，使每架"超级空中堡垒"携带8吨燃烧弹。在这次空袭中美军摧毁了大约10.3平方千米的区域，并严重地损坏了三菱飞机制造厂，而美军的损失则只有两架轰炸机。这也是最后一次针对名古屋的主要军事行动。

5月23日，520架"超级空中堡垒"用3 646吨炸弹摧毁了东京港以西超过13平方千米的地区。在执行这次任务中，飞行机组人员接到命令，要避免击中日本皇宫。在规划战后日本的未来时，美国官员认为天皇及其家族的生存是美国东亚外交政策的可取之处。在这次空袭中，美军损失17架

↓在美军第7空军部队发动袭击之后，横滨市民在废墟中搭建棚屋。因为生活区紧挨着工业区，所以那里的平民遭受了重大伤亡，很多人都无家可归

轰炸机。两天以后，502架轰炸机携带3 262吨炸药袭击了城中紧邻皇宫的政府部门，引起难以控制的大爆炸。大爆炸摧毁了大约44平方千米的建筑物，炸死了数千人，并到达天皇的住所。这次袭击的受害者还包括62名被羁押在东京陆军监狱的盟军飞行员。尽管皇宫遭到损坏，但天皇和他的家人却还是及时地躲进了掩体。此次袭击还摧毁了日本首相的官邸和海军、外交部和大东亚部使用的建筑。

↑图为美军俯冲轰炸机和鱼雷轰炸机接近东京附近的日本海岸。日本帝国海军的败落最终使美军舰载飞机能够攻击日本境内的目标

和平的试探

在东京146平方千米的区域变成废墟之后，李梅认为对日本首都的空袭已经可以令人满意地结束了。然而，对其他人口密集的地方的轰炸很快就又恢复了。5月29日，517架"超级空中堡垒"摧毁了横滨的大部分地区，之后第21轰炸机司令部再次袭击了神户和大阪。在5月的空袭中，李梅共出动了4 700架次轰炸机，投下了27 000吨爆炸物，损失飞机70架。

即使李梅的惩罚性空中打击不能够迫使日本投降，至少摧毁了城市中的基础设施。这样便使得日本不能有效地动员和准备对付盟军的进攻。

到1945年6月，东京和神户的一半以上地区都与横滨一样，变成了一片废墟。尽管名古屋、大阪和川崎这些城市还没有遭到毁灭性的打击，但是这些地方被烧焦的面积多达25％。总的来说，5月份"超级空中堡垒"投下的炸弹共烧毁了272平方千米的城区，摧毁了200多万座建筑物，致使1 300万人无家可归。

从6月17日到8月14日，第21轰炸机司令部集中精力轰炸稍小一些的人口聚居区。在这一阶段B-29轰炸机共出动8 000架次，投下54 000吨燃烧弹，摧毁了大约166平方千米的城区。美军在这些任务中总共损失了19架轰炸机。为了减少平民伤亡，并加剧火袭的负面心理影响，侦察机投放了大量的传单，警告当地居民在轰炸机到来之前离开自己居住的地方。有几次传单还投到了美军并不打算轰炸的城市，导致很多居民都逃到了乡下。

在这场灾难发生的同时，日本政府的部分成员已经在公开怀疑日本还

↓此幅照片为名古屋一家三菱飞机制造厂遭受空袭后的情形。这样的袭击摧毁了城区12％的面积

↑保罗·蒂贝茨驾驶的"伊诺拉·盖伊"号是人类历史上第一架向敌方目标投掷原子弹的轰炸机。"伊诺拉·盖伊"是保罗母亲的名字

能坚持多久,尽管外相重光葵仍在不住地吹嘘说,整个国家的大多数人都愿意代替天皇忍受战火的焚烧,但是他的很多内阁同僚都已经不再像以前那样盛气凌人了。内政大臣木户幸一认为,5月份,美军对东京的空袭使大多数日本人都产生了绝望的念头,并且认为美国人可以随心所欲地对日本进行打击。与此同时,首相铃木贯太郎则授意他的内阁秘书迫水久常对日本继续战争的能力进行秘密调查。

迫水久常的报告引起了铃木首相的担忧。由于盟军的轰炸和封锁,日本严重缺乏钢材、铝、煤和制造战争工具所必需的原材料。更有甚者,迫水久常的报告还预测说,由于燃料供应的短缺,将会在数周之内直接削弱航运、铁路和其他运输方式,阻止城市间的旅行,并摧毁重要的军火工业。最后迫水久常还估计,粮食不足将会导致饥荒。铃木将报告复制给每个内阁成员,并于5月12日召开会议,讨论政府应该采取的可行性对策。

基于该报告所得出的结论,海军大臣米内光政大将建议请求苏联充当结束战争的调解人。铃木积极响应这一建议。之后内阁大臣们便开始讨论与盟军和谈的具体办法。一些内阁成员同意请求中立的第三方进行调停,却又担心斯大林在没有从日本包括千岛群岛得到领土好处的情况下,是否会愿意这样做。不过陆军参谋长和战争大臣都同意米内的观点,因为他们相信斯大林也会乐于见到一个能够阻止美国势力的东亚大国的崛起。

波茨坦公告

由于对广田弘毅的观点印象尤深,铃木命令他开始与苏联驻日本大使雅科夫·马利克进行谈判。当时雅科夫正待在距东京160千米的一处旅游

↓一架B-29轰炸机在夜间低空飞行，向神户码头投放燃烧弹。以后美军飞机经常采用这种作战方式袭击日本人口密集的城市

胜地。由于5月25日美军对东京的轰炸，直到6月3日广田才抵达马利克所在地。在为期两天的会谈中雅科夫·马利克向广田保证，他将考虑日本关于苏联出兵结束战争的请求，并要求给予他一定的时间来考虑这一问题。受到这一积极答复的鼓舞，广田向日本政府通报谈判富有积极成果。6月底，两人再次会面。这次广田做出了大胆的设想：建议日本和苏联之间建立有效的联盟。马利克对此一点也不感到奇怪，这个想法没有打动马利

克，因为他已经意识到了曾经横行一时的日本海军大都已经沉入了太平洋底。在一周后举行的另一次会议上，广田提出牺牲中国东北和日本在俄罗斯水域的捕鱼特许权。马利克再次表示对这些提议不感兴趣，但同意将它们转交给莫斯科。

这时，与铃木一样急于结束战争的日本天皇已经变得越来越不耐烦。7月12日，他说服前首相近卫文麿临危受命前往莫斯科。作为出使苏联的特使，近卫的任务是直接请求苏联外长莫洛托夫的帮助，体面地结束战争而不是迫使日本无条件投降。然而苏联政府却通知日本驻苏大使佐藤尚武，苏方对会见近卫特使和调停美日之间的和平协定不感兴趣。当佐藤将苏联拒绝调停的结果汇报给上级的时候，天皇敦促他们接受美国提出的任何条件，以便继续保留天皇制度。

回到日本以后，没有几个高级官员留意佐藤的建议。尽管铃木政府同意寻求解决战争问题的外交途径，但他们坚决拒绝接受1943年1月在卡萨布兰卡会议上盟国确定的"无条件投降"的原则，他们知道没有一位日本高级军官会同意这样一种投降方式。而对厌倦战争的日本人民来说，不幸的是，美军则是除了日本的无条件投降以外什么也不会答应。

就在近卫试图与莫洛托夫进行对话的同时，杜鲁门总统和英国首相丘吉尔在柏林的波茨坦与斯大林会面。在会议期间丘吉尔向杜鲁门建议，允许对日本进行少许让步，以便使它能够体面地投降。杜鲁门拒绝了丘吉尔的建议，并说日本对珍珠港的偷袭已经表明日本不拥有任何讲条件的资格，他将坚持迫使日本接受美国政府提出的所有条件。因此，杜鲁门和丘吉尔于7月26日发表了《波茨坦公告》。

《波茨坦公告》没有提到对大规模杀伤性武器的销毁，它只是警告日本只有无条件投降才能保证其本土不会遭到完全的摧毁。公告也明确保证日本民族可以继续拥有四大岛屿，同时保证盟军对日本的占领只持续到日本国内秩序的恢复以及不再拥有爆发战争的能力为止。最后，公告允许为

↓ 美军第5舰队旗舰。负责运送原子弹"小男孩"到提尼安岛的任务。完成任务之后在前往莱特岛的路上被日军鱼雷击中沉没。尽管多数船员幸存下来，但是接下来鲨鱼对救生艇的攻击夺去了大约600名船员的生命

"印第安纳波利斯"号

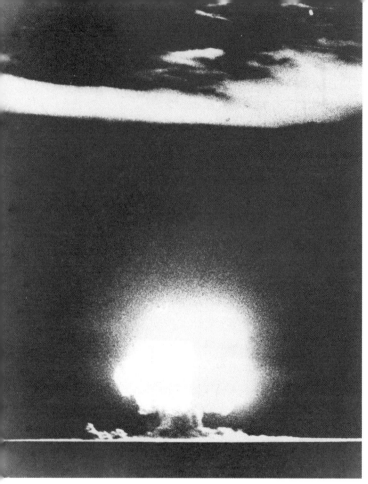

↑在广岛爆炸的原子弹"小男孩",其TNT当量为17 000吨。在长崎爆炸的原子弹"胖子"的TNT当量为2万吨

了重振日本经济,日本可以发展和平工业项目。然而从这一文件中找不到任何保证日本天皇制度继续存在的条款。

就在接到《波茨坦公告》细则的同一天,日本政府还在指望苏联能够出面调停。经过几年的战争,许多日本高级军事将领强烈要求铃木立即拒绝《波茨坦公告》。处于犹豫不决之际的铃木首相允许日本报纸登载《波茨坦公告》,但不许发表任何评论。实际上,当时的很多报纸都没有顾及这一附加条件,而纷纷发表社论,认为投降警告是一件"可笑的事情",并预言日本会更加众志成城,将战争进行到底。

不足为奇的是,这些挑衅性的评论激怒了铃木内阁的部分成员并使其感到惊恐万分。因为他们一直都想拥有一定的选择权利,允许日本以更为优惠的条件投降。此时的外相东乡茂德毫不犹豫地谴责了军方煽动这一宣传活动,免得任何可能的和平试探夭折。军方高官要求铃木发表一个明确拒绝《波茨坦公告》的声明。作为妥协,铃木同意对这一最后通牒的部分条款大加嘲讽而不是公开回绝。

"小男孩"

因此,在对记者的公开声明中,铃木试图表明他对《波茨坦公告》"无可奉告"。但是对他来说,不幸的是大部分美国人却都认为他的声明是对盟军条件的公然拒绝。确信日本人不会投降,除非用足够的力量使他们屈服,杜鲁门和他的高级将领们面临三种选择:第一,继续袭击日本,并迫使其最终投降;第二,发动大规模的地面战争;第三个方案则是杜鲁门已经决心实施的计划,那就是使用原子弹。

还在波茨坦会议期间，杜鲁门就已得知为美国秘密工作的核科学家已经成功地在新墨西哥州的阿拉莫戈多引爆了一枚原子弹，并获悉向日本投放原子弹的爆炸装置将于8月初准备好。杜鲁门等人对赶在苏联出兵对付日本之前使用这一武器具有浓厚的兴趣。因为一旦能够赶在苏联出兵之前制服日本，斯大林在战后东亚重建上就不能发挥重要的作用。与欧洲不同，这一地区将处于西方大国的绝对控制之下。

7月26日，在杜鲁门签署《波茨坦公告》的当天，"印第安纳波利斯"号重型巡洋舰将战争史上使用的第一枚原子弹运到了提尼安岛。名为"小男孩"的这一装置直径为71厘米，长为304厘米，重达4 082千克，相当于两万吨TNT炸药的爆炸当量。正当技术人员准备将其安装到岛上一间有空调的小屋里的时候，保罗·蒂贝茨上校和他的第509轰炸机群获得了向日本投掷炸弹的荣誉。他们的主要任务是炸毁位于本州西部的广岛和日

↓ 在核爆心投影点附近，随着一声爆炸，"小男孩"留下了几栋建筑。"伊诺拉·盖伊"号B-29轰炸机投下的"小男孩"摧毁了广岛60%的城区

军第2师团的司令部。

8月6日凌晨，3架气象飞机从提尼安岛起飞前往3座即将被摧毁的日本城市，监测那里的天气。如果广岛的天气条件不适合轰炸，则把目标转向另两座城市中的一座。一小时之后，蒂贝茨和他的机组人员乘坐他们的"伊诺拉·盖伊"号B-29飞离提尼安岛，机上携带着"小男孩"。另有两架装备了科研和照相设备的飞机为这架"超级空中堡垒"护航。在飞往广岛的途中，"伊诺拉·盖伊"机组人员得知自己将要投放的是原子弹，为了保护眼睛免受爆炸造成的伤害，他们带上了焊工护目镜。

作为日本八大城市之一的广岛拥有36.5万人口。为了预防可能的空中打击，政府已经将其中的12万人安全地疏散到了农村地区。尽管在"伊诺拉·盖伊"飞往广岛的两天前，美军就已向这一城市散发了大量传单，警告当地居民，由于日本政府拒绝无条件投降，该地区将遭到毁灭性打击，

←←广岛爆炸中仅存的农业展览厅。战后这座展览厅成了一座城市纪念馆

↓日本代表团登上"密苏里"号签署无条件投降书。前排为外相重光葵和梅津美治郎将军

↑盟军太平洋战区最高司令、五星上将道格拉斯·麦克阿瑟签署日本投降协定，站在他身后的是中将乔纳森·温赖特，中将珀西瓦尔，出席仪式的英国代表

但是大多数居民对此都并未在意。

广岛之死

8月6日临近中午，美军气象飞机飞过广岛上空。空袭警报响起。一些居民躲进了掩体，但大多数居民仍然在忙于他们的日常生活。气象飞机在高空中向蒂贝茨发报说，天气条件适合空投作业。在接近目标的时候，"伊诺拉·盖伊"号上的机组人员在投弹倒计时开始之前都戴上了护目镜。

8时15分，投弹手在观察装置的十字线上确定了"小男孩"的预定攻击目标。在确定了爆心投影点后，"超级空中堡垒"的弹舱门自动打开，炸弹被投下并在距地面600米的空中爆炸。爆炸所形成的巨大火球熔化了下面的金属和石头建筑物。爆炸所产生的冲击波摧毁了半径为3.2千米地面上的建筑物。仅仅一瞬间,"伊诺拉·盖伊"号便将广岛变成了一片废墟。

在轰炸机以外数千米的地方,两架护航飞机上的观察人员对此景观进行了拍照和录像。侥幸躲过了爆炸的广岛市民,现在则要面对爆炸给他们的生活造成的危害。当蘑菇云升起的时候,具有辐射性的尘土覆盖了这一地区。大火从城西一直蔓延到全城。爆炸发生15分钟后,这一地区下起了由蘑菇云冷却引起的辐射雨和朦胧细雨。同时,冲击波则将火焰吹得到处都是,从而摧毁了更多的建筑、桥梁和树木。总之,炸弹摧毁了广岛60%的城区。在这个世界末日的环境下,幸存者全身皮肤大部分脱落,徘徊于废墟中。还有的人则由于爆炸时强光的刺激,而永远地失去了他们的视力。

直到这个灾难的日子将要结束的时候,大火才渐渐熄灭。前来照顾伤病员的志愿者陆续抵达。还有的人则忙于焚烧死者的残骸。尽管医务人员竭尽全力进行抢救,但在一线救护站每小时仍有数百人死去。炸弹直接炸死8.6万~10万人,另外还有10万人逐渐死于烧伤和辐射中毒。死亡者中还

↓日军士兵蹚过锡当河前往缴械投降地点

包括了22名被关押在广岛的美军战俘。

第二天早上，美国国防部长史汀生发表了杜鲁门总统的声明，向美国人民解释日本广岛发生的事情。声明指出，由于日本不遵守《波茨坦公告》，杜鲁门命令使用一种具有不可预见能量的新式武器对付日本。史汀生发表声明的时候，杜鲁门总统正乘坐"奥古斯塔"号巡洋舰回国。在得知轰炸成功的消息后，杜鲁门总统非常高兴，并将这一消息转告了他的船员，全船一片欢呼。

经过本国核专家的简短调查，日本政府官员得出结论，广岛的毁灭是原子弹所为。此时的铃木内阁非但还不投降，反倒仍在做最后的努力劝说苏联为日本调停一项可以接受的和平条约。然而，在8月8日莫洛托夫收到这一请求之前，他便已经通知日本驻苏大使佐藤说：日苏之间已经处于战

↓昔日吕宋岛上的敌对双方坐下来解决日本投降后的问题。盟军严厉追究日军高级官员的战争罪行，但允许日本保留裕仁天皇作为名义上的国家元首

争状态。正如斯大林所承诺的那样：纳粹德国战败3个月后，苏联将出兵太平洋战场。

尾声

就在苏联对日本宣战的同一天，共有150多万苏军开进中国东北地区，攻击编制只有原来一半且严重缺乏补给的日本关东军。在两周时间内，苏联红军的3个方面军顺势南下，和在佩莱利乌及硫磺岛战役中美军的遭遇一样，苏军遇到了日军的顽强抵抗。再往东，苏联的两栖部队在库页岛南部和千岛群岛登陆。在最后一次的地面战斗中，日军失去了其往日帝国的战斗力。

在轰炸广岛后的第三天，另一架B-29出现在九州岛上的长崎市上

↓日本高级官员在新加坡市政厅会议室签署投降文件。在日本向盟军投降时，它在东亚的很多部队仍然相对完整

空。被称为"博克的车"的轰炸机携带的是长335厘米、宽152厘米的名为"胖子"钚弹。这次任务中厚厚的云层妨碍了查尔斯·斯威尼少校和他的机组成员对市中心商业区具体目标的打击。"胖子"偏离目标4.8千米，在一个工业区上空553米处爆炸。尽管"胖子"比"小男孩"更有威力，但由于长崎坐落在丘陵和山谷地区，爆炸的能量辐射没能达到广岛那样的范围，因此伤亡人数要少得多。长崎的总人口为195 290人，估计有23 000~35 000人死于爆炸，但是大多数工厂都被炸毁。这两座城市中的很多幸存者，后来都渐渐死于辐射暴露所引起的健康问题。

在第二颗原子弹爆炸仅几个小时后，裕仁天皇就主持召开了一次有高层政治官员和军事官员参加的紧急会议。在这种情况下，他超越了自己的傀儡身份，确实扮演了一次真正的政治领导人的角色。由于美国已经完全能够随意生产它所需要的核武器，天皇担心无谓的抵抗会招致整个国家的毁灭。第二天早晨，日本驻瑞典和瑞士外交官接到政府宣布接受《波茨坦公告》的命令，虽然当时日本正式的投降声明还没有宣布。

8月15日，电台播送了裕仁天皇的广播讲话录音。天皇敦促自己的国民接受盟军提出的一切投降条件。两周以后，第一批英国和美国占领部队抵达横须贺。9月2日，重光葵外相率团登上东京湾的"密苏里"号战舰与麦克阿瑟将军正式签署了投降书。至此第二次世界大战正式结束，而美国对日本为期7年的占领也正式开始。

在举行过投降仪式后的第6天，麦克阿瑟进入东京，开始他的统治，作为最高指挥官，负责管理占领日本。在直到1952年的这段时间里，将日本拖入太平洋战争的东条英机和其他高级指挥官因为军事入侵、残暴虐待市民和战俘而相继接受审判。最后，东条英机和他的很多下属或被处以绞刑或被判入狱监禁。对其他日本人来说，美国的统治还是比较仁慈的。在制定了一部民主宪法并允许保留天皇制度之后，盟军便开始实行促使日本成为远东最稳定和繁荣国家的复兴计划。